国家自然科学基金资助项目

企业数字化转型方法与实践

主 编　范科峰

西安电子科技大学出版社

内容简介

　　本书基于对当前企业数字化转型实践成果的梳理和分析研究，提出了一套数字化转型的基础理论框架；同时收集了一批不同领域和方向的优秀的企业数字化转型案例，供企业进行数字化转型参考。

　　本书分为理论基础篇和实践案例篇两大部分，其中理论基础篇主要包括 6 章：企业数字化转型概述、企业数字化转型理论探索、企业数字化转型发展思路、企业数字化转型实践路径、企业数字化转型能力评估、企业数字化转型建设指南；实践案例篇包含 22 个不同领域、不同方向的企业数字化转型案例。

　　本书可以作为不同行业领域和不同规模的企业进行数字化转型的参考资料。

图书在版编目(CIP)数据

企业数字化转型方法与实践/ 范科峰主编. --西安： 西安电子科技大学出版社，2024.3
ISBN 978-7-5606-7142-0

Ⅰ.①企…　　Ⅱ.①范…　　Ⅲ.①企业管理—数字化—研究　　Ⅳ.①F272.7

中国国家版本馆CIP数据核字(2023)第 239060号

策　划	明政珠	
责任编辑	明政珠　孟秋黎	
出版发行	西安电子科技大学出版社(西安市太白南路 2 号)	
电　话	(029)88202421　88201467	邮　编　710071
网　址	www.xduph.com	电子邮箱　xdupfxb001@163.com
经　销	新华书店	
印刷单位	陕西天意印务有限责任公司	
版　次	2024 年 3 月第 1 版　2024 年 3 月第 1 次印刷	
开　本	787 毫米 × 1092 毫米　1/16　印 张 13.5	
字　数	313千字	
定　价	55.00 元	

ISBN 978-7-5606-7142-0 / F

XDUP 7444001-1

如有印装问题可调换

《企业数字化转型方法与实践》编委会

主　编：范科峰

副主编：张　群　李　冰

编委会委员：

蒋　楠	陈　丰	张延生	肖良华	王　健	梁海峰	王国瑞
叶　臻	刘陈宇	陈　彬	李新林	杨　旭	黄　怡	孙召春
程　赓	杨　丽	钱正浩	陈学亮			

参编人员（按照企业数字化转型白皮书补充）：

柳　峰	王为中	曹幼林	张瑜琦	王东升	王　爽	张　第
杨广贺	朱　松	黄浚哲	徐　煦	刘宇峰	郝文建	胡之恒
康丽丽	曹　珍	左　磊	李书超	喻吉林	孟庆余	刘一平
裴　培	徐　欢	刘晓遇	逄　辉	李　欢	金　柳	张彦平
李弘思	许　洁	高立伟	白　雪	朱姝睿	王　兰	宋博宇
张超超	汪睿棋	申中一	程砚晨	杜浩文	陈　璐	武　凯
陈　刚	胡　博	王丽霞	陈小红	冉　皓	陈　兰	吴　涛
王腾江	梁盈威	裴求根	刘　晔	薛雨萌	梅　军	王　飞
曲海旭	苏建明	张守帅	王文欢	张永良	李晓燕	陆正武
王英资	楚思思	吴淑月	陈俊清	石望湘	张　园	闫丽娜
王立玺	胡　康	王潮阳	任　飞	胡为民	陈赛霞	梁　钢
宋秋明	程　宏	李婷伟	沈少仪	杨海水	罗永秀	张怡飞
李　珣	李　楷	姚庆华	孙煜华	刘学习	王琪骏	李兴春
任　琨	张　亮	李娇娇	唐怀坤	王义申	冯　敏	

《企业数字化转型方法与实践》编写单位

中国电子技术标准化研究院	北京东方金信科技股份有限公司
国家电网有限公司	武汉达梦数据库股份有限公司
广东电网有限责任公司	江苏中塈数据技术有限公司
中国石油化工集团有限公司	国网辽宁省电力有限公司
中国人寿保险股份有限公司	数据易(北京)信息技术有限公司
中国铁塔股份有限公司	中通服咨询设计研究院有限公司
中国南方电网有限责任公司	美林数据技术股份有限公司
国家电网大数据中心	武汉和弦科技有限公司
南方电网数字电网研究院有限公司	中汽数据(天津)有限公司
中国联通研究院	北京卓信智恒数据科技股份有限公司
阿里云计算有限公司	傲林科技有限公司
湖北省电子信息产品质量监督检验院	杭州世平信息科技有限公司
北京华宇软件股份有限公司	北京神州宏图科技有限公司
普元信息技术股份有限公司	网易(杭州)网络有限公司
南方电网数字传媒科技有限公司	重庆市小苹果科技有限公司
杭州数澜科技有限公司	杭州数梦工场科技有限公司
成都市大数据集团股份有限公司	苏州苏迪智能系统有限公司
华云数据控股集团有限公司	北京易华录信息技术股份有限公司
浪潮通用软件有限公司	大连华信计算机技术股份有限公司
上海智能制造系统创新中心有限公司	上海鸿翼软件技术股份有限公司
北京华胜天成科技股份有限公司	星环信息科技(上海)股份有限公司
广东卓维网络有限公司	深圳市迪博企业风险管理技术有限公司

前　言

　　数字经济是全球经济的发展方向，是推动经济发展的重要动能。数字化转型作为数字经济发展的重要着力点，以云计算、大数据、人工智能等数字技术为抓手，广泛赋能各行业各领域，已成为激发企业创新活力，推动经济发展质量变革、效率变革、动力变革和提升国家数字竞争力的核心驱动。

　　我国高度重视数字经济发展，大力推动实体经济数字化转型。习近平总书记在党的二十大报告中指出："坚持把发展经济的着力点放在实体经济上""促进数字经济和实体经济深度融合"。信息时代，把发展经济的着力点放在实体经济上，就要在数字经济和实体经济的深度融合上下功夫，着力解决传统产业数字化转型中存在的突出问题，加快传统产业数字化转型。

　　数字化转型是指在业务数据化后利用人工智能、大数据、云计算、区块链、5G等新一代信息技术，通过数据整合以及通过对组织、业务、市场、产品开发、供应链、制造等经济要素进行全方位变革，实现提升效率、控制风险、提升产品和服务竞争力的目标，形成物理世界与数字世界并存的局面。随着业内对数字化转型重要性认识的不断加深，各行业都积极开展了企业数字化转型战略部署，并在理论探索、能力培育、业务创新、生态建设等方面取得了初步成果。

　　本书基于对当前企业数字化转型实践成果的梳理和分析研究，提出了一套数字化转型的基础理论框架，可以作为企业在进行自身数字化转型时的参考。本书分为理论基础篇和实践案例篇两大部分，其中理论基础篇主要包括 6 章：

　　(1) 企业数字化转型概述，说明了数字化转型的必要性、现状、内涵等。

　　(2) 企业数字化转型理论探索，介绍了不同行业数字化转型的内容和特点。

　　(3) 企业数字化转型发展思路，从目标、基本原则、主要思路、重点任务方面分析数字化转型的发展思路。

　　(4) 企业数字化转型实践路径，从主要方法、战略实施、关键要素、能力保障方面介绍了数字化转型的实施路径。

(5) 企业数字化转型能力评估，介绍了企业数字化转型的能力模型、能力评估维度、能力等级等。

(6) 企业数字化转型建设指南，明确了数字化转型的标准化定义，提出了企业数字化转型总体框架。

实践案例篇介绍了不同领域、不同方向的 22 个企业数字化转型案例。每个案例包含项目背景、需求与挑战、实施方案、实施效果及价值、下一步计划五个方面的内容。

限于作者水平，书中难免存在不足之处，敬请专家和读者批评指正，万分感激。

编 者

2023 年 5 月

目　录

理 论 基 础 篇

实践案例篇

理论基础篇

第1章 企业数字化转型概述

本章从含义、特征、本质等方面阐述了数字化转型的内涵，并介绍了当前国内外数字化转型现状，最后从国家政策、产业政策、企业自身发展等方面提出了数字化转型的必要性。

"数字化转型"被提及以来，受到了各行各业的重视，各行各业纷纷探索企业的数字化转型之路。一些国家出台了相关政策，加速推进了企业数字化转型，并且一批与数字化转型相关的研究机构从理论性和应用性角度也开展了数字化转型的理论和实践探索。

1.1 数字化转型的内涵

本节主要从数字化转型的含义、特征和本质三个方面对数字化转型的内涵进行描述。

1.1.1 数字化转型的含义

数字化转型是传统行业与云计算、人工智能、大数据等新型技术全面融合的过程，通过将企业上下游生产要素、组织协作关系等数字化并进行科学分析，进而完成全链路的资源优化整合，推动企业主动转型，提高企业经济效益或形成新的商业模式。

数字化转型曾被赋予了很多含义。网络和移动设备的普及，令许多实体商业有了直接触达消费者的机会，给产业链带来全新变化。比如网购、打车、房屋租赁等场景，数字化可以提供一种新的交互模式，并且都伴随着一种新的业务模式产生。而在另外一些场景，数字化转型则与企业信息化程度紧密联系，企业运营管理会通过 ERP 等软件作为数字化的开端，但数字化对于企业来说更多的是以数据技术为手段进行运营优化 (例如数字化供应链、销售预测、生产工艺优化)，企业也正在从流程驱动升级为数据驱动，继而希望实现收入增长。

我们站在企业的视角，以是否改变商业模式为界限，将数字化转型过程分为"数字化重构"和"数字化增长"两类，用于应对不同的商业战略和数字化战略。其中，"数字化重构"是以重构为核心的数字化转型，企业应该注重新的商业模式如何构建，在商业能力和数字技术能力两方面并行搭建数字化转型路线图。"数字化增长"是以增长为核心的数字化转型，企业更多的是以解决局部问题为切入点，利用高效的数据技术，基于现有的业务模式进行运营优化和技术创新；通过先进的数据技术和算法，获取更低成本和更好体验之间的平衡，降低运营成本，或为业务提供增量。企业管理者应明确自身所处的转型类别，选择合适且匹配的方案策略，从而顺利达成目标。

无论是哪一种数字化转型的模式，企业都应当在最开始就明确转型的目的，并且将企业战略与数字化转型模式精确匹配，做出合理的顶层设计，为后续技术方案的选择和实施打下基础。

1.1.2　数字化转型的特征

数字化转型的特征如下：

(1) 数字化转型是一个长期战略，需要不断迭代。第一，数字化转型是一个长期持续的过程，需要从企业战略层面做好规划，不能依靠个别项目的成功实现数字化转型。第二，数字化转型是分阶段的，不能一开始就进行全局转型，需要结合企业的现状制订匹配当前发展模式的数字化转型之路，分阶段实现目标。第三，数字化转型是随着社会发展、业务变化不断调整的过程。

(2) 数字化转型的关键举措是数据要素驱动。数据是继土地、劳动力、资本、技术之后的第五大生产要素，在企业构筑竞争优势过程中的地位越来越重要。数据要素驱动是指将企业的数据资产梳理清楚，对之进行集成、聚合、共享、挖掘，从而发现问题，驱动创新；同时数据是最客观、最直接的，能够帮助管理者化繁为简，透过复杂的流程看到业务的本质，更好地指导经营生产。

(3) 数字化转型是业务与技术双轮驱动的。数字化转型的驱动力来源于业务与技术两个方面，是业务与技术双轮驱动的过程。"业技融合"是数字化与信息化最大的不同，数字化转型不只是技术部门的事情，更需要技术部门和业务部门之间强有力的配合。在信息化时代，IT 被定位成业务的支撑部门，经常是被动地实现业务的需求和 IT 系统的构建，但是在数字化时代，IT 需要走向前端，与业务部门共同交付商业价值，业务与 IT 需要深度融合在一起。数字化人才队伍也需要同时具备业务与技术融合能力的人才，或者成立业务团队与技术团队高度融合的综合型团队。

(4) 数字化转型需要长期规划与局部建设协同进行。数字化转型必须从战略层面针对业务全局制订总体规划设计，但在实际落地时必须从业务局部入手，逐步建设，逐渐扩展业务范围。如果按照总体规划设计，全面进行业务建设，战线拉得太长便会对组织管理和协同提出更高的要求，但在数字化地基不稳固、数字化人才不足的情况下，这样做成功率会很低。如果只是从局部出发，其他方面不完善也会影响局部数字化转型效果。所以在制订规划时，需要把握总体规划和局部实施的匹配度，在业务模式、企业文化、组织人才等保障方面做好相应规划。

1.1.3　企业数字化转型的本质

企业数字化转型以数据为驱动，借助大数据、云计算等数字技术和数学算法，破解企业和产业发展难题，打通企业生产经营的各个环节，加强业务与技术融合，重构产品和服务，提升数字化运营水平，优化资源配置，实现管理升级和模式创新，从而达到降本增效的目的，不断推动企业高质量、可持续发展。

企业数字化转型的实践经验也表明，数字化转型将进一步向价值创造用户驱动、数据资产体系管理、产业生态协同共赢等方向转变。价值创造用户驱动指数字化转型驱动企业基于数据洞察用户，精准理解用户需求，从而快速提供个性化的产品和服务。数据资产体系管理指企业越来越认识到数据作为生产要素的重要性，不断加强数据资产管理，充分释放数据要素的价值潜能。产业生态协同共赢指行业龙头企业数字化转型的成功经验将通过工业互联网等平台为中小企业持续赋能，逐步形成协作共赢的数字化生态链，使数字化转型整体成熟度不断提升。

不管是大型企业还是中小型企业，不管企业目前发展处于哪个阶段，都不必对数字化转型产生焦虑和恐惧，而是应该立足当下开启数字化转型之路，这样对企业发展也会产生益处。同时数字化转型也是关系企业生死存亡的重要举措，因为数字化转型对于企业的影响不是立竿见影的，当企业的数字化转型发展到一定程度、到达一个临界点后，数字化就会快速发挥作用，助力企业进入飞速发展阶段，待同行业其他企业进入此阶段后，则企业需要花费更多的时间和精力去追赶，甚至可能被数字化转型成功的企业挤压得失去市场空间。对于大型企业来说，因拥有丰富的资源储备，可以做好企业数字化转型全局规划，制订统一路线，从数据治理等方面打造好转型基础，依据规划逐步实现企业发展战略。

1.2　数字化转型的现状

数字化转型已是大势所趋，下面将从国际和国内两方面对目前数字化转型的成效进行描述。

1.2.1　国际数字化转型成效

全球已进入数字经济时代，数字经济在各国 GDP 中的占比越来越大。《全球数字经济白皮书 (2022 年)》针对 47 个国家 (包括美国、英国、中国、日本、印度等) 的数字经济进行量化分析，发现 2021 年全球数字经济规模达 38.1 万亿美元，同比名义增长 15.6%，占 GDP 比重 45.0%。面对巨大的数字经济市场，全球范围内数字化转型进程进入加速轨道。

随着全球信息产业基础大幅加强，海量数据源持续产生，推动着劳动、技术、资本、市场等要素互联互通，带动了数字化转型呈现三大转变：一是从被动转变为主动，将数字化从用于提高生产效率的被动工具，转变为创新发展模式、强化发展质量的主动战略；二是从片段型转变为连续型，将数字化从对局部生产经营环节的参数获取和分析，转变为对全局流程及架构的诠释、重构及优化；三是从垂直分离转变为协同集成，将数字化从聚焦于单一环节、行业和领域，转变为对产业生态体系的全面映射。

数字化转型加速推动企业内外部价值链、产业链、创新链融合，实现管理流程、业务流程和商业模式的变革重塑，通过构建起内外互联互通的企业数字化系统平台，将企业间的竞争重点从内部效率质量层面拓展至产业生态链接层面。同时，数据、算力和算法的积累发展为供需实时计算匹配提供了坚实基础，通过技术创新和模式创新，重新定义产品形态、使用方式、商业模式和竞争规则。

数字化转型直接带动了技术开源化和组织方式去中心化，知识传播壁垒开始显著消除，创新研发成本持续大幅降低，创造发明速度明显加快，群体性、链条化、跨领域创新成果屡见不鲜，颠覆性、革命性创新与迭代式、渐进式创新相并行。产业创新主体、机制、流程和模式发生重大变革，不再受到既定的组织边界束缚，资源运作方式和成果转化方式更多地依托网络在线展开，跨地域、多元化、高效率的众筹、众包、众创、众智模式不断涌现，凸显出全球开放、高度协同的创新特质。

数字化转型的快速推进带来新兴的数字化产品、应用和服务大量涌现，对消费者的数字化资源获取、理解、处理和利用能力提出更高要求。符合用户根本需求、具备完整商业模式、持续迭代完善的各类数字化新兴产物，已开始有效引导消费者数字化技能和素养的提升及更新，更好地发掘数字化价值和享受数字化便利，逐步培育、形成及发展起新兴的数字消费群体和数字消费市场。一些国家已高度重视对公民数字技能和素养的教育及培养，并将其逐渐上升到维护国家在新时代打造新型核心竞争力的战略高度。

1.2.2　国内数字化转型成效

中国经济进入中低速增长阶段，粗放模式难以为继，但从中长期来看，中国的市场仍然孕育着巨大机遇。数字化转型浪潮让新势力快速崛起，企业规模、品牌份额、竞争法则、产业边界等都在发生变化。

国内传统企业的数字化转型已经从部分行业头部企业的"可选项"转变为更多行业、更多企业的"必选项"，转型整体成熟度提升，转型资金、人才等资源投入加大，从管理者到员工都普遍参与到数字化转型中。众多行业头部企业从最初的探索尝试阶段发展到数字化驱动运营阶段，发现新的业务价值点，应用数字技术打造新产品和新服务，衍生出新的数字化业务和商业模式，特别是对人工智能、物联网、区块链等新技术的应用和实践，为同类企业，尤其是中小型企业提供了宝贵的数字化转型经验。如工业互联网平台作为数据汇聚、资源配置、应用创新的载体，赋能龙头企业带动产业链上下游协同转型，在石油、机械、航空等行业形成一批标杆案例，平台赋能效应初步显现。与此同时，受益于中国庞大的生产数据、应用数据和用户数据，众多跨国公司的在华企业也逐渐成为全球范围内数字化转型的先行者，同样还将制造生产、工厂运维等方面的数字化工具和转型经验输出到了跨国公司在其他国家的子公司。

1.3　数字化转型的必要性

信息技术发展日新月异，以云计算、大数据、人工智能为代表的数字技术广泛赋能各行业、各领域，对经济社会产生重大而深远的影响。党的二十大报告强调"建设现代化产业体系"。《数字中国建设整体布局规划》指出，"推动数字技术和实体经济深度融合，在农业、工业、金融、教育、医疗、交通、能源等重点领域，加快数字技术创新应用"。数字化转型是数字经济创新发展的主攻方向，是把握新一轮科技革命和产业变革的必然选择，是建设现代化产业体系的重要动能。

1.3.1　国家政策

当前，新一轮科技革命和产业变革深入发展，数字化转型已是大势所趋，国家层面不断出台政策加快推进数字化转型，优化产业发展环境。2020 年 8 月，国资委发布《关于加快推进国有企业数字化转型工作的通知》，系统明确了国有企业数字化转型的基础、方向、重点和举措，引导国有企业数字经济时代准确识变、科学应变、主动求变，加快提升传统动能、培育发展新动能。2021 年 3 月，我国发布《中华人民共和国国民经济和社会发展第十四个五年规划和 2035 年远景目标纲要》，将"加快数字化发展，建设数字中国"单独成篇，提出以数字化转型整体驱动生产方式、生活方式和治理方式变革，在顶层设计中明确数字化转型的战略定位；提出"迎接数字时代，激活数据要素潜能，推进网络强国建设，加快建设数字经济、数字社会、数字政府，以数字化转型整体驱动生产方式、生活方式和治理方式变革。"2021 年 12 月中央网信办、国家发改委共同发布《"十四五"国家信息化规划》，部署"构建产业数字化转型发展体系"重大任务，明确数字化转型的发展方向、主要任务、重点工程，为未来五年我国数字化转型发展提供有力指导。2022 年 3 月，国家发改委发布《"十四五"数字经济发展规划》，明确"大力推进产业数字化转型，加快推动数字产业化"等推动我国数字经济健康发展的任务和目标。2022 年 11 月，工信部发布《中小企业数字化转型指南》，从"开展数字化评估、推进管理数字化、开展业务数字化、融入数字化生态、优化数字化实践"等五个方面提出中小企业转型路径，充分激发中小企业自身转型动能，进一步完善中小企业数字化支持体系。

1.3.2　产业政策

自 2017 年开始，《政府工作报告》多次提及"数字经济"，数字经济的两个基本范围是"数字产业化"和"产业数字化"。数字产业化指的是数字技术产业化发展的过程；产业数字化指的是将数字技术应用到产品和服务中，推动企业增加产出，提升效率。因此开展数字化转型成为数字经济发展壮大的有力支撑。在国家政策的引领下，各行业也纷纷出台相关政策，加快推动企业数字化转型进程。如工信部、财政部印发《智能制造发展规划(2016—2020年)》，工信部印发《工业互联网发展行动计划(2018—2020年)》，明确了制造业数字化转型的具体目标和重点任务。2020年12月，工信部发布《工业互联网创新发展行动计划(2021—2023)》，旨在基于工业互联网建设，推动经济社会数字化转型和高质量发展。2022年1月，中国银保监会办公厅发布《关于银行业保险业数字化转型的指导意见》，明确银行业保险业数字化转型的工作目标和重点任务。随着国家和产业层面的总体规划、行动规划、实施指南等方案落地，数字化转型日益成为引领企业高质量可持续发展的主要引擎、增强数字经济发展韧性的主要动力和深化供给侧结构性改革的主要抓手。

1.3.3　企业自身发展

企业在发展过程中要面临不断加剧的行业市场竞争，这些竞争不仅来源于同行业企业的升级和创新，也来自具有互联网基因的企业切入传统行业市场而形成的全新竞争压力，因此企业必须学好、用好新的数字技术，借助数字化转型来保持自身的竞争优势。同时，伴随着电子商务、移动互联网的发展，客户需求端也发生了改变，客户需求更加多样化，消费节奏越来越快，集成化需求也越来越多，企业必须提高自身能力才能适应不断升级的客户需求。

综上，从国家政策、产业政策、企业自身发展来看，数字化转型是企业的必经之路，企业只有通过数字化转型才能保持自身的竞争优势，顺应经济的发展。

但在数字化转型过程中，企业也面临着战略目标不清晰、实践认识不到位，数据壁垒依然存在、数据应用场景有限，关键技术受制于人、服务生态不够健全，数字化发展不均衡、协同效应不显著等问题。企业必须在数字化转型进程中突破这些困难与阻碍，才能实现真正的高质量发展和可持续发展。

第 2 章　企业数字化转型理论探索

本章结合各个行业和领域自身的实际业务特征、面临的转型需求等现实差异，论述了国有企业数字化转型的有关问题，并进一步按通信、金融、制造业、电力、新零售和高速公路等不同行业领域进行了分析和讨论。因此，本章中也介绍和讨论了政府数字化转型的有关问题。由于我国正在快速拥抱数字化技术，积极落实优化营商环境、做好企业服务职能、总结政府数字化转型的先行经验，可为企业数字化转型提供一定参照。通过业务、技术和管理等不同视角和实践经验总结分析得出的数字化转型理论思路，可以辅助相关行业和领域的政企事业单位，制订更符合自身实际的数字化转型的有效工作路径。

2.1　国有企业数字化转型

国有企业是中国特色社会主义的重要支柱，是国民经济发展的中坚力量。国有企业不论是中央企业还是地方企业，其作为一种生产经营组织形式，除了完成相关层级政府赋予的职能型使命之外，同时还具有商业属性和公益属性，其商业属性可理解为实现国有资产的保值增值，其公益属性可理解为支持国家调节各领域经济的目标，保障重大基础设施建设、重大民生保障等各种类型投资建设任务的实施。从 2020 年国务院国资委印发《关于加快推进国有企业数字化转型工作的通知》起，国有企业数字化转型就成为国家政策要求和企业自身业务发展的一个必然阶段，结合国有企业涉及业务领域范围广、承担社会职能强等各方面的特殊性，国有企业数字化转型的理论思路可为各行业领域的企业起到示范带动作用。

2.1.1　理论内容

国有企业的数字化转型，在一定程度上是以市场化方式促进国有企业内部的战略性重组和业务的提档升级，通过合理有效的资源聚合、量化可评估的转型效果，促进国有企业更聚焦于战略安全、产业引领、国计民生和公共服务等功能，加大战略性新兴产业布局力度，加快发展方式绿色转型的客观要求等。近年来，国内部分地区、行业领域的国有企业通过实践创新、持续优化等方式切实总结出了一套行之有效的理论框架，涉及治理、管理、人员、业务、产业等5大要素，赋能企业构建以数字化、智能化为核心的企业数字化转型新思路。

(1) 治理体系的适配化。围绕国有企业的职能定位，结合其承担的商业属性和公益属性的职能特殊性，以及企业领导人不同的任命机制，国有企业需要结合自身数字化转型战略目标，领导层应主动作为，制订一套行之有效、可被相应管理层级授权执行的治理体系，推动目标责任清单化、考核管理机制化，即一套与数字化转型相适配的部门设置、决策机制、制度规范、目标责任、路径计划、考核体系等，赋能企业逐步实现由上而下、由内而外的形成全员参与、全业务流程覆盖的数字化转型工作机制。

(2) 管理的全领域数字化。针对国有企业内部现有信息化水平薄弱、管理流程分支多、决策节点多、涉及部门多、人员能力参差不齐等现状，需要制定匹配公司的治理体系，全面围绕前端业务、中段协调、后端保障的管理模式，提升全板块的办公流程信息化水平，可考虑基于国产自主可控的技术实现思路，构建数据底座，技术中台和业务中台等技术支撑体系，在管理体系数字化的同时，沉淀业务价值数据资源，加大业财融合力度，赋能企业管理者高效决策和全局洞察。

(3) 人员管理的精细化。企业数字化转型需要的是复合型管理人才、技术人才、业务骨干，企业内部需要构建相对完善的人才战略，构建从人员招募、培训、考核、轮岗、晋升、下沉等多维度与企业战略相匹配的人员管理机制。此人员管理机制需要将全流程数字化、智能化，逐步实现多维度人才画像，赋能企业更直接、公平地了解各领域员工的职业发展路径。同时，通过构建学习型组织，建立全员学习的氛围；通过构建人才成长的沃土，吸引更多外部人才加入企业，在一定程度上通过人才战略相关的企业文化赋能企业数字化转型工作的长效运行。

(4) 多业务的数字化共融和共生。由于国有企业职能定位的特殊性，自身普遍拥有多条核心业务，各业务条线内部、业务之间的交叉融合度相对复杂，可以考虑围绕对人、财、物、产、研、运、供、销、服、客、货、场等关键对象活动的掌握，从基础的业务数字化管理，多业务间信息共享，业务信息的可追溯、业务运营的实时监管，业务知识的数字化沉淀等具体业务场景的数字化入手，持续赋能企业业务专项领域内部的深度数字化和智能化水平提升，进而逐步推动多业务之间通过在数据中台、业务中台集成模式下的共融与共生。

(5) 新产业新动能的培育。国有企业因其在产业引领、国计民生和公共服务等领域核心支撑的特殊定位，以及国有企业的国资控股身份，往往拥有大量的行业数据资源沉淀。近年来，部分省市政府也启动了公共数据授权运营的模式探索，并配套出台了若干政策，全面支撑数字中国整体建设目标的达成，赋能地方数字经济产业的蓬勃发展。国有企业更应结合自身业务优势，探索数字产业化的发展新模式、新契机、新动力，赋能企业数字化在转型中形成可落地、可持续的业务创新、模式创新、服务创新。

2.1.2 理论特点

国有企业作为国民经济发展的中坚力量，率先推动数字化转型，是顺应数字经济时代、建设数字中国的必然要求；也是作为政治和经济功能的混合体在新发展阶段承担特定使命、发挥特有优势的具体体现。想要做好国有企业的数字化转型需要从以下两点出发：

(1) 坚持做好国企自身内部的全体系转型升级。国有企业因其自身组织决策和企业治理架构的特点，在数字化转型中更需要践行新发展理念、构建新发展格局、勇担数字经济和实体经济融合发展的重任，营造勇于、乐于和善于数字化转型的文化氛围。国有企业体制机制改革是趋势和创新点，组织与管理的推动必不可少。

(2) 要创新推动国企赋能和带动区域经济发展的转型升级。数字化转型的关键驱动要素是数据，国有企业既要管理好、使用好自身的数据要素资源，促进自身的数字化转型，又要充分发挥国有企业的使命担当，承担和履行政府公共数据资源要素面向社会企业有序供给的重任，构建起全社会数字经济发展变革所需的要素流通体系，打造服务于社会企业数字化转型所需的高价值公共数据运营服务机制，为数字经济和实体经济的融合发展提供安全的、持续的、可信的资金、资源、数据等要素保障。

2.2　通信行业数字化转型

近年来，通信技术突飞猛进，通信产业已成为全世界发展速度最快的产业之一。随着4G应用的不断发展以及5G的商用、三网融合快速推进、物联网应用场景逐步落地，通信行业整体上发展繁荣，业务收入将持续增加。在整个大背景下，通信技术服务行业的规模也将越做越大，企业的数字化转型也变得尤为重要。

2.2.1　理论内容

当前，运营商的产业格局较从前发生了巨大的变化。互联网行业的不断冲击、客户需求的不断升级，都在不断挤压运营商的基础通信优势。运营商企业内部也需要随着科技发展来调整企业结构，需要用数字化手段和工具来代替传统的高重复工作。运营商的数字化转型主要聚焦在以下几个方面：

(1) 提供数字化服务，提升客户感知。数字化服务要面向客户以全在线体验、智能化方式、全云化承载提供一站式信息化产品与服务。通过服务在线化、营销服务智能化、产品数字化等手段，实现由通信服务向信息服务转变。

(2) 打造创新生态平台，培养新业务增长点。以生态合作为基础，融合运营商自身和合作伙伴的客户和产品，培养新的业务增长点，运营商和第三方合作方可以相互借助对方的平台实现客户的引流。未来通过融合运营商和合作伙伴的用户数据，形成新的业务模式和业务增长点。

(3) 建立数字化企业架构，支撑高效敏捷业务发展。基于"平台和应用"的模式，优化和完善通信企业系统架构。底层资源层要实现CT/IT/业务云统一云平台。中间平台层要整理各域能力，拉通各域数据，提升数据要素效能。

(4) 构建智慧运营体系，实现IT和业务高效协同。将数据要素贯通生产、经营、网络、管理全流程，实现生产自动化、经营可视化、网络资源可视化、管理高效化，以业务模式重构倒逼流程优化。

(5) 加强网业协同，提升网络资源效能。紧密围绕业务发展需要，完善网络基础设施布局，提升网络质量，持续推进网络资源可视化，通过大数据、人工智能等手段实现网络资源的精准配置和不断优化，进而全面提升网络资源效能。

(6) 培育数字化人才，打造数字化转型队伍。打造以层级扁平、协同共享、敏捷响应、生态创新为主要特点的平台型组织、人才与文化。平台型组织需要组织结构扁平化、组织关系网络化、组织规模灵活化，形成"小前端＋大平台＋富生态＋共治理"的组织，培养数字化文化。

2.2.2　理论特点

结合通信行业内外部信息化发展成熟度、业务转型实践起步早等实际情况，体现出了客户优先、双轮驱动、数据要素为主导的数字化转型特点：

(1) 坚持客户体验优先，不断提升涵盖从客户获取、入网、使用、离网等端到端的全过程客户体验，借助数据要素对潜在客户进行精准化营销，完善线上线下一体化渠道，优化客户业务办理体验，提供个性化、全流程的服务使用体验。

(2) 坚持业务与技术双轮驱动，技术架构升级改造是为了能敏捷赋能业务发展，同时探索和学习新技术，将新技术变为实际的业务价值，推动业务持续变革。

(3) 坚持数据要素驱动，保证将企业内资产和资源进行在线化、数据化，从而可以实时查看资源状况，要将数据要素贯穿到企业的全过程，用数据发现问题、用数据优化资源配置等。

2.3　金融行业数字化转型

金融行业的特殊性要求其在数字化转型道路上注重风险意识，加强行业监管，为政府、企业、个人提供智慧、安全的金融服务。本节将从业务视角和技术视角构建金融行业的数字化转型能力理论思路，为金融行业数字化转型提供参考。

2.3.1　理论内容

金融行业数字化转型的目标有三个方面：首先是考虑金融风险的控制，变革应当符合风控监管要求，不能随性而变；其次是打造智慧金融，更好地洞察客户需求，送达金融服务；最后是服务政府改革、服务产业升级、服务民生改善。通过运用中台的柔性架构能力，加速创新业务的快速落地，达到促进技术架构与业务架构深度融合和业务信息结构化的目标；通过建立数字画像，提升数字化的智能决策能力。金融行业数字化转型具体表现在以下几个方面：

(1) 数据与业务。数据是企业运行的核心能源和动力,以数据要素驱动企业数字化转型,需要以流程为核心,关注流程的当事人、责任主体和交易事件,实现业务数据化、数据业务化。根据产品、渠道、运营、营销、风险、客户、合作伙伴、机构、协议、事件十个维度加工、组织数据主题,通过标签化方式聚合数据,提供数据服务,提供客户画像、网点画像之类的解决方案供业务使用,形成业务到数据、数据到业务的闭环。

(2) 过程与方法。通过在研发过程中将领域工程与应用工程进行分离设计,加速实现金融企业安全稳定的稳态建设与灵活应变的敏态建设。

(3) 平台与架构。金融企业数字化中台分为业务中台、数据中台和技术中台,前两者提供可重用的流程与数据,后者是软件生产需要的架构、技术组件与生产过程。业务中台通过结构化沉淀业务数据,促进业务数据化;同时,数据中台通过数字空间建设,提供知识图谱、智能决策,实现数据驱动业务创新。

(4) 资产与知识。数字化建设积累的业务组件、技术组件、模型与数据,将成为企业资产被管理起来。

(5) 组织与团队。在数字化转型过程中,企业通过建设数字化能力培养大批的数字化科技人才,业务团队中越来越多的数字化人才使得业务更懂数据,同时二者相互结合,使得科技团队更全面了解业务与技术。

2.3.2　理论特点

金融行业的数字化转型意味着业务重塑,从技术手段到实际运用整个流程都将发生巨变,除此之外企业全体人员也要接受思想上的转型,这些变化都离不开企业内部组织架构的转型,并以组织架构转型来驱动创新的数字化金融业务平台构建。

1. 业务场景化实现体验创新

业务场景化实现体验创新理论特点如下:

(1) 全渠道整合,数字化客户体验。以用户流程为中心整合原有分散的各个渠道业务能力,从用户体验出发重构业务流程、实现业务创新,把用户细分,然后分析每一种用户场景以及用户在该场景下的体验需求,再优化用户流程。

(2) 业务流程重构,数字化客户运营。通过大数据、AI、机器学习等技术,建立客户的精准画像、智能营销、智能风控体系,实现千人千面的功能、个性化的服务、精准的营销推荐、智能化精细化运营、实时防范线上业务风险。

(3) 技术融合场景,数字化产品创新。以人脸识别、语音识别为代表的智能化服务技术,将赋能传统金融产品创新,围绕客户在各类生产生活场景中的需求,引入场景化应用服务,提升对客户的服务黏性,打造"生活+金融"的场景金融服务。

2. 能力开放互联实现生态创新

金融行业已经从金融产品、金融服务进入了场景金融。通过建立金融生态服务平台,将金融服务融入用户的生活场景中,让用户有更好的体验,以更加开放的形式,来提供更佳的数字化生态服务。通过金融企业与非银体系建立深度和广泛的数据联系,形成金融服务支撑下的数字化生态,通过金融服务的洞察能力和送达能力,实现各行业创新。

3. 金融与科技融合实现组织创新

在金融行业的数字化转型中，传统金融业务将变得更基础，更核心，新兴的互联网金融等部门中，IT 人员的占比从 3% ~ 6% 逐步达到六成以上。金融企业自身终将成为科技企业，但将比科技企业更懂金融科技的融合。一是业务部门形成业务需求的数字化；二是通过将科技融入业务，从组织层面打破部门墙，加速业务场景落地的敏捷化；三是在能力开发与金融数字生态的形成过程中，不同规模企业互相融入到数字生态中，实现业务生态融合。

4. 架构演进与升级实现科技能力创新

在金融行业数字化转型过程中，架构演进与升级必将围绕着促进业务架构与技术架构的融合，实现从"信息支撑业务"到"信息驱动业务"。在架构演进创新方面，一是数字空间与知识图谱。金融行业将通过多维度客户画像，实现时间、空间、家庭关系、社会关系等多方面的以知识图谱支撑的数字空间，促进金融服务的送达能力。二是柔性业务支撑能力。在数字空间里可提供千人千面的金融服务，进而促进金融服务具备端到端、可复用的柔性业务架构。三是分布式微服务的架构。数字化的分布式架构平台以"模块化 + 服务化"的方式应对组织和业务规模飞速增长，分布式微服务架构可有效实现分布式事务和服务治理的快速拆分与组合。四是在金融行业的数字化转型中，构建以安全为第一核心要素的私有云体系，打造计算能力、存储能力、传输能力相结合的业务支撑基础设施，成为架构演进的一种必然选择。

2.4　制造行业数字化转型

我国各领域制造企业紧随其业务领域全球数字化的重大发展契机，响应国家科技兴国的发展战略，都在积极快速融入制造业数字化转型升级的产业发展趋势中。抢占产业发展的新高地，制订企业国际化发展新目标，树立全球化合作与竞合化发展新标杆，加快促进降本增效的经营目标可量化的精准评估，突破传统制造企业劳动力成本瓶颈，激活强化企业内生动力，助力制造业内部提质发展。

2.4.1　理论内容

作为国民经济的支柱产业，制造业企业普遍拥有较为成熟的生产业务线、管理流程线、资金管理线、人员管理线、技术研发体系等，大部分企业在这些板块中普遍存在内部信息化程度参差不齐的现状。近年来，传统制造业通过科研创新和智能制造技术的融合应用，大幅提升了传感感知、数字化工艺设计与生产、智能控制系统、专业机器人等新技术和新场景的生产效率，有效提升制造企业在设计研发、生产制造、业务流程、决策支持、客户管理、市场营销等各个环节的效率。在数字经济与实体经济深度融合的大趋势下，大规模的客户化订制生产模式日趋成为企业赢得更大市场份额的有效手段，直接促进了制造企业的治理架构、生产调度、业务分工等领域更加扁平化、联网化。具备较大规模平台型业务模式的制造企业日趋成熟，数字化驱动制造企业在细分业务领域呈现出产业链协同发展的新模式。针对制造行业企业的数字化转型能力的理论思路分析，旨在辅助相关企业从行业经验之上，提出与行业内部大多数企业需求相符合的数字化转型新思路，结合国务院和国资委在"十四五"规划中有关企业数字化转型的相关要求，建议企业合理规划其转型的聚焦点，参考如下数字化转型能力的理论思路，主要推动科技、生态、集群、服务、运营五大领域的数字化转型工作，制订自身的工作思路。

(1) 科技创新。优化企业主要业务相关的上下游产业链，稳步推进关键性的生产基础设施的升级或再造，培育自身关键核心技术硬实力，制订主要产品与适用技术的迭代升级计划，与产业上下游企业共同开展实用技术的创新与验证，实现产业链的深度融合和多元发展。

(2) 生态打造。树立关键骨干企业的标兵示范机制，通过行业领军企业引领、相关中小企业协同参与，推动共性技术平台的实验验证工作，发挥产业链上下游联动作用，协同创新、共同进步。

(3) 集群发展。推动先进制造业集群式发展模式，通过政策引领。头部企业带动，联合互联网、大数据、人工智能等类型的科研院所，技术企业与制造业企业建立深度融合机制。打造与上下游企业的协同发展产业集群，探索集群内的商业模式创新与产业的提档升级。

(4) 服务融合。大力提倡服务型制造模式的推广，将先进制造业与现代服务业进行深度融合，培育传统制造业的新产品形态、新业务合作模式、新技术路径等。促进企业通过服务模式构建产品销售、维修运维、咨询保障、运营支撑等企业建立服务体系，在降低自身企业运营管理成本的同时，在核心竞争力仍保留在企业自己手中的前提下，不断提升企业的核心竞争力，使企业逐步转变为综合型服务提供商。

(5) 数字运营。通过企业内部持续推动的数字化转型工作，制造型企业会逐步形成企业内部全链条的高价值数据的融合聚集，并建立业务运营全生命周期的数字化监管体系。这个监管体系可以为领导及各部门构建专属的领导驾驶舱、决策运营大屏，打造企业的数字化转型的文化理念与企业文化，让制造企业各层级管理人员在授权范围内，更直观便捷地掌握业务运转现状、更高效准确地进行决策管理、更及时有效地进行预警风险等。

2.4.2　理论特点

制造业数字化转型始终都在持续进行，从最开始的"电子化"，到后来的"流程化、信息化"，再到当下的"智能化、数字化"，每个阶段都给广大制造业企业赋予了不同的能力，促使了企业的自我提升，也在潜移默化中促进着整个行业的发展。依托数字化技术与理念，创造新的商业模式与管理模式，为企业在新形势下的长足发展奠定基础，制造型企业的数字化转型具有如下特点：

1. 提升企业管理创新的支撑能力

依托"数字化"相关技术与新时代下的管理需求，不断建立"精细化管理"与"智能化管理"的企业应用，让"业务管理信息化、业务管理流程化、业务管理智能化、业务管理敏捷化"的思路贯穿企业生产运营与研发创新的方方面面。其中：

(1) 数字化支撑能力是建立制造企业统一的数字化业务支撑体系，逐步提升企业生产线数字化的覆盖率与业务管理信息化覆盖率，为企业打造"全面的数字化"。

(2) 流程化支撑能力是建立制造企业统一的业务流程体系，以流程化方式贯穿企业各业务环节，实现相关业务的流程联动，覆盖全生产、销售、服务、研发、采供等领域，打造工作更加规范、信息有效传递、管理过程留痕、业务全链追溯的规范化数字化环境。

(3) 敏捷化支撑能力是一个持续不断创新、精细、提升的过程，能够为经营管理中不断出现的新模式、新办法、新手段、新制度等，建立一套与之适配的敏捷化业务孵化机制。

(4) 智能化支撑能力是借助全新的数字化技术，为企业打造辅助管理与经营的智能化支撑工具，不断提升业务与管理的职能化程度，降低业务与管理人员的工作强度，为企业打造良好的数字化环境。

2. 提升企业模式创新的支撑能力

面对数字化时代背景下的市场变化，以及竞争加剧、新产品生命周期不断缩短的实际情况，制造企业要不断提升信息协同、生态互通、产业互动、模式创新的能力，根据市场变化及时调整经营思路与商业模型，打造一个业务与业务融合一体、内部与外部互通、上游与下游联动的数字化协同体系。其中：

(1) 业务与业务融合一体。建立覆盖研、产、供、销、服的协同机制，实现多领域的内部数字化协同，为制造型企业销售的有效协同、产品的快速孵化、市场的及时反馈、模式的不断创新提供内部保障。

(2) 内部与外部互通。建立制造型企业与相关单位的业务互动机制，不断融合内外部技术力量与市场力量，通过互助合力缩短产品研发周期、扩大市场覆盖渠道。

(3) 上游与下游联动。针对制造型企业的特点，打造产业链融合生态体系，帮助企业整合科研、金融、物流、供应链、服务等上下游资源，将企业对外管理和内部管理的数字化系统进行无缝打通，实现"资源精准匹配、业务高效协同、方案灵活融合、服务快速响应"的目标，全面提升企业在数字化时代的竞争力。

2.5　电力行业数字化转型

电力行业的数字化转型是以数字化技术为起始点，实现经营数字化、资产数字化，进而实现整个行业从生产管理到经营模式的全面数字化转型升级，最终打造能源及服务的全新模式，带动整条产业链的变革。

2.5.1　理论内容

电力行业在国民经济中占有极其重要的地位，经过多年国家实体经济发展的实际需要以及电力业务模式的变革驱动，电力行业的数字化转型工作始终走在各行业前列。传统的电网业务模式也在新技术、新科技的驱动下持续创新，通过充分研究和合理借鉴电力相关企业的数字化转型经验，探索建立一条符合电力企业自身业务需求和发展需要的数字化转型之路，为更多相关行业企业数字化转型的理论思路提供相关参考。

1. 构建前中后全要素平台，赋能业务全链条提质增效

在技术层面，构建前中后台支撑体系。首先，构建基础支撑能力技术后台。充分结合底层云资源平台、全域物联网感知、电网数字化管理、全量数据融合中心等成熟技术方案，构建基础能力支撑技术后台。其次，打造关键技术要素汇聚的技术中台。依托底层基础技术后台的全要素共享服务能力，以业务需求为主轴形成具备共性的、可共享的各类关键技术要素，打造服务于业务的技术中台。再次，融合电网管理平台、客户服务平台、调度运行平台和战略运行管控平台，形成面向业务的技术前台。在业务层面，打造以用户为中心、以市场为导向的业务前台，提供全面优化客户服务的能力，建设可快速响应需求变化的业务系统框架；以资源可被共享复用、业务可被快速适配的业务中台，实现业务资源的持续聚合，产业生态的不断完善，来提升业务运营的中枢职能与工作效率；在确保电网业务整体稳定运行的基础上，构建提升经营管理效率、汇聚业务管理要素的业务后台，推动电力业务基础建设的不断强化，持续强化电网业务运营管控效能，不断优化资源配置效率。

2. 推进全量数据融合，驱动业务持续变革

为深度挖掘企业内业务全链条数据在业务洞察、流程再造、服务创新等领域的价值，结合企业内部技术变革的发展契机，推动企业全业务链条全量数据的聚合，构建企业数据治理体系，持续促进企业内外部数据的深度融合，从而赋能企业管理、业务流程、商业模式的重塑再造，加快电网传统和创新业务的产品化进程。通过数据资产化、数据产品化、数据服务化等方式，探索内部各业务部门之间、内外部业务关联企业之间的合作模式创新，拓展电力数据商业价值挖掘和合理合规流通变现的新渠道，促进企业数字化转型和数字电网建设持续深化。通过新一代信息技术和人工智能技术与全要素平台的支撑，全面提升业务数字化、管理扁平化、决策智能化、运营管控实时化、能力共享服务化、数据资源价值化的水平。

3. 强化资源优化配置，持续创造产业价值

通过对电力行业广泛的市场调研和业务模式及现货市场设计，加大电力行业关键技术研究，构建特定区域内电力现货市场、辅助服务市场的技术支持系统，以市场化方式促进区域资源优化配置和清洁能源消纳。在确保电网业务稳定运行的基础上打造业务后台，持续加强基础设施的投入和建设，提升运营管控能力，不断优化资源配置。积极促进电力企业自身与社会在信息互联网、设施物联网层面的互联互通，推动电网企业与工业制造、政务服务、社会保障、商业运营、生活配套等领域的全方位融合，带动电网企业在管理、文化、运营、服务等领域产业价值的持续提升。

4. 构建合作生态平台，全面建成数字电网

将电力企业打造成为面向政府、设备制造、能源生产、电力配售、能源增值、终端用户等各方参与的互联互通平台。电力企业以打造电网运行生态平台新架构为目标，形成基于云边融合的产业合作新模式、新业态，全面建成以数字化、网络化、智能化、协同化、移动化为特征的"数字电网"。

2.5.2 理论特点

基于上述电力行业数字化转型的理论框架，构建具备业务持续完善的数字电网，并将数字电网打造为能源互联网及工业互联网的关键纽带，加速推动电网技术革新、电网企业转型升级和能源产业变革，带动全社会关键性能源的优化配置，促进能源可持续发展，提升国家关键领域治理体系和治理能力现代化水平。依托数字电网的整体规划实施，加速新一代数字技术与电网技术、业务链条、生态体系的深度融合，使数字电网具有广域互联、安全可靠、实时协同、智慧高效、生态赋能的特点，具体表现如下：

(1) 广域互联：覆盖电网发、输、变、配、用全环节，贯穿规划、建设、运行、营销等业务全过程，并延伸至能源产业价值链及能源生态系统的融合创新。

(2) 安全可靠：基于网络安全相关法规及行业要求在数字电网体系的落地，构建一套新一代网络安全保障体系，将极大促进电网整体基础结构安全、纵深防御严密、广域态势感知等核心能力要求的全面达成。

(3) 实时协同：在电网现有物理基础设施全面数字化的基础上，可充分发挥电网基础设施地理分布广的巨大优势，构建特大规模、具备数字化服务能力的新型能源网络。新型能源网络拥有数据快速接入、传输、存储和处理能力，能够实现特大规模电网业务的数字化管理及保障。

(4) 智慧高效：通过构建网络资源分布广、算力算法资源丰富、全量数据资源汇聚的数字电网体系，打造集中度高、开放能力强、共享范围广的人工智能服务体系，促进电网企业数据价值释放，引领电网技术、业务和业态变革。

(5) 生态赋能：发挥数字电网的能源互联网、工业互联网的关键纽带作用，打造贯穿公共服务、行业监管、能源产业价值链上下游的数字平台，推动智能电网产业链、能源产业价值链的整合和延伸，高效撮合内外部服务需求，孵化平台经济，逐步构建能源数据市场，培育新技术、新模式和新业态，加速提升核心技术、标准规划和模式创新对全球能源领域的辐射能力，推动国际化的能源生态系统形成。

2.6　新零售行业数字化转型

过去十年，中国零售业发生了翻天覆地的变化。从移动互联网的兴起带动电商腾飞，到"新零售"概念横空出世，互联网巨头试水布局实体零售，通过数字化手段对这个庞大的传统行业进行再造，零售行业的格局正在以前所未有的速度被颠覆、被重塑，新的技术、业态和商业模式层出叠现。零售行业可能正上演着程度最为激烈的市场竞争，同时也孕育着众多锐意求变、数字化能力居时代前沿的领先企业。

2.6.1　理论内容

新零售行业的大部分企业以单点业务环节的信息化为重点，构建起了面向研发、生产、营销等的信息管理系统。时至今日，企业亟待加快升级和构建大数据时代全新的数字基础设施体系。从技术视角看，智能技术群落为未来经济发展提供了高经济性、高可用性、高可靠性的技术底座，未来5年将是新型数字基础设施的快速"安装"期，并呈现出多种技术和业务的融合发展趋势，具体表现如下：

1. 物联化

物联网的使命是解决万亿实体间的信息交换问题，通过将每一个物体都数字化，建立一个数字孪生世界，在数字世界优化原来系统的综合运行效率。

2. 云化

云计算已成为企业数智化转型的大趋势和催化剂，也是新型数字基础设施的核心。全球数字商业云化将沿着基础资源、业务工具、核心系统、运营模式云化的趋势演进，给企业带来运营成本降低、运营效率提高的便利，以及新技术、新运营模式等。

3. 数据驱动及中台化

数据是构建数字商业、催化产业智能的核心原料。海量大数据须具备汇聚收集、清洗筛选、分类存储、认知分析、智能应用的全链路技术支持，企业才能从中发现获取新知识，推动生产要素的集约化整合、协作化开发、高效化利用、网络化共享，形成全新的资源配置模式。

4. APP 化和移动化

全球技术架构体系及开发运营模式正在加速重构，开源云架构、容器技术、微服务等的发展，可支持实现快速测试、发布、部署，为各类 APP 及软件移动化部署创造条件。当前，微服务架构将整体功能分解到各个离散服务中，实现对原有方案解耦，将传统软件架构不断"解耦"成为一个个功能单元。

2.6.2　理论特点

在市场对服务要求不断提高的需求驱动下，新零售行业对其内部的数字化、智能化水平提出了更高目标。随着新技术的发展应用，商业运行的数字化、智能化程度不断提高，作为微观主体的数字化企业，在这一环境下也得到了快速发育，其发展理念、外在形态、内在机制等都已经与传统企业有了显著差异。

1. 新形态：数智化的新商业

从商业环节的数字化、在线化进程来看，消费端已较大程度上实现了数字化和在线化，进而反向促进了商业企业在供给端设计、研发、采购等环节的在线化与数字化的提速进程。新商业的数字化发展也体现在了交易环节的价值传递与生产环节的价值创造，在云计算、大数据和人工智能技术的支撑下，数据＋算力＋算法的红利被充分释放，以数据融合驱动业务更自动化、商业决策更智慧化，使得数智化商业也成为商业企业发展的新趋势之一。

2. 新主体：数智化的新企业

现阶段数字经济的发展已经进入以"数 + 智"为代表的要素式驱动发展的新阶段。"数"即数字化，从消费端到供给端的全域、全场景、全链路的数字化，包括品牌塑造、商品品类、销售体系、营销规划、渠道管理、生产制造、服务体系、金融保障、物流供应链、组织管理、信息技术这 11 类商业核心要素。"智"即智能化，是以数字化体系为支撑的全业务链条的智能决策，通过精准响应市场端的需求变化，构建可实时反馈实际现状的智能决策体系，将传统的经验型决策或局部信息驱动的模糊决策，改变为数智化的实时精准的智能决策。

3. 新标杆：商业操作系统助力企业数智化

在数智化商业的发展浪潮中，星巴克、欧莱雅、蒙牛、雅戈尔等众多富于变革精神的国内外一流企业正在经历数智化转型，锻造和展现出在这一领域的前沿探索和最佳实践。这些企业在自身高速发展的同时引领整个行业发展，业内正在构建一套新型数字化基础设施体系。通过企业自身及头部企业提供的服务，整个行业走向全领域、全流程、全方位的数字化运营。

4. 新动力：数智化时代企业的增长密码

大变革时代，企业需要不断更新商业引擎、保持持续发展的动力，才能在市场上处于不败之地。数智化时代，企业增长的动力来自于消费者资产运营、强大的产品力和组织力以及"数智力"。从众多优秀企业的探索实践可以发现，未来企业增长的新密码，是结合了消费者资产、产品力、组织力、数智力四个要素的新组合所带来的增长效应。

2.7　高速公路领域数字化转型

交通是数实融合的典型场景，在交通系统中高速公路是最活跃、最澎湃的动脉，在社会经济中发挥着举足轻重的作用。过去 30 年，我国建成了全球最大的高速公路网络，总里程近 17 万公里，为国家经济建设和人民生活带来极大便利。在《交通强国建设纲要》等政策以及新基建浪潮的引导和推动下，高速公路进一步由信息化向数字化、智慧化迈进。在此过程中，传统的信息化手段已不能满足行业发展的客观需求，因此需要进行数字化转型。

2.7.1　理论内容

云计算、大数据等技术提供了必要的计算资源、网络资源、存储资源，提高了数据的分析能力。物联网借助微传感和控制技术，将人、车、路、环境联合成一个实时网络。5G、车路协同、自动驾驶、物联网等技术提供了更强的感知、传输、协同、智能决策等技术能力，逐步实现万物互联和智慧出行。同时，交通运输部相关政策文件中，明确要在基础设施数字化、路运一体化车路协同、北斗高精度定位综合应用、基于大数据的路网综合管理、"互联网"路网综合服务、新一代国家交通控制网等多个方向全面深入发展，为智慧高速建设提供了政策保障和方向指导。构建以数据为核心的高速公路协同管控与创新服务体系，实现高速公路管理科学化、运行高效化和服务品质化，促进高速公路行业健康、可持续发展。

智慧高速公路是在实践中不断发展、不断完善的，随着技术进步和对智慧高速公路认识的提升，智慧高速公路的内涵也更加丰富，即持续利用新理念、新技术、新机制、新模式，实现管理和服务更加智慧的高速公路。打造一个以数据驱动的智慧高速中枢大脑，来高度共享数据和业务架构，从而实现数据统一汇聚共享，交通资源跨区域、跨系统调度和控制，以及基于全域数据驱动智慧高速运行。

2.7.2　理论特点

高速公路作为国民经济发展不可或缺的核心要素，近半个世纪以来，对我国经济的高速发展，起到非常重要的作用。现阶段高速公路在管理模式、基础设施、综合应用等数字化转型领域需求迫切，主要表现为如下重点方向。

1. 基础设施数字化

为解决传统道路的监测、维护和管理问题，通过实施三维可测实景技术、米级高精度地图等，助力智慧公路体系中相关基础设施的数字化采集、管理与应用，构建公路基础设施资产目录和动态管理系统，打造桥梁、边坡、隧道等基础设施关键指标信息监测传感网，实现交通基础设施家底全摸清、安全状态全感知、分析预警全智能等高阶功能。

2. 路运一体化车路协同

充分发挥 5G 及专用短程通讯技术优势，实现高速公路路侧系统智能化升级、营运车辆路运一体化协同示范，探索路侧智能基站系统，开展风险监测预警、交通流监测分析、车路信息交互等。

3. 北斗高精度定位综合应用

以全面自主可控为目标，通过北斗高精度基础设施的建设，全面落实北斗信号在示范路段全覆盖，通过在灾害频发路段、植被破坏区域等部署长期可靠的监测预警系统，探索开展基于北斗的通行收费和应急救援一体化管理等应用，全面掌握全路段、全人员的准确信息，实现车辆、人员的精准快速定位与救援力量的动态调度和区域协同。

4. 基于大数据的路网综合管理

为满足高速公路运营与服务的智能化管理决策需要，以大数据和人工智能技术为支撑，建设路网综合管理平台，此平台全面覆盖区域路网的数据采集、公众服务、应急指挥、运营调度、资产运维、收费管理、道路养护等。为解决的高速公路里程长、地理位置偏远的实际问题，可通过无人机等技术手段，提高高速公路运行监测水平和应急反应能力，为老百姓、企事业单位提供信息查询通道，高效开展道路的智能养护，路政和路网事件巡查智能终端示范。

5."互联网"路网综合服务

开展基于网络的服务区停车位和充电设施引导、预约等增值服务，探索基于车辆特征识别的不停车移动支付技术，制订高速公路动态充电示范地区或方案，确保新能源汽车动 / 静态不同模式的高效充电，推动低温条件下精准气象感知及预测技术等。

6. 新一代国家交通控制网

根据国家政策指引，建设城市公共交通、复杂交通环境的车路协同、安全辅助驾驶等技术应用的封闭、开放性质的测试区，形成国家交通控制网中实体原型系统的应用示范基地。

2.8　政府数字化转型

党的十八大以来，以习近平同志为核心的党中央从推进国家治理体系和治理能力现代化全局出发，准确把握全球数字化发展趋势，围绕数字中国、网络强国、数字政府建设等作出了一系列重大部署，连续发布了多项重大举措。2022 年 6 月，国务院印发了《关于加强数字政府建设的指导意见》，提出加强数字政府建设是适应新一轮科技革命和产业变革趋势、引领驱动数字经济发展和数字社会建设、营造良好数字生态、加快数字化发展的必然要求，是建设网络强国、数字中国的基础性和先导性工程，是创新政府治理理念和方式、形成数字治理新格局、推进国家治理体系和治理能力现代化的重要举措；2022 年 10 月，国务院办公厅印发了《全国一体化政务大数据体系建设指南》，整合构建标准统一、布局合理、管理协同、安全可靠的全国一体化政务大数据体系，加强数据汇聚融合、共享开放和开发利用，促进数据依法有序流动；2023 年 2 月，党中央、国务院印发了《数字中国建设整体布局规划》，从党和国家事业发展的战略高度，提出了新时代数字中国建设的整体战略这一系列重大决策部署将全面赋能创新驱动的数字经济、高效协同的数字政务、普惠便捷的数字社会、自信繁荣的数字文化、绿色智慧的数字生态文明，提升国家治理体系和治理能力现代化水平。

2.8.1　理论内容

政府数字化转型的过程是以融合各类公共数据为工作基础，构建相关数据采集、共享、分析的基础载体，形成源于业务、用于业务的数据治理机制，持续优化政府、企业、社会的多层级关系结构，打造满足数据安全和隐私保护要求、拥有完善或相匹配的组织机构设置，稳步探索公共数据资源的整合、运营路径，驱动数字政府的内、外部协同共建。

1. 组织能力保障

结合政府数字化转型的工作目标，政府公共职能部门或事业单位应形成与目标相匹配的组织结构，并赋予其必须或应有的职能权利。合理有效的组织能力属于构建数字政府的核心基础的机制保障。通常表现为三种形态，一是扁平化，发挥数字技术突破信息知识流动障碍的优势，减少业务上传下达的中间过渡层；二是去中心化，通过充分授权与分权，从中心化集中管控走向合作共治模式；三是无边界，平台型数字政府的建设可在一定程度上形成与传统科层制政府固定组织边界形态不同的开放式政府，通过有序开放或共享政府数据，打通数据自由流动渠道，形成了一个业务驱动、互通互联的动态边界。

2. 机制政策保障能力

在构建弹性化制度管理的基础上，数字政府会逐步形成一套弹性化的内部管理的制度。弹性化制度因其强调创造性、灵活性和敏捷性，更能适应数字经济产业发展所需的动态、多变特征。同时，构建共创共享和人才激励机制，创造宽松、自主管理、自我创业的工作氛围，激发政府工作人员的创造力和对公众需求的快速反应能力。首先，应建立统一高效的组织领导机制；其次，建立适应形势的政策制度机制；再次，建立健全协同联动的项目管理机制；从次，建立持续长效的资金投入机制；然后，建立人员保障机制；最后，健全科学合理的评价考核机制。

3. 大数据工具平台支持

通过打造模块化、便捷化、低代码化的数字政府底座平台，可有效促进政府数字化进程，由于与数字政府相关的公共数据细分种类繁多，相关数据权属问题尚未有效明确，构建应用场景驱动、拥有数据分类分级管理能力的大数据工具平台，这是市政府数字化转型不可缺少基础技术支撑。大数据工具平台是数据汇聚、业务系统对接、上层平台建设的支撑性平台，不仅可以支撑政府服务的全面一体化、监督管理或执法体系的互联网化、业务决策分析的实时可视化、政府内部督查督办的全面数字化等需要，也可以满足向上或向下与国家级、省级、市州级、区县级平台的互联互通要求，通过数据的业务多维度可视化、面向业务的服务平台化、业务决策流程的透明化，最终实现政府治理体系在日常办公、信息收集与发布、公共管理等事务领域的全面数字化，间接加强政府工作人员对数字政府的深层次理解，促进政府工作人员培育自身的数智化理念与素养，进而整体提高政府相关业务流程决策的时效性、准确性和科学性。

2.8.2　理论特点

数字政府的建设过程可以理解为政府数字化转型过程中持续解决政府实现跨层级、跨部门和跨系统的数据共享与业务协同难题，政府数字化转型通常具备如下主要特点：

(1) 政府会设立承担数字政府建设责任的职能部门，并在相关领导的授权下，协同其他业务部门共同规划与本地经济规模、经济形态、产业结构等相适应的战略目标；按需推动公共数据资源的汇聚，以数据连通具体业务场景，提高政府服务效能，提升老百姓获得感。

(2) 围绕市民和企业办事的业务场景需求，促进跨部门和组织的数据流动，进而直接提升面向业务条线相关关系人、企事业单位、社会大众的服务响应能力，大幅提升服务效能，采用融合绩效管理等手段，驱动政府在公共服务、社会治理等领域的大规模系统转型。

(3) 政府职能范围内的服务落地方式多样，既可通过线下实体窗口化完成，也可通过线上多渠道方式完成，服务内容、服务标准、服务时效等都与服务提供渠道深度融合，部分地区通过构建服务渠道合作机制，解决政府人员编制不足的实际困难，通过与服务渠道建立长期稳定、安全可信、持续优化的互信机制，满足企业和个人的服务需求。

(4) 政府各层级领导的决策依据、准确性都来源于信息驱动，如何挖掘数据和信息的价值，各级政府都在不断地尝试与突破。并且，领导的决策来源与决策结果都是属于不同类型的数据，由于这些数据来源于业务流程，当通过决策分析后其又可反向影响业务与决策流程，形成良性闭环。

2.9　数字化转型理论总结

结合上述行业领域的数字化转型能力的特征分析，数字化转型虽然在一定层面上可以理解为信息技术引发的企业变革，但这种变革一定要带来其他发展所需的各种要素驱动模式的变革，数据驱动一定要对业务产生深刻的影响。变革需要分阶段、分层次、分优先级推动，采取前期优化，后期变革的策略，以形成新的或可优化的业务能力提升为目标，根本任务是价值重构，而不是简单的业务优化，需要开辟新的发展空间、新的价值，构造新的价值体系，找到增量发展的新模式、新路径。不同行业和领域的企业数字化转型是围绕整个价值体系重构逻辑，转型过程中各种工作实际是相辅相成并非独立存在。总结出来有以下几个方面：一是推动战略转型，提出新的战略价值主张；二是构建承载业务价值变革的能力体系，明确化用什么能力来承载预期的业务变革的价值主张，即一个价值创造和传递的体系；三是针对每一项能力要形成系统性解决方案，而系统性解决方案是价值技术支持体系；四是打造一个治理体系的保障机制，即业务价值变革所需的组织管理保障体系；五是基于能力体系的持续完善，不断赋能业务价值的创新和转型。

总之，不同领域和行业的企业数字化转型都应以业务价值为导向，有序地推动全面的数字化转型实施，同时尽可能考虑企业内部转型可形成的对企业、对外部创造出的更大的社会和经济价值。当下，数字技术作为第四次产业革命的核心内容，正驱动数字经济在全球经济整体下行中呈现"逆势上扬"的发展态势。对于企业来说，数字化转型已经不是选择题，而是"生存题"，对于任何一个谋发展的企业来说，当下已经到了数字化转型的关键期。

第3章　企业数字化转型发展思路

数字化转型已经成为企业"十四五"规划的重要战略，其核心不仅是新一代 IT 技术，也是"数字技术＋管理创新"双轮驱动，它涉及到企业的战略、组织、文化、技术等方方面面，是一项系统工程。企业推进数字化转型，需要对企业的战略愿景重新定位，明确转型的目标和方向，从"数字规划、数字能力、转型价值、数据驱动、生态协作"等方面确立数字化转型的主要思路，重点围绕"明确企业发展战略、提升企业新型能力、打造数据治理体系、构建系统解决方案、推进业务优化创新、重视数字人才培养"等重点任务，采用数字化转型方法论来规划实施路径，有序推动转型工作，并做好组织、数据、技术、管理等方面的保障措施。在转型过程中定期评估数字化转型的效果，不断调整和优化工作思路和方法，确保最终实现数字化转型的目标。

3.1　企业数字化转型目标

企业数字化转型的目标，一方面是对现有业务的优化，利用数字化手段提质、降本、增收、提效，加速管理升级，提升运营水平；另一方面是在此基础上深化企业创新能力，发展新业务模式，开辟新收入来源，同时注重企业上下游、外部生态的数字协同和价值创造，推动企业高质量发展。具体来看，包括以下几个方面。

1. 管理精细化

不确定的环境对企业发展的可持续性提出了更高的要求，企业应积极推进数字化转型战略，通过"数字技术＋管理创新"双轮驱动，在积极探索能够为企业开辟新收入来源的创新业务的同时，保证企业内部卓越运营。构建企业智慧大脑，通过大数据驱动的持续学习、纠错和演进迭代，实现企业智慧管理能力的持续提升，从而帮助企业能够随着内外环境变化和目标调整而自主寻优，动态调整业务、组织和资源配置，实现持续成长。通过共享服务模式满足相关组织和人员的共同需求，比如财务共享、人力共享、采购共享等。基于数据驱动实时生成业务报告、绩效考评、薪酬等报表，提高业务运转效率、精准控制风险，达到辅助企业管理决策的目的，实现智能化管理，企业管理将变得更轻。

2. 产品差异化

在以往标准化的工业时代，企业抢占市场依靠的是扩大生产规模和拓宽销售渠道。但是现在客户需求"千人千面"，消费市场考验企业的不再是企业规模，而是企业内如何凭借技术和产品为用户提供个性化服务。产品差异化的目的是利用业务重构与创造新的数据驱动模式给客户提供更好的体验、服务和产品。企业必须转向网络平台选择更广泛的供应商，获取更详细的消费者消息，推出更丰富、更复杂的产品线，构建融合线上线下一体化的购物渠道与体验场景，以更精准地满足消费者需求。面对用户的个性化需求，企业需要分层、分群、分类为不同的用户在不同的时间提供不同的产品，通过数据分析为用户画像，可以精准了解用户的需求，快速为用户提供相匹配的服务。

3. 服务精准化

企业数字化转型所涉及的各种服务，如内部各部门所需的数据要求、流程定制、管理决策；外部客户所需的个性化定制等，都可以做到精准地定制，从而适应和满足不同的需求，并且在服务的生命周期内，可以做到针对不同的情况、个性的需求，提供全程的解决方案。精准化的服务可以为各级决策提供准确的依据，使管理精准化和科学化，使企业基业常青；精准化的服务可以满足客户个性化的需求，提高客户满意度和忠诚度，为企业带来效益；精准化的服务可以提高业务创新能力，提升竞争力，降低企业成本。服务精准化在现代社会"一切皆服务"的大背景下，是企业生存和发展的重要竞争力。

4. 决策科学化

现代组织、机构、企业需要科学决策，也就是决策的科学化。企业数字化转型恰恰能以数字化技术，提供满足决策过程中每个步骤所需的各种数据，以及实现每个步骤的各种技术，有效地减少各种失误和臆断，从而保证了决策的科学化。企业数字化转型加快了企业数据应用体系建设，数据驱动的企业通过实时的数据分析，将洞察转换成最佳决策，并得以精准执行。强化内外数据的采集、融合、分析、应用、治理能力建设，实现数据在信息系统、软硬件、自动化设备、与人之间的实时、自由有序流动，并通过"数据—信息—知识—智慧"的跃迁实现数据资源为企业的全面赋能，为企业产品研发、市场销售、经营管理等提供科学决策和精准执行。

5. 客户体验个性化

随着大数据与人工智能时代的到来，"以产品为中心"的传统模式正在向"以客户为中心"转化，客户体验成为产品的"终极竞争力"。良好的客户体验能够提高客户参与度、转化率、品牌忠诚度，进而带来企业收入和利润率的提升，同时可以使企业在数字世界中创造差异化，这是企业生存与发展的关键。通过数字化转型，企业能够建立全渠道、多触点的营销模式，实现精准营销，并充分利用大数据、人工智能、机器学习、高级分析等数字技术，实时感知客户，快速满足客户个性化的需求，建立动态的客户画像，客户可以在产品全生命周期各阶段都获得参与感。数字化转型使企业不仅创新了产品的交付和服务模式，同时也更好地响应、服务客户，提升与客户持续互动的能力，与客户合作共赢。

3.2 企业数字化转型基本原则

数字化转型需要从业务引领、统一规划和价值导向三个方面确定基本原则。

1. 业务引领，技术支撑

数字化转型需要企业在最高层面确立转型总体目标，不同企业数字化转型所处的行业和发展阶段不同，因此企业应结合自身业务特点，探索适合的战略方向，有针对性地分阶段实施。行业上下游、产业链各企业之间的协同也在助推这一过程。大数据、人工智能、5G、边缘计算等新型数字化技术不断融入业务场景，也在重塑和创造众多的产业形态。工业互联网，通过数据互联互通、远程监控、数据挖掘，实现了工业企业生产、管理效率的提升以及潜在价值的发现；个性化定制，通过互联网加柔性制造，满足了用户多元化的需求。企业需依照自身需求和发展方向，在数字化转型中探索适合的业务场景，不断拓展数字化与业务结合的领域。

2. 统一规划，迭代实施

统一规划指对企业的数字资源进行系统性的梳理。企业的数字资源包括但不限于数据、技术和业务等一系列能促成企业数字化转型的资源。企业数字化转型并非是单一地从技术层面进行，而是在企业对自身现存的资源进行统一规划的基础上，利用数字技术对自身进行全方位、立体式的赋能。企业只有对现存的数字资源进行统一规划才能避免出现口径不一的数据，以及避免这些数据造成新的数据孤岛，从而减少企业转型的阻力。企业进行数字化转型除了需要进行统一规划，还需要充分认识到数字化转型是一个持续、迭代的过程。因此，企业应该根据自身的经营特点、信息化水平、人员和能力水平制定转型方案，并以提升客户体验为宗旨，以目标、结果、问题为导向，以迅速变化的客户需求为提升依据，采用敏捷迭代的方式对企业内的基础设施、技术平台、组织架构等内容进行数字化转型的迭代实施。

3. 价值导向，集约建设

企业数字化转型应坚持价值导向，做有价值的转型。尤其是在集约化大背景下，降低成本、提质增效仍旧是企业当前数字化转型的重点。一方面，企业对新技术的探索要以能否解决业务转型中的切实痛点为根本出发点，进行适度超前投入。另一方面，企业数字化转型要树立共享理念，以大共享思维为统领，将能集中的资源都共享，例如财务共享、人力共享、采购共享、法务共享、IT共享等，在大共享平台上进行资源的统一配置，沉淀基于最佳业务实践的业务模型、业务构件等资源，封装为面向未来业务流程的、可复用的标准化微服务组件，真正实现集约化建设。

3.3　企业数字化转型主要思路

企业可以以数字规划为起点，以数字能力为主线，以转型价值为导向，以数据要素为驱动，以生态协作能力作为支撑，进行数字化转型。

1. 以数字规划为起点

数字化转型不仅是新技术的实施和运用，而且是对企业的战略、人才、商业模式乃至组织方式产生深远影响的全面变革。当前，越来越多的"一把手"在深入参与数字化转型。随着企业数字化建设成本越来越高，风险越来越大，企业在启动数字化转型工作时也越来越谨慎。价值驱动、战略关联、由点及面、领导主抓等都是企业在数字化转型过程中需要考虑的原则及关键点。如何实现数字化转型是一个系统工程，而任何一个系统工程首先就要有顶层设计来指明前进的方向。采用数字化思维与科学方法整体规划，做好顶层设计，成为众多企业开始数字化转型的关键路径。企业应立足当下，着眼未来，统筹规划，并围绕客户体验和业务战略开展数字化顶层设计，具体来看主要包括如下方面：

(1) 建立适合企业特点的数字化转型愿景与目标，为数字化转型指引方向。

(2) 评估企业的数字化转型基础，明晰存在的不足与改进方向。

(3) 依照转型框架规划设计企业数字化转型的蓝图框架。

(4) 评估数字化转型方案的收益与风险，排定优先顺序，制定完善的数字化转型路径。

(5) 设计评估数字化转型效果的关键指标，以及对数字化转型效果评估的组织、评估方法、评估周期等机制。

2. 以数字能力为主线

数字能力是企业提升资产使用效率、加强业务获单和履约水平，从而在数字化转型过程中脱颖而出的核心能力和根基。若缺少基础数据的支持和应用，以及由此形成的对新知识的学习能力、新挑战的响应能力、新场景的适应能力、新业务的开拓能力，企业数字化转型即是空谈。因此，提升数字能力是实现数字化规划落地的基础，是企业数字化转型的主要工作路径。数字能力建设是新一代数字技术对平台全环节、全过程、全链条的改造。提升数字能力一般包括以下三个方面：

(1) 通过软件或传感器来采集数据，结合本地基础设施建设来存储数据，或运用云、5G 等技术实现数据上云。

(2) 通过边缘计算、云计算等技术，开展数据治理活动，推进企业大数据与感知硬件、核心软件、云平台等融合发展，形成数据驱动的企业发展新模式。基于企业云平台建设，将技术组件和算法封装成技术服务组件，可供业务共享服务调用，形成支撑业务快速实现的技术能力。

(3) 采用人工智能、大数据和系统集成等技术，将数据以合理的形式呈现，并应用在各种业务和运营场景中，来赋能企业数字化、智能化发展，实现企业管理升级，提升企业决策水平，支持和引导企业业务、组织和流程的变化和优化，实现企业业务模式创新。最终实现促进企业数据资源整合，打通各个环节数据链条，形成全流程的数据闭环。

3. 以转型价值为导向

为社会创造价值是企业一切活动的指挥棒。虽然每家企业自身所处的经营状况、市场环境、行业生态都大不相同，但无论是为了应对外部竞争压力，还是为了更好地发展业务，企业转型变革的目标必然是以创造商业和社会价值为导向的。一旦有了明确的价值导向，数字化转型才会有意义，企业内部各层级才会认可转型的必要性。在此前提下，再借助企业外部的力量，结合企业内部的经验，齐力实现数字化转型战略规划和能力主线在业务场景中的具体落地，才能实现有效的企业数字化转型升级。根据数字化转型本身的特性，在创造和提升企业价值方面，其表现形式包括：

(1) 形成新的产品和服务，创造产业价值。将数字化技术应用于产品全生命周期价值的创造中，包括但不限于产品（服务）需求分析、产品（服务）定义、生产制造、交付和服务，为客户甚至供应链创造新的价值。

(2) 提升资产运营效率等对企业内的价值。其重点是高效、经济、灵活地组织各类资产，保证持续、有效、高质量的内部运营，实现对业务活动的支撑。

(3) 提升业务履约能力等对企业外的价值。利用数字化网络整合产业链资源，及时地与客户沟通，高效满足客户多样化业务需求；以数字化转型为契机，发现新的市场领域，创造新的商业模式。

4. 以数据要素为驱动

2020 年 3 月 30 日，《关于构建更加完善的要素市场化配置体制机制的意见》（以下简称《意见》）正式出台。《意见》明确将数据作为新型的生产要素。个人、企业以及政府等组织的行为都能产生各种各样的数据，通过物联网、大数据、人工智能等数字技术，构建从动态感知、前瞻洞察、智能决策到自动执行的全链路智能化闭环，实现以数据为驱动的智能生产、柔性供应、精准营销、智慧运营、生态协同等业务场景，助力企业实现体验优化、效率提升和价值创造。具体可以分为：

(1) 数字服务方面。企业通过对服务全过程进行数据采集与分析，形成更加完整的客户画像，从而精准触达目标客户，提高营销活动的投入产出比。通过多维度的销售数据分析和可视化呈现，优化市场策略，驱动销售业绩增长。利用数字技术延长服务链，能够将一次性服务的价值变为多次服务价值，提高企业营收。

(2) 数字生产方面。基于海量工业数据的实时采集，通过数据的精准分析，优化制造资源的配置，提供符合市场需求的高质量产品，助力企业实现柔性生产，实现降本增效。利用数字技术为生产流程赋能，实现生产质量全过程监控，不断提升产品质量，助力企业打造良好口碑。

(3) 数字管理方面。通过打通跨系统数据，整合企业内外部数据，实现业务场景一体化分析，企业将能够更深入地洞察和指导自身经营管理。一方面可以促进流程优化，另一方面可以驱动智能化决策，使之针对不同场景均有各自的模型算法与专业的第三方服务商。

5. 以生态协作能力为支撑

创造生态、融入生态，成为数字时代竞争发展的重要趋势，在生态中协同创新将加速传统企业数字化转型进程。对于企业而言，在新 IT 技术的支持下，企业内外部的互动更加直接，企业与市场的边界更加模糊；同时，企业内部成员与生态成员间的协同变得更加频繁和高效，大家都开始以生态思维去思考组织的形态和发展，组织从一个个封闭的机器变身为了开放的体系。平台将成为产业运营的核心，以平台为核心的产业生态，一定程度上取代了以超级企业为核心的产业集群，企业将致力于打造更开放、更广泛、更协同的合作生态，聚合创新的新生力量，在技术创新和产品完善的基础上，通过生态协作方式加强行业方案场景化设计，为自身变革与创新赋能。未来，"平台 + 生态"将成为主要的商业模式和产业变革的潮流，不同规模的企业有不同的方式：

(1) 产业链龙头企业通过构建产业平台，整合数据、算法、算力，借助平台把客户、供应商、员工、伙伴连接起来，汇聚价值链资源，实现资源优化配置，推动业务创新和管理创新，塑造数据驱动的生态运营能力。

(2) 中小微企业上云上平台，借助龙头企业释放的平台能力，实现自身转型升级。通过上平台，链主企业拥有中小微企业的数据，更加了解其信用情况，加之链主企业的稳定性，可以联合银行做产业金融，产业链上的中小微企业可以获得便捷的贷款服务。

3.4　企业数字化转型重点任务

企业数字化转型的重点任务主要集中在明确企业发展战略、提升企业新型能力、打造数据治理体系、构建系统解决方案、推进业务优化创新和重视数字人才培养六大方面。

1. 明确企业发展战略，提出数字化转型主张

企业战略在数字化转型中起到方向引领和把握企业发展走势的作用，是企业应对未来行业及市场变化做出的重大筹划和策略，是企业内部控制与管理设定的阶段性最高目标。企业数字化转型对企业决策层的战略布局、顶层规划、领导能力和执行能力极具考验。

现阶段企业发展战略的制定要紧密围绕国家提出的"十四五"规划、"数字中国"和"双碳"目标等具有划时代意义的决策稳步开展。首先，企业决策层应结合企业内部情况、外部竞争环境和技术发展方向明确企业发展战略，提出数字化主张。企业战略是在具有一定完整性的信息化基础上 (如网络、软硬件、数据标准、数据质量等)，围绕核心业务进行数字化层级迭代建设，实施步骤和阶段目标要与数字化主张相互协同、形成阶梯式发展。其次，战略制定后，企业的相关组织机构调整也要随之展开，同时需要强化风险管控，建立健全的企业管理和内控体系，保障企业发展战略和数字化主张的实施。

2. 提升企业新型能力，支撑数字化转型升级

数字化能力就是数字化生存和发展能力，新型数字化能力要求企业具备深化应用新型技术，赋能业务加速创新转型，构建竞争新势能，不断创造新价值，实现企业新发展的能力。企业数字化转型是一个与时俱进、持续推进的动态过程，数字化能力作为贯穿企业数字化转型全过程的重要因素，是提升企业新型数字化能力，支持企业数字化创新，推进企业数字化转型的重点任务之一。新型数字化能力的提升，可以通过以下几方面实现：

首先，要搭建数字化能力体系及企业数字化转型架构，统筹整个企业数字化转型过程中的能力要求，促进能力体系与转型架构融合，更好地为企业数字化创新服务；其次，要求企业具备创新性战略规划能力，了解前沿新型技术与社会战略规划。企业既要适应信息技术的变革创新要求，也要适应社会整体战略变革；最后，企业数字化转型构建于现有技术能力之上，要求企业具备深化应用新型技术的能力，赋能业务加速创新转型，构建竞争新势能。

3.打造数据治理体系，提供数字化转型保障

数据治理体系建设是一项长期且复杂的系统性工程，既涉及企业战略、组织架构等顶层设计，又涉及文化、制度等外部因素，还与系统、平台、工具等技术发展密切相关。随着企业业务的增长，海量、多源异构数据给数据存储、管理和应用提出了新的要求。构建完整的数据治理体系，提供从数据集成到数据清洗、再到数据融合，最后实现数据资产化的全面的数据治理体系，能更好地保障企业业务转型工作，从而充分发挥数据资产的价值，成为企业数字化转型的重要关注点。建设企业数字化治理体系：

一是需要对企业数据资源进行总体规划，盘点企业数据资产，形成企业数据资源目录。

二是统筹制定企业元数据、主数据、参考数据、业务数据、指标数据等数据标准，奠定数字化建设基础。

三是基于统一的数据标准，开展企业数据治理工作，构建数据驱动业务的能力，这是数据驱动业务应用及创新的关键环节。

四是建设企业数据治理组织及制度规范，明确数据治理的组织机制、角色设置、权责划分，依据企业实际信息化和业务情况制定符合本企业建设需要的制度、规范、流程体系等，为企业数字化转型提供保障。

4.构建系统解决方案，推动全面数字化转型

企业数字化转型是一种系统性的变革创新，涉及到企业的方方面面，例如战略、文化、数据、技术、流程、组织、服务等。企业应采用系统性解决方案，推动企业全域数字化转型，实现要素之间的同频共振，否则仅是停留在单一节点上的尝试，不但无关痛痒，甚至从某种程度上讲，局部转型会伤害到整体利益。

构建系统性解决方案，企业可以从以下方面入手。战略方面，数字化转型是国家战略，企业需要从战略高度深刻理解数字化转型；文化方面，企业必须将健康的数字文化放在重要位置，而不是长期计划、创造协作的工作空间；数据方面，数字化转型需要从数据采集、治理、挖掘、分析和智能应用等方面全面部署，实现数据的打通与共享；技术方面，充分发挥"云大物移智链边"。等数字技术的先导作用，实现技术间的组合效应；流程方面，推进端到端流程的优化或重构，实现业务流程的管控和动态优化；组织方面，构建与业务流程最佳协调的组织体系，推动人员优化配置；服务方面，打通信息孤岛，实现信息系统之间、企业各部门之间及企业与生态链之间的数字业务服务能力。

5.推进业务优化创新，催生新业态与新模式

数据赋能业务，实现业务优化与创新是数据价值变现的关键环节，也是企业数字化转型的核心使命。具体来看，业务优化与创新聚焦于传统业务转型与数字新业务培育两大方向，由内而外、螺旋式推动落实核心业务环节优化、数字化产品服务创新、数字化生态共

建三项重点任务。

核心业务环节优化，聚焦企业价值创造的过程，指企业内部利用技术推动业务在线化、运营数据化、决策智能化，实现业务经营提质增效；数字化产品服务创新，聚焦企业价值创造的载体，指企业开发以线上化、智能化、高体验为特征的新产品、新服务，及时连接客户需求，打造最佳客户体验，扩充企业主营业务的增量空间；数字化生态构建，聚焦于企业价值创造的合作伙伴，指企业通过生态伙伴连接赋能与跨界合作创新，发展平台经济，将以往的"产业价值链"转变为"产业价值网"的过程，实现新模式、新业态的持续迭代、加速成熟，企业逐步形成符合数字经济规律的新型业务体系。

6. 重视数字人才培养，建设融合型人才团队

具备数字化技能的专业领域人才是拥有数据化思维，有能力对多样化的海量数据进行管理和使用，进而在特定领域转化成为有价值的信息和知识，实现数据资产价值的跨领域专业型人才。数字化人才及其技能决定了数字化技术在企业生成过程中能否实现数据资产的衍生价值，也保障了数字化战略、数字化组织的实施和管理，是企业实现数字化能力的关键。

面对数字化转型带来的人才需求，企业需要考虑打造高素质的数字化团队，从传统形式向数字化转型的创新形式变革升级，进行数字化转型人才培养。一是以目标为导向，针对性培养人才，形成基于职业发展的数字化转型培养体系。二是参与全流程实践，打造融合型团队，将数字技能融入到业务运营、技术创新、数据管理、资源保障等。三是利用多种类学习方式激发学习兴趣，进行快速体验式、开放共享式的培训学习。四是绩效驱动，提升学习产出，实现效果的量化和快速反馈。五是通过校企合作，持续人才输出，打造数字化新学科。

第4章   企业数字化转型实践路径

本章重点探讨在数字化转型愿景的指导下，企业如何结合自身特点去选择合适的实施路径，如何利用技术和数据双轮驱动，促进业务提升、变革，走出一条动态演进、持续迭代的创新变革之路，进而实现数字化。

数字化转型路径可以依据企业规模的不同，分为小微企业和中大型企业两种实施路径。一方面，小微企业应该坚持以应用促发展的原则，借助国内成熟的数字化平台，开展数字化业务赋能及变革，解决自身在技术应用、经营管理、生产运营、组织绩效等方面的不足；另一方面，小微企业可以通过"上云上平台"的手段发挥自身在生态当中的协同作用，从而更好地实现数字化转型的目标。对于中大型企业而言，要以建设与应用并重，按照诊断、分析、建设、应用、迭代的路径开展相关的数字化转型工作，实现业务提升、变革，最终推动商业模式的转变，催生新业态，为企业发展创造新机遇。

企业数字化转型实施路径可以归纳为"1＋2＋1"体系。"1"是指一个核心工作体系，"2"是指两大推动因素，"1"是指一个能力保障体系。企业数字化转型路径体系如图 4-1 所示。

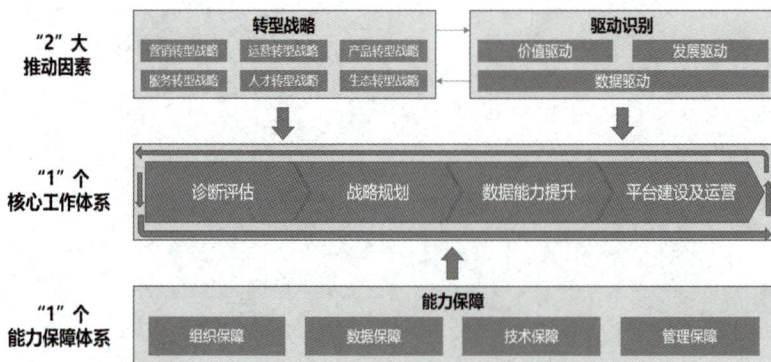

图 4-1   企业数字化转型路径体系

一个核心工作体系是指企业开展数字化转型的主要实施路径，包括企业进行数字化转型的具体工作步骤和内容，是指导企业进行数字化转型的核心指引。企业在实施路径的指导下，按照"总体布局，部分先行"的思路，循序渐进、不断优化，逐步完成企业数字化转型。

两大推动因素是指企业开展数字化转型的战略要求和驱动识别，这两大因素作为整个企业数字化转型的内在动力，将发展要求作用到核心工作体系，也是核心工作体系最终需要实现的各种业务目标。

一个能力保障体系是指为了确保企业数字化转型核心工作顺利推进的各方面保障要求，主要包括组织保障、数据保障、技术保障和管理保障四个方面，为企业数字化转型"保驾护航"。

企业数字化转型要遵循"统一规划、分步实施、步步可用"的基本方针，按照诊断评估、战略规划、数据能力提升、平台建设及运营和迭代升级的基本路线，不断优化提升，最终实现企业数字化转型的目标。具体的实施路径图如图 4-2 所示。

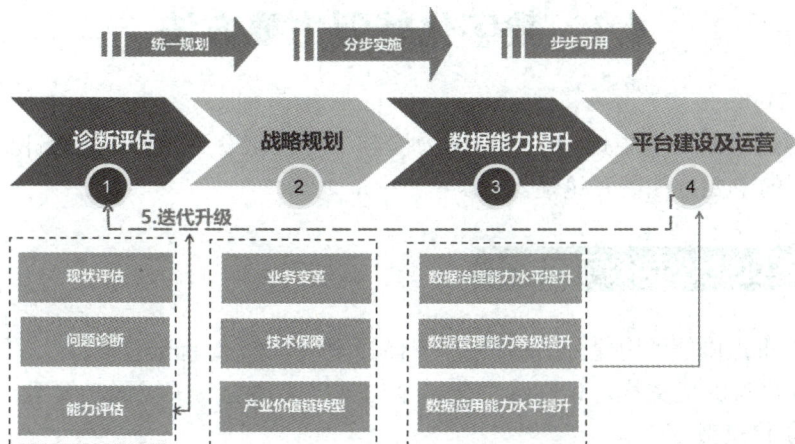

图 4-2　企业数字化转型路径图

1. 诊断评估

通过 PEST 分析法（宏观环境分析法）识别驱动因素，评估企业进行数字化转型的大环境基础；利用 SWOT 分析法（企业战略分析法）分析企业优劣势，评估企业是否适合数字化转型，理清具体的需求和问题。通过问题诊断，探寻企业进行数字化转型的最佳方式；通过能力评估，明确企业进行数字化转型的资源需求。

2. 战略规划

战略规划是企业进行数字化转型的起点，通过规划指明企业数字化建设的远景、使命、目标及方向，勾勒出未来蓝图，明确企业在业务变革、技术保障、产业价值链转型等方面的具体方法。

3. 数据能力提升

数据能力提升是企业进行数字化转型的关键环节，企业通过提高数据治理能力、数据管理能力及数据应用能力，最大化释放数据价值，激发企业数字化转型活力。

4. 平台建设及运营

按照战略规划的具体要求，以数据为驱动实施落地执行方案，建设平台及系统集成，通过平台前端应用的迭代优化、平台组建等增强平台技术能力，通过业务流程的升级改造等方式促进平台有效运营。

5. 迭代升级

以提升客户体验为宗旨，以目标、结果、问题为导向，采用敏捷迭代的方式，快速响应客户需求，结合企业实际状况不断优化，提升转型方案的适配性。

每个企业和每个行业都有自身特点，信息化水平、人员和组织的能力水平也有很大差异。本章将围绕数据、价值和发展三个要素展开论述，以期让读者能充分认知"数据驱动""价值驱动"和"发展驱动"在转型中的意义，同时本章也将对企业在转型过程中需要构建的组织能力、数据能力以及相关的技术和管理能力保障做充分论述。

4.1　数字化转型主要方法

本节从问题诊断、资源规划、数据能力提升、平台建设及运营、能力评估等几个方面对数字化转型的主要方法展开论述。

4.1.1　开展企业数字化问题诊断

问题诊断重点围绕"构建分析模型""评估转型现状""对标最佳实践"三个方面开展，通过分析企业自身的优劣势，识别数字化转型的关键驱动力与关键成功要素。

1) 构建分析模型

从战略层、业务层、支撑层构建数字化转型分析框架，根据行业与企业特点，制定分析模型的要素要求及权重。战略层包括转型愿景、定位、战略路线、绩效指标等；业务层包括客户体验和运营模式；支撑层包括技术平台、组织与人才。

2) 评估转型现状

基于企业数字化转型分析框架，通过资料收集、问卷调研、深度访谈、集中研讨等方式深入了解现状与需求，多维度评估企业数字化转型的驱动力与关键要素，剖析转型瓶颈及其制约因素，明确数字化转型优化的着力点。

3) 对标最佳实践

从所属行业、业务相似度、组织扁平化、转型成效等维度筛选具备参考价值的对标企业。基于企业数字化转型分析框架，从战略、客户、运营、组织、人才、技术等维度开展绩效指标与管理实践对标。在考虑与对标企业外部环境、发展水平、资源禀赋等条件差异的基础上，综合考虑、因时因地制宜地提出企业数字化转型目标、思路及实现路径。

4.1.2　统筹企业数字化资源规划

企业数字化转型并非单纯以数字技术驱动业务优化，而是从数据、技术、业务、产业、生态等维度全方位、立体式整体推动企业全域数字化转型。因此，应以企业发展目标和结果为导向，以数据为驱动，统筹开展技术平台、数据资源、业务变革、产业整合、生态发展综合规划，有重点、分阶段地推动企业各项数字化资源协调发展，过程如图4-3所示。

数字化转型是一个由内向外、逐步扩展的过程

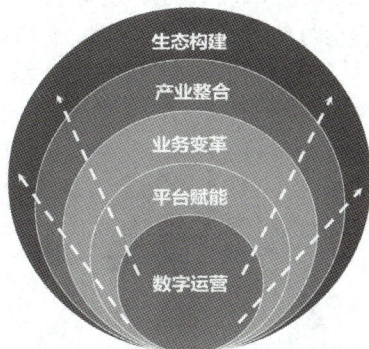

图 4-3　企业数字化资源规划图

1) 数据资源规划

从数据目录规划、数据标准规划、数据模型规划三个方面进行数据资源规划。其中，数据模型是关键内容，数据模型规划是基于业务需求，构建支撑企业全业务、全过程、全环节的统一数据模型，同时建立统一的数据模型管控机制，持续开展数据模型的完善、升级并及时更新，保持模型与数据库的一致性。

2) 技术平台规划

以云化数据中心为资源和能力核心，以微服务化架构为业务功能实现路径，以全域数据实时采集和应用为业务管理和决策驱动，以物联网、互联网为资源、能力拓展和延伸载体，以大数据分析、人工智能、区块链、数字孪生等数字技术应用为新动能，推动创建先进、高质量发展的业务新模式。建设以感知层、网络层、数据源层、平台层、应用层以及渠道层为主的技术平台架构。

3) 业务变革规划

横向打通业务边界，实现跨专业业务融合；纵向贯穿管理层级，实现业务场景和资源的优化配置，以技术平台为基础支撑，以数据为"上升螺旋"进行业务变革规划。

4) 产业整合规划

以公有云或混合云为媒介，联通产业链上下游，促进点对点、端对端的平台服务撮合。以大数据和人工智能技术构建产业图谱，挖掘产业相关方的价值关系，创新价值创造模式，引导产业价值链重构。

5) 生态构建规划

以核心企业作为关键纽带，通过建设贯穿政府、监管机构、产业价值链上下游的数字化平台，支持内外部服务撮合，催生平台经济，逐步构建数据市场，催生新技术、新模式和新业态，打造以核心企业为枢纽的开放、合作、共赢的生态圈，实现数字产业化。

4.1.3　提升企业数据能力

1) 提升企业数据治理能力水平

数据治理是数据管理框架的核心职能，可以为数字化转型中的企业提供管理数据、保

障高质量数据供给的指导。企业数据治理能力的提升是一个系统性工程，需要整个企业自上而下强有力地统筹推动，必须坚持"战略先行、统筹开展、协同推进、有序变革"的基本思路，分阶段、分批次推动企业内部数据治理组织机制和管理制度的变革，具体措施如图 4-4 所示。

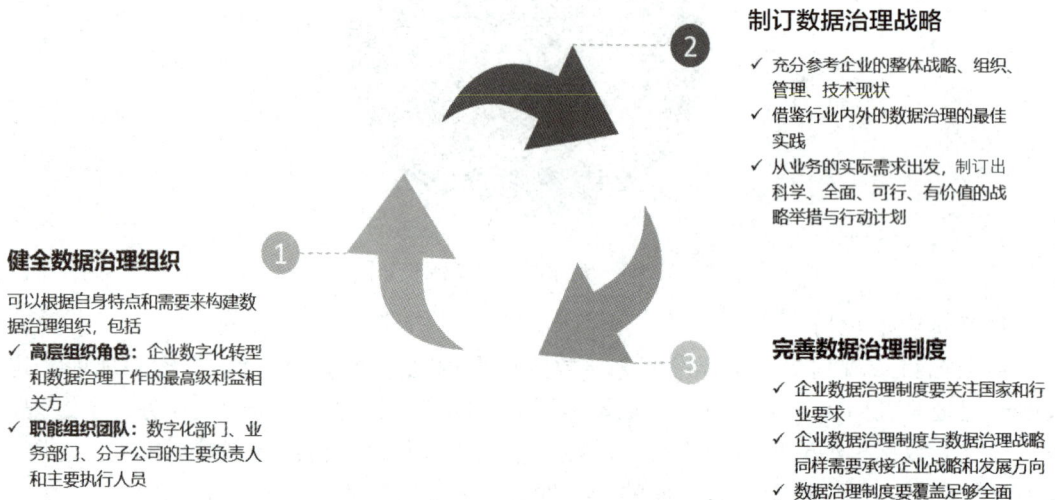

制订数据治理战略
- ✓ 充分参考企业的整体战略、组织、管理、技术现状
- ✓ 借鉴行业内外的数据治理的最佳实践
- ✓ 从业务的实际需求出发，制订出科学、全面、可行、有价值的战略举措与行动计划

健全数据治理组织
可以根据自身特点和需要来构建数据治理组织，包括
- ✓ **高层组织角色**：企业数字化转型和数据治理工作的最高级利益相关方
- ✓ **职能组织团队**：数字化部门、业务部门、分子公司的主要负责人和主要执行人员

完善数据治理制度
- ✓ 企业数据治理制度要关注国家和行业要求
- ✓ 企业数据治理制度与数据治理战略同样需要承接企业战略和发展方向
- ✓ 数据治理制度要覆盖足够全面

图 4-4　数据治理能力水平提升措施

数据治理能力提升，应当在充分理解企业自身特点和现状的基础上，依据国内外数据治理成熟框架体系，参考同行业、同性质企业的成功经验，围绕健全数据治理组织、制定数据治理战略和完善数据治理制度三个方面进行重新设计，以目标为导向将数据治理分解为各项工作任务。其中，数据治理组织要包括企业数字化转型和数据治理工作的最高级利益相关方、数字化部门、业务部门、分子公司的主要负责人和主要执行人员；数据治理战略要充分参考企业的整体战略、组织、管理及技术现状；数据治理制度要以国家和行业标准为基础，承接企业战略和发展的方向，覆盖数据管理规定、办法及细则三个层级。

基于数据治理能力提升的方法步骤，围绕数据治理组织效能、数据治理战略合理性和数据治理制度完备性建立数据治理能力提升的评价标准。在数据治理组织效能方面，最关键的评价标准之一就是是否设立独立的数据治理部门及相关专业岗位，同时在企业最高层是否设立首席数字官 (Chief Data officer，CDO) 角色。在数据治理战略合理性方面，最关键的评价标准之一就是战略是否能够实际落地并指导数据治理和管理的各项工作。在数据治理制度方面，评价标准主要是制度是否具有完备性、合理性、可操作性。

2) 提高企业数据管理能力等级

企业数据管理能力提升要按照"横向拓展、纵向深入，先进带动、全面提升"的总体思路，横向评估单位的范围包括企业所属的各类分子公司、参股公司等相关利益体；纵向结合数据战略、数据质量、数据架构等数据管理能力项，纵深推进持续提升；最后发挥先进单位带动作用，分批次开展数据管理能力成熟度贯标评估。具体提升策略流程步骤如图 4-5 所示。

图 4-5　数据管理能力提升策略流程步骤

企业数据管理能力提升以企业数据管理能力等级评定为基准，按照模型选择、等级评定、问题挖掘、解决方案、管理提升、模型复评及持续优化的流程进行。

模型选择：结合企业数据管理实践经验，充分借鉴当前国内外主流数据管理能力成熟度评估模型研究成果，遴选适合自身特点的数据管理能力成熟度评估模型。DCMM（数据管理能力成熟度评估模型）是国内在数据管理领域正式发布的首个国家标准（GB/T 36073—2018），可供大部分企业借鉴，其具体等级划分如图 4-6 所示。

等级评定：基于模型选择，设计合理的评估指标及标准，为企业数据管理能力打分。

问题挖掘：根据企业数据管理能力等级评定的现状，分析评估得分低的深层次原因。

解决方案：针对数据管理能力相对欠缺的过程域，借鉴行业成功经验，从制度和工具两方面规范企业数据管理工作。

管理提升：从数据资产工作模式及管理能力优化、数据管理能力专项提升、数据管理发展路线优化三个方面确定管理提升的方向。

模型复评：企业数据管理能力等级评定是一个螺旋式上升的过程，要根据企业所处不同阶段进行模型复评。

持续优化：不断迭代更新，对企业数据管理能力进行持续优化。

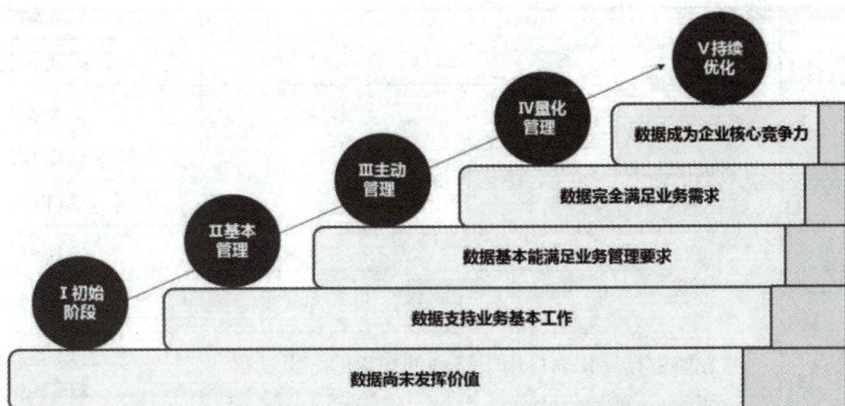

图 4-6　数据管理能力成熟度评估模型等级划分

在上述路径下，企业数据管理能力水平是否得到提升以上述 DCMM(数据管理成熟度评估模型) 进行评判，以模型评价维度为评价标准 (具体能力项如表 4-1 所示)。在复评的过程中，各维度的加权平均得分达到了相应的等级分数，即可判断数据管理能力水平达到了更高层次的阶段。一般情况下，当企业的数据管理能力达到量化管理 (Ⅳ级) 及以上阶段时，即可认为处于较高的数据管理成熟度水平。

表 4-1　能力域与能力项

能力域	能力域解释	能 力 项
数据战略	组织开展数据工作的愿景、目的、目标和原则	数据战略规划
		数据战略实施
		数据战略评估
数据治理	对数据进行处置、格式化和规范化的过程	数据治理组织
		数据制度建设
		数据治理沟通
数据架构	通过组织级数据模型定义数据需求，指导对数据资产的分布控制和整合，部署数据的共享和应用环境，以及元数据管理的规范	数据模型
		数据分布
		数据集成与共享
		元数据管理
数据应用	以数据价值发现为目标，加工处理数据，形成多种形式的程序或结果数据的过程	数据分析
		数据开放共享
		数据服务
数据安全	数据的机密性、完整性和可用性	数据安全策略
		数据安全管理
		数据安全审计
数据质量	在指定条件下使用时，数据的特性满足明确的和隐含的要求的程度	数据质量需求
		数据质量检查
		数据质量分析
		数据质量提升
数据标准	数据的命名、定义、结构和取值的规则	业务术语
		参考数据和主数据
		数据元
		指标数据
数据生存周期	将原始数据转化为可用于行动的知识的一组过程	数据需求
		数据设计和开发
		数据运维
		数据退役

3）提高企业数据应用能力水平

数据应用能力水平提升有助于创新业务驱动及促进数据价值的转化。企业数据应用能力水平提升应以企业数字化战略为导向，以数据应用质量管理为基础，从业务实际出发，具体措施如图 4-7 所示。

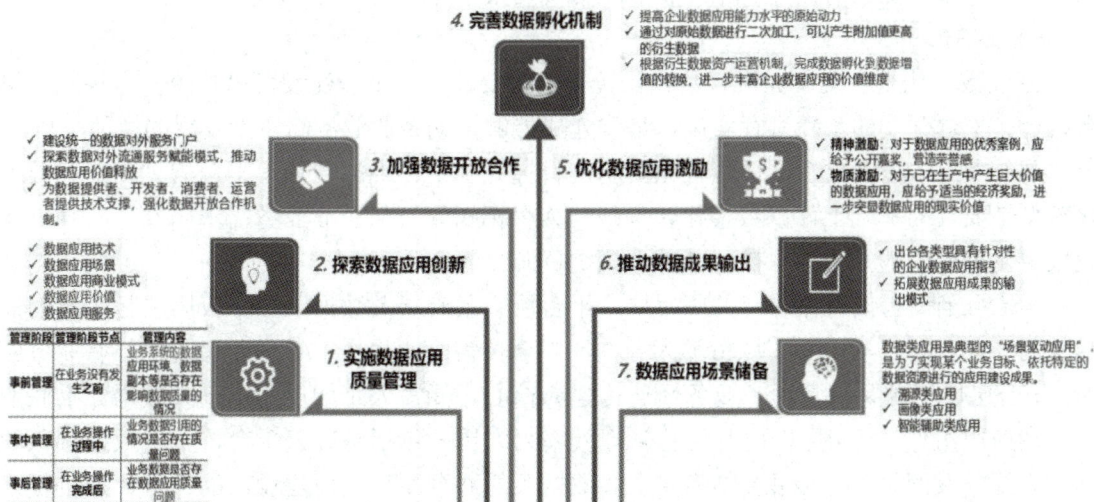

图 4-7　数据应用能力提升的重点任务

一是实施数据应用质量管理。一般通过事前管理、事中管理和事后管理三个阶段进行。在这三个阶段中分别针对数据副本中的数据、业务数据引用中的数据、数据应用中的数据进行质量管理。

二是探索数据应用创新。基于企业实际生产经营状况，在数据应用技术、数据应用场景、数据应用商业模式、数据应用价值及数据应用服务等方面进行创新。

三是加强数据开放合作。构建跨行业、跨领域数据开放合作场景，对接价值定价、服务供给、核账结算、成效评价以及分配激励等关键职能的流程机制，建设统一的数据对外服务门户，探索数据对外流通服务赋能模式，强化数据开放合作机制。

四是完善数据孵化机制。明确孵化机制的发展和完善路径，通过激发管理者创新、提高企业自主研发能力、健全资源扶持机制等方式，丰富企业数据应用的价值维度，完善项目落地转化机制，加速孵化数据产品。

五是优化数据应用激励。健全数据应用激励机制，以精神激励和物质激励的方式调动数据应用的积极性，增强数据应用的活力。

六是推动数据成果输出。出台各类型具有针对性的企业数据应用指引，规范企业数据应用流程；拓展数据应用成果的输出模式，推动数据应用成果以论文、标准、专利、产品等形式进行转化。

七是数据应用场景储备。结合企业数据应用现状积累沉淀各类数据应用场景，建立企业"数据应用场景库",并根据实际工作不断迭代更新。

4.1.4　数字化平台建设及运营

一个灵活而统一的数字化平台,可以让已有的传统技术与新兴的数字技术进行很好的结合,在成本可控的前提下,帮助企业从传统向数字化转型。

1) 数字化平台建设

建设数字化平台是企业进行数字化转型的重要抓手。平台建设可以按照平台规划、平台设计、平台开发的步骤进行实施,最终建成能够推动企业业务高质量发展的智能平台。

平台规划:建设数字化平台首先要明确目标并制定详细的规划。平台规划在明确数字化转型必要性的基础上,以数字化转型战略为目标指导,从企业业务需求出发,勾勒出建设数字化平台的基本蓝图,在此基础上确定资源投入。

平台设计:包括设计平台的应用层、平台层、基础层及数据源层。应用层是企业的前端应用,应以用户为中心、以市场为导向,整合覆盖企业生产、管理、运营的已有业务应用;平台层以资源共享复用、业务快速构建为核心,涵盖人工智能(AI)、大数据、物联网和移动应用组件;基础层以提升经营管理效率为宗旨,包括基础云平台、全网数据接入的基础设施以及网络;数据源层以确保企业数据源能够全面采集而建设,能够对数据进行采集、分析、挖掘、存储以及应用。

平台开发:平台开发主要包括四部分内容。一是在应用层开发部件化的业务前台。业务前台包括但不限于业务处理平台、客户服务平台以及企业调度平台。二是利用人工智能、区块链等先进技术在平台层上进行 PaaS 和 IaaS 组件的开发。三是在基础层上完成多渠道接入网络数据,如光纤传输、无线网络、公网传输的网络数据接入开发工作。四是在数据源层上进行企业级数据中心的开发工作。

2) 数字化平台运营

数字化平台运营主要从应用级、平台级、业务级三个层面开展。

(1) 应用级:打造建运一体的应用迭代模式。

应用级运营主要是指数字化平台前端应用的迭代优化。数字化平台功能运营需要聚焦"建运一体"和"数据驱动"两大方面:一是要基于 DevOps 模式建立数字应用建运一体的闭环管理机制,依托数字化平台,开展数字应用的敏捷开发与持续迭代;二是要基于用户体验选取关键性指标,利用数据和数字化工具开展实时监测与分析,并持续与业界最佳实践进行对标,推动产品持续迭代优化,提升用户体验。

(2) 平台级:形成共建共享的平台运营生态。

平台级运营主要是指数字化平台模型、算法、组件等技术能力的持续沉淀与提升。企业需要秉持"平等开放,共建共享"的运营理念,制定共享服务组件开发、接入与调用规范,建立共享服务组件建设与运营的奖惩机制,鼓励企业内外部团队基于统一数字化平台开展共享服务组件的开发与创新。按照"支撑业务、沉淀共享、急用先行、问题导向"的原则,将具有共性特征的业务应用沉淀至共享服务平台,逐步打造共建共享的平台运营生态,形成良性循环。

(3) 业务级：构建自由拼接的业务流程模式。

业务级运营主要是指基于数字化平台开展业务流程的重塑与迭代活动。企业要以数字化平台为基础支撑，通过梳理与拆解业务流程，识别并提取可共享复用的业务环节，沉淀形成积木式、可调用的服务组件，通过将共享服务以组件化的方式提供给业务平台共享使用，重构形成可灵活组装的业务流程，敏捷响应前端快速多变的用户需求。

4.1.5 开展企业数字化转型能力评估

为了确定企业进行数字化转型的有效性及效果，进一步促进数字化转型的迭代优化，要对企业数字化转型的建设及结果履行状况进行评估。企业应该在充分考虑国内外先进经验和最佳实践的基础上，通过定性与定量结合的方法，构建企业数字化转型能力模型，通过能力评估认清自己的转型效果及提升空间。

进行数字化转型能力评估分为以下三个步骤进行：

首先，设计转型能力等级矩阵。能力等级需要从战略、人才、业务以及技术四大维度设计，并且结合文化、客户、资产、安全、治理以及运营因素确定评价标准。

其次，需要划分数字化转型能力等级。可以根据能力等级矩阵以及数据在企业中发挥的作用和价值，将企业数字化转型的水平分为初始、可重复、可管理、可度量、持续优化五个等级，分别对应数字认知、数字赋能、数字关联、数字自治、数字进化五个层级。

最后，需要建立完善的转型能力等级自评价机制，根据企业自身情况，设置具体的指标及评分标准，以保障企业转型能力评估的适配性。

4.2 企业数字化转型战略实施

企业实行数字化战略转型，是一个自上而下、由内而外的全面转型过程。通过对数字化转型领军企业与最佳实践的调研分析发现，数字化转型领军企业并非单纯以新颖的技术工具或局部流程变革驱动，而是以价值创造为导向制定企业数字化转型战略，推动企业全域转型。企业的数字化转型战略围绕三大维度实现价值创造 (如图 4-8 所示)：主营增长 (数字化产品、数字化服务、数字化营销)、智能运营 (数字化运营、数字化人才) 和生态延展 (数字生态)。三大维度相辅相成，构成协同效应：产品、服务及营销的数字化转型推动企业主营业务增长，并赋能企业价值延伸与生态构建；运营和人才的数字化转型进一步支撑和巩固企业在主营业务上的优势；构建数字化生态帮助企业整合内外资源，充分释放数据价值，实现跨越式发展。

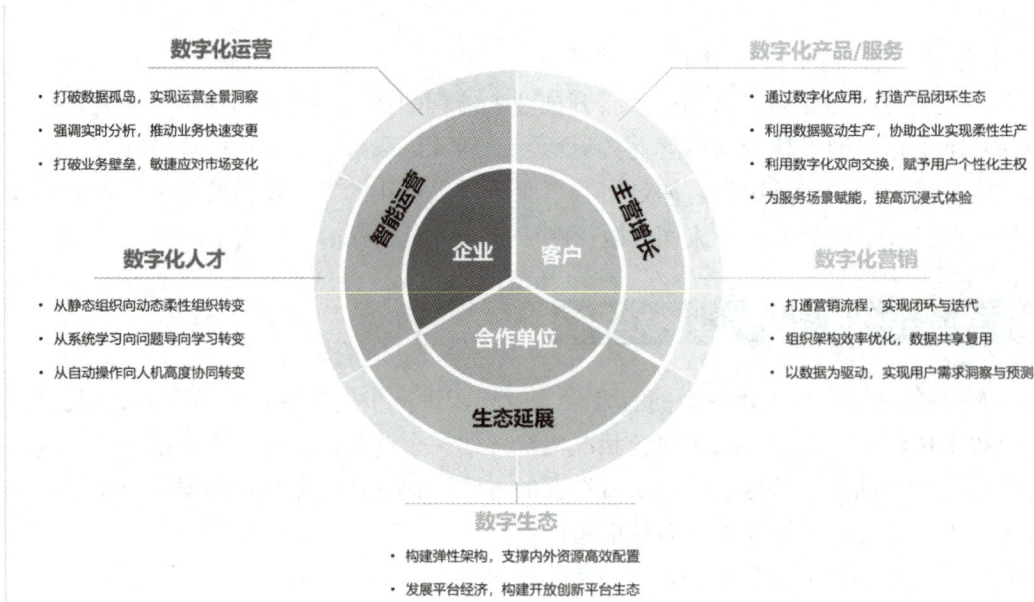

数字化运营
- 打破数据孤岛，实现运营全景洞察
- 强调实时分析，推动业务快速变更
- 打破业务壁垒，敏捷应对市场变化

数字化产品/服务
- 通过数字化应用，打造产品闭环生态
- 利用数据驱动生产，协助企业实现柔性生产
- 利用数字化双向交换，赋予用户个性化主权
- 为服务场景赋能，提高沉浸式体验

数字化人才
- 从静态组织向动态柔性组织转变
- 从系统学习向问题导向学习转变
- 从自动操作向人机高度协同转变

数字化营销
- 打通营销流程，实现闭环与迭代
- 组织架构效率优化，数据共享复用
- 以数据为驱动，实现用户需求洞察与预测

数字生态
- 构建弹性架构，支撑内外资源高效配置
- 发展平台经济，构建开放创新平台生态

图 4-8　企业的数字化转型战略围绕三大维度实现价值创造

4.2.1　数字化营销转型

数字化营销是指借助互联网、现代通信技术和数字交互式媒体实现营销目标的一种营销方式。数字化营销能够将线上、线下的商业场景融合，从而有效地调动企业资源，通过大数据技术对客户进行自动精准营销，并且不断优化客户全生命周期管理，提升客户终身价值。

如今，企业在营销过程当中可获得越来越多的数据，如将这些数据加以合理利用，可以助力企业营收实现爆发式增长。首先，数字化营销可以提升企业机动性。企业能够根据营销数据进行市场现状评估，并且根据评估成果帮助自身迅速调整生产投入。其次，数字化营销能提升企业营销转化率。通过线上、线下多触点的建立，形成集品牌曝光、产品体验、客户运营于一体的数字化营销模式，让企业能真正"看见"客户，并通过自动化的手段来实现千人千面的营销活动，从而提高营销转化率。

根据目前的转型趋势，数字化营销转型应主要从以下三方面着力：

(1) 利用数字化营销流程，打通首尾形成闭环。对于传统营销而言，整体营销流程主要分为用户分析、内容创作、广告投放、营销自动化以及效果监测五部分。上述流程采用的方法存在着选择粗糙、响应速度慢，并且难以形成闭环等问题。在未来，企业可利用多渠道数据和智能技术在五大环节中加入"用户筛选""渠道选择"两个新型环节，为不同的用户群体进行内容定制化创作，形成千人千面的营销模板，并在获得效果监测结果后及时调整营销策略，形成快速的响应模式，通过数字化为营销环节赋能，达到改善营销转化效率和提高营销时间效率双重功效。随着数字技术对各个营销环节不断赋能，各环节之间的联动性也将不断提高，将来的营销效率还有很大的提升空间。

(2) 组织架构效率优化，数据共享复用。现在数字化营销的运作已经大大缩减了传统营销人员所需要做的资源密集型工作，如数据采集、分析，但仍有许多领域不能达到全面的数字互通，诸多冗余工作仍然需要人来完成。更完善的数据集成和算法优化等让营销环节中的重复性劳动全面自动化，明显提高效率的同时可以让营销组织架构更加高效，人员更加回归营销的核心和本质，将注意力放在营销的订制和创意的创新上，推动行业向上发展。

(3) 提升数据处理效率，实现从行为洞察到需求预测的转变。如今 AI 技术虽然可在数据收集、清洗、识别以及分析后对用户的行为进行总结，并为企业开展下一步的营销活动提供参考，但是这些参考大部分仍是基于用户现状所进行的，并非是对用户未来行为以及需求的预测。例如，当商家知悉用户购买了衣服，会将用户定义为适合接收衣服相应广告的个体，并不会为用户推荐熨斗或衣物护理用品等与衣服搭配的商品或服务。未来针对用户行为数据的处理效率将大大提高，营销方可更清晰地识别用户需求，从而进行更精准的推荐。

4.2.2　数字化运营转型

数字化运营是企业数字化转型最为重要的挑战。运营成熟度高的企业，能够娴熟地运用技术手段完成交易，更快地获取客户，或创造新的营收增长来源。因此，企业通过运用数字技术优化运营，并在流程和人员等方面全面转型，提升运营成熟度，实现智能运营，才更有机会赢得商机。

在数字化时代，数据驱动运营智能化。首先，企业通过充分收集外部信息，并运用新一代信息技术赋能决策者在掌握全局信息的基础上做出最优运营决策；其次，通过建立端到端、全生命周期的数据管理体系，利用海量、多维度数据支撑业务，驱动供需双方的精准匹配；再者，利用数据分析发现运营过程中的低效、问题环节，通过挖掘数据之间的联系，不断优化提升企业效率。通过全局数据驱动智能决策、驱动供需实现精准匹配带来业务创新增长，不断提升运营效率，这是优于传统的运营方式，也是企业在更加激烈的市场竞争中保持可持续发展的重要手段。

根据目前的转型趋势，数字化运营转型主要从以下两方面着力：

(1) 打破数据孤岛，实现企业运营全景洞察。管理数字化的推进覆盖生产、营销、服务、财务、人资、采购等企业经营管理各个领域。业务数字化不仅大幅提升了工作效率，而且让数据以结构化的方式被企业轻松获取和使用。相比以往，通过企业全域数据的流通与共享，企业能够更深入地洞察和指导自身经营管理。

(2) 强调实时分析，推动业务快速变更。以数据要素为核心驱动力，推动业务模式从事后响应转为事前干预、从经验管控转为智能决策，释放各环节隐藏的数据价值，其目的在于快速准确地提供决策依据和决策选择，从而帮助企业做出科学合理的经营决策。

4.2.3　数字化产品转型

数字化产品是指在产品的全生命周期中对产品进行数字化的描述，其中包括产品全生命周期中各个阶段的数字化信息描述和各个阶段数字化信息之间相互关系的描述，以便进行产品的异地设计和制造。

传统产品管理逐渐难以满足客户需求。一方面，客户自身需求不成熟、不稳定，时常变化。另一方面，企业难以对客户的需求进行深入的分析与完善。

随着数字化技术的发展和应用，产品数字化转型已经成为企业发展的必然选择。数字化产品的核心是进一步关注客户需求并重塑产品及服务。如今，企业能通过网络全连接，建立客户对产品的需求、反馈和使用体验的数据收集机制，全方位收集客户对产品的意见，提出产品改进方案，将客户的需求融入设计研发过程当中，利用数字技术打造出能够进一步满足客户需求以及进一步提升客户体验的优质产品。

根据目前的转型趋势，数字化产品转型主要从以下两方面着力：

(1) 利用数字孪生进行产品仿真分析。数字孪生即物理对象在数字空间中的实时、动态映射。数字孪生是一切模型与应用的基础。当企业在产品的"设计—研发—生产"全过程都实现数字化应用时，企业可以根据客户在使用产品时产生的数据，得知客户的使用习惯、使用需求以及产品痛点，并利用数字孪生，将这些情况在数字空间当中映射出一个虚拟的产品模型，进行仿真分析，以协助企业降低产品的研发成本。

(2) 利用数字技术协助企业实现柔性生产。消费结构升级促使卖方市场转向买方市场，随着消费者的个性化需求涌现，"先订单后生产"的柔性生产模式应运而生。相较于传统刚性的生产过程，被赋予数字化的柔性生产系统能够基于用户需求、产品信息、设备信息以及生产计划等大量的数据，选择最合适的生产方案并最优化资源配置，从而提供符合市场需求的、高质量的产品，减少企业在面对采购、库存、运输等环节中的不确定性，协助企业在产品生产管理上实现周期灵活、库存可控的效果。

4.2.4　数字化服务转型

数字化服务，一般是指企业数字化服务，其定义是通过软件、营销和数据三位一体的方式为用户提供数字化服务。

新时代的信息技术促使用户对服务的要求不断发生变化。过去的用户更偏重服务的质量，现在的用户更偏重个性化的体验。想要突破服务瓶颈，提供更能满足客户需求的个性化服务，将数字技术融入传统服务当中是可靠路径。一方面，数字化服务强调以用户为中心的原则，能够为客户提供个性化的服务。经过数字化赋能的服务体验能够更好地满足消费者的个人需求，而且还能为企业实时反馈消费者的活动情况，为企业提供数字服务的反馈螺旋。另一方面，经过数字化赋能，服务链得以延伸。企业可以依托智能产品，在整个服务生命周期为客户提供延伸服务，将一次性服务的价值转变为多次服务的价值。

根据目前的转型趋势，数字化服务转型主要从以下两方面着力：

(1) 利用数字化双向交换，赋予用户个性化主权。由于用户要求获得更多数字体验的所有权，因此，企业在将来需要改变由客户对企业进行数据化输出的局面，对用户也要进行数字反馈，赋予用户更多权力，让用户参与体验共建，提高客户的积极性、参与感和忠诚度，让客户与企业共成长。

(2) 利用数字化为服务场景赋能，提高沉浸式体验。随着大众对服务消费的质量愈加重视，人们对服务场景的要求也越来越高。在未来，服务场景想要在沉浸式方向上发展必须要注重数字化赋能。将数字化与服务场景结合在一起，可以提升沉浸式体验、突破场地和场次限制效果，并将此结合成果投放到多种服务场景当中，进一步满足客户对服务的高需求。

4.2.5　数字化人才转型

数字化人才是指具备 ICT(Information and Communication Technology，信息通信技术) 技能和补充技能的人才。随着我国数字经济的蓬勃发展，互联网信息技术与传统产业的融合已成为推动我国经济增长的重要新动力，数字化人才成为影响我国数字化转型进程的重要因素。随着数字化转型的不断发展，企业需要员工能够基于数字技术平台开展业务创新应用，并且能够基于业务场景需求提供数字化解决方案，实现从信息化人才向数字化人才的转变。

根据目前的转型趋势，数字化人才转型主要从以下三方面着力：

(1) 从静态组织向动态组织转变。为快速响应变革，按需组建人才团队成为新的趋势，企业需要组建基于项目的具有洞察导向的敏捷工作团队，使团队内部的协作与技能共享。此外，在人才获取方面，开放式的人才市场将成为主流，将数字技术运用到人才市场当中能够实现人才快速匹配和选拔所需人才，进而弥合人才缺口；另一方面，无边界组织逐步兴起，企业可以通过众包平台等渠道增添临时性外部人才，帮助企业快速获取广泛而深厚的技术能力以及创新活力，迅速响应市场变革。数字人才作为企业数字化转型的支撑，企业应按需组建动态化、临时性的柔性项目团队，形成企业级的人才市场，以提高企业的运营效率与敏捷性。

(2) 从系统学习向问题导向学习转变。在人才结构性短缺的大背景下，只靠从外部引进数字化人才是远远不够的，因此企业需着手构建自身数字化人才发展体系。数字化领先企业充分应用数字化技术，从数字化人才学习模式、学习体验、学习方式三个层面打造开放、共享的人才发展体系。在数字化人才学习模式方面，企业需要构建基于职业生涯的人才发展模式以及基于问题的人才发展模式，加强对于任职者的赋能和扩展。针对数字化人才学习方式，企业需要关注技术与思维对人才学习和发展的驱动作用，将智能应用与员工的思维和学习需求相结合，利用多元化的技术手段提升学习效率。

(3) 从自动操作向人机高度协同转变。随着语音识别、自然语言处理、可穿戴设备等数字技术的发展，人工智能已经从执行简单任务的"自动化操作"升级成为能与人类互动的"强大协作工具"，不仅仅能够提升企业运营效益，而且也能够成为整个组织的变革引擎。调研显示，已有31%的中国企业采取行动，为协助员工应用人工智能系统做好充分准备。领军企业也纷纷以"人机协作"为核心，以"人工智能技术"为推手，打造交互式和探索性的自适应体验，帮助企业重塑从部门架构、产品设计到员工培训的全业务模式，促进企业整体效率提升。

4.2.6　数字化生态转型

数字化生态是数字时代下，政府、企业和个人等社会经济主体通过数字化、信息化和智能化等技术，进行连接、沟通、互动与交易等活动，形成围绕数据流动循环、相互作用的社会经济生态系统。

对于企业而言，一方面，在数字化时代，原本基于上下游"服务提供、服务采购"的简单合作模式在逐渐失效，"链式串联"向"网状互联"的合作方式演化成为行业共识。另一方面，企业想要自主完成完整的数字化系统愈加困难，以生态方式构建数字化系统，可以吸引多类型厂商协同联动、优势互补。在平台化架构下，基于数字化系统建设所需的能力分层和角色分工，企业能够低成本高效率地发现合作资源、建立合作关系、推动合作落地、保持合作发展，实现关键技术自主、能力短板补充、服务良性竞争，构建起良性生态体系，为数字化系统的长期持续健康发展提供保障。

根据目前的转型趋势，数字化生态转型主要从以下两方面着力：

(1) 构建弹性架构，支撑内外资源高效配置。与领先技术企业缔结战略合作成为加速企业业务拓展的重要途径，然而随着企业合作伙伴数量的迅速增加，传统的信息系统架构已无法支持企业实现与技术合作伙伴的快速集成。因此，企业必须进行技术架构再造，建立敏捷、高效的技术基础设施，以满足现有系统与生态系统间快速切换的需求。为此，企业在将来可以采用微服务技术将原本"大而复杂"的单体架构，重组为"小而精美"的独立服务，使得跨部门、跨企业间的合作可灵活接入、快速整合，无需重新部署；此外，企业还可以利用区块链技术实现内部资产管理的透明化，并赋能以技术信任，重构不同利益相关方间的交易模式，实现去中介化、安全可信的生态合作。

(2) 发展平台经济，构建开放创新平台生态。各种数字化产业平台和生态系统正推动着新一轮的突破性创新与颠覆式增长。各行各业都开始掀起一场"平台革命"，构建或参与数字化平台成为一种趋势。随着云服务不断成熟并显现出经济效益，API(Application Program Interface，应用编程接口) 将支持企业内部及不同企业间的应用实现数据共享和沟通，进而推动企业借助合作伙伴、联盟企业等生态力量，开展开放式创新。通过开放式创新，企业可以利用数字化生态系统中的非自有资源和能力，创造全新的数据价值链，推动价值创造模式由传统的"线性单向"向"双向连续"转变，从而不断创造出新业务、新产品，甚至是新市场。

4.3 企业数字化转型关键要素

4.3.1 数据驱动要素

随着数字经济时代的到来，数据成为继土地、劳动力、资本、技术之后的第五大生产要素。数据所引发的生产要素变革，重塑了人们的生产、需求、供应、消费乃至社会的组织运行方式。企业数字化转型必然以激发数据要素价值作为驱动力，提高数据作为生产要素投入生产的生产效率。

1. 数据是驱动企业数字化转型的关键要素

数据是驱动企业数字化转型的关键要素，其作用体现在以下两个方面：一是数据要素贯穿研发、生产、供应、营销、服务等商业活动全环节，以数据为枢纽可以实现业务、产业全环节的信息透明和对称，可提升组织（企业）综合集成水平，提高社会资源的综合配置效率；二是数据作为数字经济时代的知识技能新载体，企业通过数字化转型可以推动基于数据模型的知识共享和技能赋能，提升生态组织开放合作与协同创新能力，提高社会资源的综合开发潜能。

2. 数据驱动企业数字化转型的典型方法

数据驱动企业数字化转型，需加强数据资源的开发利用，主要方法包括数据采集和融合、数据管理、数据分析以及数据应用四个方面。其中，数据采集和融合的关键在于全方位的数据融合。数据来源包括企业内部系统和企业外部数据；数据采集可利用智能化技术手段完善采集范围和手段；数据融合可采用数据接口、安全传输交换平台等数据交换共享工具开展多源异构数据的安全交换和集成共享。数据管理的实质在于建立标准，实现跨业务系统数据无障碍使用。同时要在掌握数据现状、提高数据获取效率、保障数据质量与安全、持续释放数据价值等方面不断加强对数据的治理。数据分析要通过对相关指标拆解，建立清晰的目标；可利用数字化技术强化数据建模和数据挖掘，并根据结果对模型进行评估，实现数据从实时监测到关联分析、指标预测，再到优化反馈的闭环。数据应用要在数据融合、管理和分析的基础上，结合企业信息化现状及数字化转型发展要求，驱动企业流程再造、业务创新，构建企业新业态。

4.3.2　价值创造要素

企业的本质是参与、推动价值创造、传递、获取的系统，企业的每一项经营活动都应围绕价值展开。因此，企业数字化转型本质上是为了推动其价值体系优化、创新和重构。

1. 价值创造是企业数字化转型的根本目标

以阿里、腾讯为代表的数字原生企业带来的全新商业模式改变了传统企业的价值体系。传统企业的价值体系主要是基于技术壁垒构筑起来的纵向封闭式体系，而数字原生企业则带来通过连接、赋能、协同、共享实现创造价值的开放式体系。企业数字化转型后的价值创造模式不再是单一地利用数字技术实现存量业务的降本增效，或者基于产业链、价值链延伸增量业务，而是可以通过广泛连接、平台赋能、推动协作，实现更加多元的价值创造。

2. 数字化转型价值创造路径

企业可以通过如图 4-9 所示的七大步骤实施价值驱动的数字化转型。

(1) 统一数据口径。通过统一业务部门管理、统一业务数据信息、统一业务/财务融合机制，摸清底层数据等手段统一数据口径。

(2) 风险感知分析。在风险事故发生前，运用数字化的手段，认识生产经营活动所面临的环境风险、市场风险、技术风险、生产风险、财务风险、人事风险等多个方面的风险，识别风险事故的潜在原因。

（3）内部优化提升。通过改变产品结构、改变资源投入等方式，改善流程、提升自动化能力等手段，利用数字化技术对优化提升的不同路径进行分析，建立内部可控因素的优化方案。

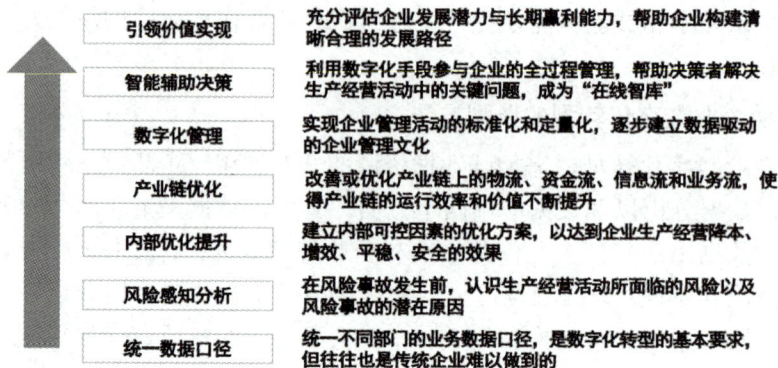

图 4-9　价值驱动路径/方法

（4）产业链优化。对市场需求情况、政策情况、社会环境条件、资金、资产等关键要素的流转情况进行掌控分析，利用数字化手段改善或优化产业联盟，使得产业链的运行效率和价值不断提升。

（5）数字化管理。通过数字化技术量化管理对象和管理行为，固化和优化管理流程，建立基于数据的分析、计划、组织、执行、服务、创新、评价等活动的治理体系。

（6）智能辅助决策。从决策者需要解决的问题出发，利用数字化手段参与企业的全过程管理，通过内外部多种因素的综合联动，制订多种可行方案，并最终帮助决策者完成方案选定和实施。

（7）引领价值实现。以企业价值观为导向，利用数字化手段对经济价值、社会价值等企业价值进行拆分，利用量化手段进行刻画和描述，充分评估企业发展潜力与长期赢利能力，帮助企业构建清晰合理的发展路径。

4.3.3　数字能力要素

数字能力是企业在数字经济时代的数字化生存和发展能力，企业为适应快速变化的环境，深化应用新一代信息技术，建立、提升、整合、重构组织的内外部能力。数字能力可以赋能业务和管理，加速创新转型，形成企业发展新动能。

1. 数字能力是企业数字化转型的核心动能

数字经济时代，市场需求的快速变化、企业业务的持续拓展、数字技术的迭代发展等因素，都给企业的发展带来极大的不确定性。构建柔性、高效、可复用的数字能力是企业应对数字化时代不确定性商业环境的关键举措。企业需要坚持技术与业务双驱动，以业务流程优化为抓手，以促进业务横向协同、纵向贯通为方向，沉淀形成积木式、可自由组合的数字能力，使企业能够根据内外部需求，快速将小颗粒度的能力与组织进行灵活组合，释放数字技术平台价值，推动公司组织模式优化及业务转型。

2. 数字能力建设的主要内容

数字能力主要从技术平台、业务流程、组织管理、人员能力四个维度去构建。

(1) 构建平台赋能能力。对传统的系统架构进行改造，建立更加敏捷、柔性、高效的数字技术平台，通过沉淀能够共享、复用的服务组件，打造更加柔性、高效的业务中台、数据中台和技术中台，实现对业务需求的敏捷响应、灵活部署和持续迭代。

(2) 构建服务共享能力。对业务流程进行拆解，将通用环节提取出来，沉淀形成积木式、可调用的服务组件，重构形成可灵活组装的业务流程，敏捷响应前端多变的用户需求。

(3) 构建扁平管理能力。打破传统以职能、层级划分的静态模式，横向打通业务专业边界，实现跨专业业务协同，纵向贯穿管理层级，实现业务场景和资源的优化配置，进而推动组织的扁平化，解决横纵向协同的问题。

(4) 构建主动创新能力。传统的信息化部门的职能定位是支撑企业信息化建设，被动响应业务部门信息化需求。但数字化转型要求技术人员跳出以往信息化支撑的舒适区，与业务专家协作，主动挖掘业务场景，并提供数字化解决方案，赋能业务发展。

4.4　企业数字化转型能力保障

本节从组织保障、数据保障、技术保障、管理保障四个方面对企业在转型过程中需要的能力保障展开论述。

4.4.1　组织保障

组织保障是开展数字化转型的重要保障，可为组织实施各项职能活动提供多样化的基础资源，是企业数字化转型得以开展的重要基石。具体举措包括：一是加强组织领导能力，加强数字化建设组织和协调能力，重点任务是落实牵头责任，建立有效的工作及激励机制，确保数字化转型方案执行有力。二是优化组织机构，重点构建数字化转型过程中跨行业、跨部门和跨层级的协同组织体系，加强组织机构协同与协调，制定相应的管理办法，不断迭代完善组织职责和管理流程。三是健全人才发展机制，采用外部协同与内部挖潜的人才发展机制，联合院校、科研单位和行业协会共同构建熟悉业务、熟悉信息化、熟悉数字化并能捕捉行业发展方向的融合型团队。四是培育企业数字化文化，通过培育强化员工对数字文化的价值理解，引导员工转变传统思维模式，为企业业务转型发展赋能。

4.4.2　数据保障

数据保障为企业全面实现数字化转型提供坚实可靠的数据来源和发展支撑，主要从数据质量、数据安全、数据运营机制三个方面提供数据保障。

(1) 保证数据质量。数据质量是指"数据满足应用的可信程度",包含完整性、及时性、准确性、一致性、唯一性和有效性等六个方面。企业在数据质量保障过程中需全面推进数据质量持续改进机制,加强数据质量能力保障。此外,还应通过不断提升数据质量管理组织的管理水平,改善数据质量工具平台,使企业数据质量获得进一步提高。

(2) 保障数据安全。随着国家对网络安全、隐私保护的愈发重视,数据安全问题已成为企业数字化转型必须要考虑的重要问题。数据安全保障应涉及从数据资产梳理、数据分类分级、数据安全风险评估到数据安全防护的全过程。通过数据资产梳理,发现并对数据进行分类分级,将分类分级后的数据结合企业数据安全标准,设定不同的访问控制权限,对数据进行定向管控,然后基于数据全生命周期对数据进行风险评估,最后结合数据安全技术措施对数据进行安全防护。

(3) 强化数据运营机制。数据运营是通过管理数据资产的配置、使用和维护,从而提高企业内部响应效率,提升数据资产效益的重要手段,因此建立数据运营机制可以更高效地开展数据常态化运营。企业首先应建立统一的企业数字化平台运营技术标准、服务标准和管理规范;其次是组建运营队伍;再次是建立需求快速反应机制和需求成效评价机制,及时满足业务部门数据使用需求;最后是加强数据需求开发的过程管理,避免重复开发和无效的成本投入。

4.4.3　技术保障

技术保障是数据资产管理框架职能活动有效执行及配合组织管理机制正常运转的工具基础,技术保障体系包括了新一代数字技术保障和技术平台保障两方面内容,技术保障对加强创新技术研究和应用,推动数据资产管理平台架构演进及管理能力优化提升发挥了重要作用。

(1) 新一代数字技术保障。从新一代数字技术方面来说,应针对云平台、数据中心、人工智能应用、物联网等新一代数字化基础平台的安全防护关键技术进行技术攻关,研发新一代物联智能场景应用,利用人工智能和边缘计算技术实现前端数据处理,接入企业物联网平台,实现企业全域数据的有效采集和终端设备的协同控制。

(2) 技术平台保障。从技术平台来说,应加强对管理平台、客户服务平台、企业运营管控平台等关键信息基础设施的安全防护,整合现有数据资源管理平台实用效果较好的功能,升级建设数据资产管理平台,以"计算能力 + 数据 + 模型 + 算法"为支撑形成强大的"算力",依托物联网、互联网打通企业相关各方的感知、分析、决策、业务等各环节,使企业具备超强感知能力、明智决策能力和快速执行能力,让数字企业的边界从传统企业扩展至社会的方方面面,构建本体安全的数字企业新体系。

4.4.4　管理保障

构建完善的数字化转型管理保障,是保障和指导数字化转型各项工作有序开展的基础。以下将从进度管理、沟通管理、质量管理和风险管理等方面进行阐述。

(1) 进度管理。设置进度管理可以及时发现计划与实际的差异程度,并及时采取有效措施，及时止损。通过对实施进度进行实时跟踪，在具体实施过程中查证比对进度执行情况，找出偏差，督促相关人员限期整改，以确保项目的阶段和总体进度目标的实现。

(2) 沟通管理。安排定期和不定期的各层级项目会议，确保各组成员能够及时了解项目的状态更新、交付成果、时间进程，并提升各组成员的管理质量。沟通管理包括三个方面：一是建立项目例会机制，定期召开例会并提交报告，及时反映各阶段的进度情况、工作内容和实施过程中所遇到的关键问题，确定下一步工作任务；二是建立会议纪要机制，项目有关会议均形成会议纪要，且把会议纪要作为处理相关质量问题的基本依据；三是建立问题跟踪机制，指定问题跟踪人，及时更新问题状态。

(3) 质量管理。设置定期质量专项工作会，以周或者月为时间单位向质量管理部发布项目有关信息，具体可从四个步骤开展：一是每周汇报上周项目质量状态，主要包括上周质量整改情况、本周质量计划、存在的问题；二是根据汇报内容总结改进并提出下一步工作措施；三是及时通知质量管理员进行验收，对质量管理部和监理提出的质量缺陷定期进行整改；四是整改完成后向质量管理部以回复单的形式进行反馈。

(4) 风险管理。风险是一种不确定的事件或情况，一旦发生，会对转型任务产生负面影响。要成功地完成数字化转型，必须在开展的全过程中执行风险管理，制定完善的风险管理策略。具体策略如下：

① 识别风险，即通过头脑风暴法、Delphi 法（德尔菲法）以及访谈法，明确风险分类，对项目风险进行识别。

② 分析风险，即对风险级别进行分析。风险级别是风险危害性和风险发生概率两个参数的乘积。风险危害性指如果风险发生了，它会造成多大的危害，可以用 0 到 1 之间的小数来量化危害。概率取值可以是 0 到 1 之间的任意一个小数。和概率一样，危害也是一个主观值，不可能很精确，因此一般取一位小数。

③ 应对风险，制定风险计划，即通过规避风险、减轻风险和接受风险三个步骤，在转型过程中按计划开展活动，将风险的综合影响降低至可以接受的范围。

④ 监控风险，按计划采取相应的措施，并监控风险的变化情况，可以设置风险管理小组，确定风险的跟踪和交流机制。

第5章 企业数字化转型能力评估

随着时代的发展，企业将面临不确定性的环境，唯一确定的就是加速数字化转型。在国内，数字化转型既是"数字中国"时代大背景下每个行业、每个企业面临的一次全方位挑战，又是一次重大发展机遇。企业要转变观念，充分发挥数据作为企业核心资产的作用，积极推进数字化转型，为企业持续健康发展注入新动力。企业数字化能力评估是企业数字化转型方法论中必不可少的一环。不同行业的企业都亟需一套衡量数字化转型能力的评估模型、方法和工具，来帮助了解企业数字化能力与现状，明确自身的优势和面临的挑战，制订科学合理的计划，指导企业数字化转型实践，不断提升企业数字化能力。

本章是在"企业数字化转型发展思路"和"企业数字化转型实践路径"的基础上，在大量企业数字化状况调查和企业数字化转型应用实践的基础上，尝试建立企业数字化转型能力模型，确定企业数字化转型能力评估维度和数字化能力等级。企业可以参考评估模型，自我评估数字化能力等级，来了解自身数字化的状况，并可以根据评估结果，制订或者调整企业数字化转型的规划。

5.1 企业数字化转型能力模型

企业数字化转型能力评估是站在企业全局的高度，对企业数字化转型状况及成效进行评估。通过数字化转型能力评估，企业可以认清自己在数字化方面的现状，明确进展、优势和改进的方向。

遵循完整性、可度量、可移植、先进性、针对性、应用性等原则，在充分考虑国内外企业数字化的先进水平和最佳实践基础上，通过定性与定量结合的方法，构建企业数字化转型能力模型。数字化转型能力模型主要包括以下三部分内容：

第一，识别数字化转型能力评价维度。数字化转型能力评价维度包括关键能力维度及分解的子能力维度。依据"企业数字化转型发展思路"和"企业数字化转型实践路径"等相关内容，确定了战略与发展、组织与人才、技术与平台、数据与应用、业务与流程五类评价维度，结合企业组织、文化、客户、资产、业务、安全、治理、运营等因素，确定了21个评价指标。数字化转型能力评价维度如表5-1所示。

表 5-1　数字化转型能力评价维度

评价维度	评价指标
战略与发展	1. 数字化战略
	2. 数据驱动
	3. 价值驱动
	4. 发展驱动
组织与人才	5. 组织保障
	6. 管理保障
	7. 技术保障
	8. 人才保障
技术与平台	9. 资源规划
	10. 平台建设
	11. 平台运营
数据与应用	12. 数据治理
	13. 数据管理
	14. 数据应用
	15. 数据智能
	16. 数据安全
业务与流程	17. 数字化营销
	18. 数字化运营
	19. 数字化产品
	20. 数字化服务
	21. 数字化生态

　　第二，制定企业数字化能力等级标准。依据企业数字化的关键能力，将企业的数字化能力等级分为五级：L1 认知级、L2 初始级、L3 发展级、L4 先进级、L5 领先级。企业数字化能力等级如表 5-2 所示，每个能力等级的定义与内涵见 5.3 节。

表 5-2　企业数字化能力等级

能力等级		初始定义
L1 级	认知级	企业数字化处于起步阶段，数据仅应用于个人或者部门，企业数字化程度低
L2 级	初始级	企业数字化处于初始阶段，开始出现数字化迹象，数据应用主要服务于领导决策，但没有形成整体数字化战略
L3 级	发展级	企业数字化处于发展阶段，多个部门开始数字化，技术部门支持业务部门开展数据应用，并取得了一些数字化实践经验，但仍然缺乏数字化领导且并不是数字化的早期实践者
L4 级	先进级	企业数字化处于先进阶段，能够清晰地认识到数字化的益处及带来的竞争力，数字化已应用于企业级别的业务运营，但仍有一些领域需要提升数字化成熟度
L5 级	领先级	企业数字化处于领先阶段，数字化程度高，具备成熟的系统及业务战略，业务活动中的数字化成熟度高，通过数字化技术和商业模式创新成为了市场的领导者

第三，设计企业数字化能力评估标准。包括制定评分标准，确定指标权重分配的细则，以体现不同行业企业的能力侧重及目标改进方向，企业可以通过打分评价得到最终的评价结果。

5.2　企业数字化转型能力评估维度

企业数字化转型能力可以从战略与发展、组织与人才、技术与平台、数据与应用、业务与流程五个方面进行综合评估。

5.2.1　战略与发展

生存是企业的首要问题，创造客户价值，实现客户满意是企业赖以存续的唯一手段。因此，企业数字化转型要以不断创造客户价值、更好地为用户服务为目标，来制定企业数字化发展战略和规划，这是企业数字化转型的基础和发展方向。

在战略与规划方面，确定了数字化战略、数据驱动、价值驱动、发展驱动四大评价指标。

1. 数字化战略

数字化战略评价指标：企业是否制定了明确的数字化转型战略和规划，是否能根据发展环境的变化，适时对发展规划进行调整。在发展规划的基础上，是否制定了翔实的企业数字化转型计划。明确数字化转型能对原有的业务进行赋能，使赋能后的业务具有更具优势的核心竞争力；明确利用数字化转型，实现企业业务的转型升级；明确利用数据化转型，实现对企业商业模式的重构与增强等。

2. 数据驱动

数据驱动评价指标：企业是否明确建立了数据驱动型企业战略与规划。数据驱动是将数据作为新的生产要素，主要涉及数据资产化，深入挖掘数据价值和创新驱动潜能等。企业需加强数据资源的开发利用，对数据进行采集、存储、管理、计算、共享、应用、挖掘等；企业需要发现业务应用、管理过程、业务运营等中存在的问题，进而驱动流程再造、业务创新及构建企业新业态等。数据驱动的方法主要包括数据采集和融合、数据管理、数据分析以及数据应用四个方面。

3. 价值驱动

价值驱动评价指标：企业是否建立了价值驱动发展模式战略与规划。企业整体效益提升是数字化转型的出发点及落脚点，数字生产力的发展通过改变企业的研发、生产、运营等，促进企业存量业务流程优化、成本降低、效率提高，也帮助企业不断获取新的增量空间，进而提高企业的生产经营效益，实现高质量发展。

4. 发展驱动

发展驱动评价指标：企业是否建立了发展驱动商业模式的战略与规划。在社会经济发展的过程中，由于生产条件和结合方式的差异，不同的阶段对应不同的关键性发展要素，随着时代的发展，要素的内涵日益丰富。在现今的信息化及互联网时代，数据成为最主要的发展要素。企业需要将发展因素作为驱动力，驱动企业发展。

5.2.2 组织与人才

数字化转型工作的开展必须依赖数字化人才，以数字化人才为核心构建高质量的、可持续发展的招募聘用、团队构建、目标设定、流程规范、资源配给、绩效评价、激励与淘汰的体制机制，以保证数字化转型各项工作的顺利开展。同时，企业以人为本，从组织文化层面建立对探索和创新的鼓励，在未来的组织中凝聚充满创新思维和热情的生力军，形成组织级的体系化创新能力，让创新成为组织核心能力和工作新常态。

因此，在组织与人才方面，设立了组织保障、管理保障、技术保障与人才保障四大评价指标。

1. 组织保障

组织保障评价指标：企业是否在组织制度和机制上保障数字化转型的执行。组织保障是开展数字化转型的重要保障，为组织实施各项职能活动提供组织领导、组织结构、组织人才和组织文化等基础资源，是企业数字化转型得以开展的重要基石。

2. 管理保障

管理保障评价指标：企业是否有完善的制度和管理措施，来保证企业数字化转型计划的执行。构建完善的数字化转型管理保障，是保障和指导数字化转型各项工作有序开展的基础。

3. 技术保障

技术保障评价指标：企业是否在技术方面保障企业数字化转型计划的执行。技术保障体系包括了新一代数字技术保障和技术平台保障两方面内容，并对加强创新技术研究和应用、推动数据资产管理平台架构演进及管理能力优化提升发挥了重要作用。

4. 人才保障

人才保障评价指标：企业是否开展了数字化人才培养，是否具有数字化人才储备。数字化人才是实现企业数字化转型的关键要素，相关人才欠缺是企业数字化转型面临的难题，需要企业围绕战略目标，强化人才引进、培训、使用和考核。可以采用外部协同与内部挖潜的人才发展机制，联合院校、科研单位和行业协会共同培养既熟悉业务又熟悉信息化、熟悉数字化并能捕捉行业发展方向的融合性团队。同时完善企业培训体系，加强与行业主导企业的交流，拓展视野。

5.2.3 技术与平台

技术与平台的建设和应用是企业数字化的重要基础。云计算、大数据、人工智能、物联网、边缘计算、移动应用、区块链等技术，为数字化转型提供了强有力的技术工具；数字化技术企业为数字化转型提供了大量的数字化平台产品。技术与平台的运用应以成熟可靠、支持业务可持续稳定运行为基本要求，以实现客户满意为最终目标。企业必须以业务需要为主要因素考虑新技术的引入，避免对新技术的片面追求和过度超前采用。同时注重成功技术在业务领域的复用，实现技术"一处成功，多处开花"的效果。

此外，为可预期的未来业务发展保留空间，可以在技术先进性上提前考虑，但应以风险可控和安全可靠为原则，形成合理的采用和退出机制。在验证测试严谨完整和应急准备充分有效的前提下适度采用新技术，强化运行监控和效果评估并适时调整，从而确保新技术采用的可靠性和有效性。

为此，在技术与平台方面，设置了资源规划、平台建设、平台运营三大评价指标。

1. 资源规划

资源规划评价指标：企业为了数字化转型而进行的资源规划是否满足企业数字化转型的需求。资源规划不应局限于数据资源、技术平台等狭义的数字资源类型，而应以企业发展目标和结果为导向，以数据为驱动，统筹开展技术平台、数据资产、业务变革、产业整合、生态发展综合规划，有重点、分阶段地推动企业各项数字化资源协调发展。

2. 平台建设

平台建设评价指标：企业是否为企业数字化转型建设了成体系的数字平台。数字平台是企业推动业务转型和生态建设的重要载体。一方面，根据目前中国企业的数字化实践，企业完整的数字平台由前、中、后台三部分构成。在数字化赋能之下，前台应该具备敏捷性，中台肩负着高效性，而后台则具备弹性的特征。另一方面，新一代的数字化技术与业务深度融合，去创新新产业、新业态和新模式。目前，技术平台规划宜以云化数据中心为资源和能力核心，以微服务化架构为业务功能实现路径，以全域数据实时采集和应用为业务管理和决策驱动，以物联网、互联网为资源、能力拓展和延伸载体，以大数据、人工智能、区块链、数字孪生等数字技术应用为新动能，推动创建先进、高质量发展的业务新模式。

3. 平台运营

平台运营评价指标：企业是否在业务发展中实施数字平台运营。数字平台运营并不局限于平台本身的前台应用、平台组件的迭代优化，也包括基于数字平台开展业务流程重构与运营等活动。在数字平台的运营上，在应用级，打造建运一体的应用迭代模式；在平台级，形成共建共享的平台运营生态；在业务级，构建自由拼接的业务流程模式。

5.2.4 数据与应用

目前，数据已成为数字经济时代的新型生产要素，数据资源已经成为"智慧地球"重要的生产要素。如何让数据发挥它应有的价值，帮助人们获得知识和洞察，形成正确的决策，并做出快速决策，是数据与应用的核心诉求。

在实践中，数据产生价值有不同的方式和途径，包括数据的消费者定义价值，具体的应用场景下发挥价值，经过分析和加工释放价值等。

在数据管理与应用方面，设立了数据治理、数据管理、数据应用、数据智能、数据安全五个评价指标。

1. 数据治理

数据治理评价指标：企业是否完成了高水平的数据治理工作。数据治理指导其他数据管理职能模块的执行，其目标是使组织能够将数据作为资产进行管理。数据治理要确保各项数据管理活动贯彻执行，强调执行和监督下的职责分离。作为数字化转型的主要方法之一，提升企业数据治理能力水平，一方面可以确保企业数字化转型战略与数据管理战略的良好衔接，另一方面可以为数字化转型中的企业提供高价值的数据。

2. 数据管理

数据管理评价指标：企业是否解决了数据管理水平不高的问题。为了充分彰显数据价值，解决数据质量水平不高、信息孤岛、数据应用广度和深度不够等问题，亟需提高数据管理能力。企业数据管理能力提升的方法是以企业数据管理能力等级评定为基准，结合企业数据管理实践经验，帮助各类型企业准确评估自身数据管理能力水平、存在的主要问题，以及明确数据管理能力等级提升的路径。

3. 数据应用

数据应用评价指标：企业数据应用能力水平是否得到提高。提升数据应用能力水平有助于对数据的有效管理、创新，可以确保数据被准确、便捷地使用、流通。数据只有被充分地应用才能最大限度地满足业务需求、创新业务驱动及促进数据价值的转化。提升数据应用能力水平是企业数字化转型过程中的一项系统工程，每项工作均环环相扣、相互承接。提升企业数据应用能力水平应以数据应用质量管理为基础，通过采取探索数据应用创新，加强数据开放合作，完善数据孵化机制，优化数据应用激励，推动数据成果输出等一系列举措，实现质的飞跃。

4. 数据智能

数据智能评价指标：企业是否开展了数据智能技术应用与探索。企业需要从数据中提取出知识和信息并加以有效利用，因为数据本身不能驱动和引领企业数字化转型并取得成功。数据智能是让数据发挥它最大价值的途径之一。数据智能结合大规模数据处理、数据挖掘、机器学习、人机交互、可视化等多种技术，从数据中提炼、发掘、获取有揭示性和可操作性的信息，从而为人们在基于数据制定决策或执行任务时提供有效的智能支持。

5. 数据安全

数据安全评价指标：企业是否具备数据安全相关保障技术。企业在数字化转型过程中面临的挑战，除了外部法律要求、网络安全威胁，也有如何安全进行内部数据的大量汇聚和充分共享。让数据在安全合规的前提下最大程度地发挥价值是企业数字化转型的关键。企业数据安全能力评估可参考《信息安全技术　数据安全能力成熟度模型》(GB/T37988—2019)，基于数据全生命周期，并结合生命周期各阶段是否具备相应的安全技术措施对企业的数据安全能力进行评估。

5.2.5　业务与流程

在业务与流程方面，从业务场景的源头开展策划，逐步构建技术平台、业务系统和管理机制有机融合的安全的管理体系，使得公司员工和外部客户在享受数字化转型带来的方便快捷的同时，能够得到无干扰、充分、适度、妥善的安全防护。

因此，在业务与流程方面，设置了数字化营销、数字化运营、数字化产品、数字化服务、数字化生态五大评价指标。

1. 数字化营销

数字化营销评价指标：企业是否实现全面的数字化营销。数字化营销就是将线上、线下商业场景融合，基于互联网络、移动通信技术、数字交互式媒体和智能设备等有效地调动企业资源，通过大数据和人工智能等技术对客户进行自动精准营销，并且不断优化客户全生命周期管理，提升客户终身价值。

2. 数字化运营

数字化运营评价指标：是否实现了全方位的数字化运营。数字化运营是企业数字化转型最为重要的挑战，运营成熟度高的企业，能够娴熟地运用技术手段履行订单，更快地获取客户，或创造新的营收增长来源，并提高员工积极性和忠诚度，获得多赢。企业可以通过运用战略方法优化运营模式，并在技术、流程和人员等维度上全面转型业务，提升运营成熟度，实现智能运营。在数字化运营转型中，财务、人力、采购、供应链等是重要的方面。

3. 数字化产品

数字化产品评价指标：企业是否形成了不断迭代的数字化产品。数字化产品是在产品的全生命周期中对产品进行数字化的描述，其中包括产品全生命周期中各个阶段的数字化信息描述和各个阶段数字化信息之间相互关系的描述。数字化产品能够方便进行产品的异地设计和制造，以及知识在产品全生命周期的传递，例如从设计、生产、维护到升级等。数字化产品转型是建立在企业数字化转换、数字化升级基础上，进一步触及企业核心业务，以新建一种商业模式为目标的高层次转型。

4. 数字化服务

数字化服务评价指标：企业是否实现了数字化服务。企业数字化服务是指通过软件、营销和数据三位一体的方式为企业提供数字化服务，是把互联网、大数据、人工智能等先进技术与传统企业服务深度融合的服务手段，其具体表现在服务的响应速度更快、更人性化、成本更低等。

5. 数字化生态

数字化生态评价指标：企业是否实现了数字化生态。数字化生态是异质性企业和各类第三方服务机构深度融合互联网、大数据、人工智能等新兴数字技术，形成的低交易费用、高运营效率的新型经济体。数字化生态是新型的组织形式，是数字经济的基本单元，是实体经济、科技创新、现代金融、人力资源协同发展的承载单元。数字化生态由产业、生产性服务业、生态运营平台三大要素构建。核心企业把产业相关方组织起来，包括产业上游、下游、合作伙伴等。生产性服务业包括金融业、通信业、物流业、交易市场等。EOP 融合了互联网、大数据、人工智能等技术，成为核心企业为整个行业提供"公共品"服务的载体和表现形式，是衔接生产性服务业与产业的纽带。

5.3　企业数字化转型能力等级

依据企业在上述数字化转型能力模型各领域实现的深度和广度，从低到高依次定义了企业数字化转型能力五个等级标准。

1. L1级：认知级

L1认知级，企业数字化处于起步阶段，数据仅应用于个人或者部门，企业数字化程度低。

在这一层级，企业对数据价值有了初步的认知，并开始零散应用数据，但数据的应用处于个人或者部门级别，企业各部门人员和管理层能零散使用数据分析，企业的业务部门会选用一些常用工具进行数据存储和分析，但使用人数并不多，数据应用深度不足，使用频率较低，无法支撑企业级的数据体系。

2. L2级：初始级

L2初始级，企业数字化处于初始阶段，开始出现数字化迹象，数据应用主要服务于领导决策，但没有形成整体数字化战略。

在该层级，企业的技术中心处于主要辅助企业领导决策层级，数据应用已从个人上升至部门或者企业级别。企业一般会采用商业智能分析工具进行数据分析，辅助领导决策。但是主要使用者和维护者是技术部门，不能真正覆盖企业全方位的日常管理和业务发展需求。

3. L3级：发展级

L3发展级，企业数字化处于发展阶段，多个部门开始数字化，技术部门支持业务部门开展数据应用，并取得了一些数字化实践经验，但仍然缺乏数字化领导且不是数字化的早期实践者。

在该层级，企业的技术中心处于系统化运营层级。在这一层级，以技术支持为中心，通过搭建系统化的数据运营体系，实现对业务发展的支撑。企业的技术团队是数据价值产生的主体，业务部门的需求则由技术团队来实现，即企业需要配备专业的技术团队和数据分析团队，这些团队提出需求，建立模型并检验整个过程；业务人员在此过程中只是提出数据分析需求，实施过程需要技术人员投入大量的时间和精力。

在该层级，数据的使用并未进入核心业务，数据使用深度不足。同时，由于这类企业的数据运营成本高，无法实现全员数字化运营。

4. L4级：先进级

L4先进级，企业数字化处于先进阶段，能够清晰地认识到数字化的益处及带来的竞争力，数字化已应用于企业级别的业务运营，但仍有一些领域需要提升数字化成熟度。

在该层级，企业的数据应用处于业务中心数据化运营层级。在这一层级，企业形成了以业务为中心的数据化运营体系，各部门使用数据均以赋能业务为出发点；企业已形成数据的良性循环，形成了数据资产，达到了数据赋能业务的目的。在实现方式上，企业可以通过搭建数据中台，给前台应用赋予数据能力，使业务人员可以便捷、轻松地使用数据，而不依赖于技术和数据分析人员。

5. L5 级：领先级

L5 领先级，企业数字化处于领先阶段，数字化程度高，具备成熟的系统及业务战略，业务活动中的数字化成熟度高，通过数字化技术和商业模式创新成为了市场的领导者。

在该层级，企业已经形成了数据竞争力，能够通过数据引领业务、赋能业务创新和变革。处于这一层级的企业实现了数据的良性循环，可以沉淀出核心数据竞争力和数据资产，并能够基于数据开创出新的商业模式；内部数据半自动化、全自动化决策能力和人为判断决策较好地融为一体，内外部数据打通，形成了数据生态，真正做到数据驱动发展，并持续推进企业数字化转型进程螺旋式上升。

第6章　企业数字化转型建设指南

本章结合前文内容，从企业数字化转型标准化建设角度出发，梳理目前已有的数字化转型相关国际标准、国家标准等文件，整合形成数字化转型标准化定义；运用标准化的原则和方法，结合企业数字化转型实践，开展数字化转型总体框架设计；考虑到数字化转型的长期性、艰巨性和系统性，制定企业"十四五"时期建设目标。通过推进数字化转型标准规范体系建设，发挥标准规范引领价值作用，统一并深化各地区、各行业数字化转型思维与认识，为企业开展数字化转型提供指导建议，提升企业数字化转型水平和质量，支撑企业实现高质量、可持续发展。

6.1　数字化转型的标准化定义

结合两化融合领域相关标准、大数据领域相关标准、数字化转型领域相关标准，将数字化转型进行标准化，可以更好地指导企业数字化转型。

6.1.1　两化融合领域相关标准

目前两化融合领域已发布有《信息化和工业化融合管理体系基础和术语》(GB/T 23000—2017)、《信息化和工业化融合管理体系 要求》(GB/T 23001—2017) 等11项国家标准，覆盖两化融合全局、全要素、全过程。经过多年大范围普及、推广和深入应用，两化融合管理体系不断丰富完善，已经形成一系列普适易用、相互配套的标准体系，成为国家和地方省市推进信息技术和实体经济深度融合的重要抓手，两化融合领域相关标准如表6-1所示。

数字化转型与两化融合的区别在于，两化融合以信息化支撑为核心，指以信息化带动工业化、以工业化促进信息化，是信息化和工业化的高层次的深度结合。数字化转型并不是简单的信息化建设和升级，而是利用大数据、云计算等新一代信息技术和数据，创新企业商业模式、组织、经营、运营、流程、服务等方方面面，是一个长期变革的过程。数字化转型与两化融合的联系在于，两化融合成熟完善的标准体系可以为探索和建设数字化转型标准体系提供实践经验和理论指导。两化融合领域相关标准如表 6-1 所示。

表 6-1   两化融合领域相关标准

序号	标 准 名 称	标 准 号
1	《工业企业信息化和工业化融合评估规范》	GB/T 23020—2013
2	《信息化和工业化融合管理体系要求》	GB/T 23001—2017
3	《信息化和工业化融合管理体系实施指南》	GB/T 23002—2017
4	《信息化和工业化融合管理体系评定指南》	GB/T 23003—2018
5	《信息化和工业化融合管理体系基础和术语》	GB/T 23000—2017
6	《信息化和工业化融合生态系统参考架构》	GB/T 23004—2020
7	《信息化和工业化融合管理体系咨询服务指南》	GB/T 23005—2020
8	《信息化和工业化融合管理体系新型能力分级要求》	GB/T 23006—2022
9	《信息化和工业化融合管理体系评定分级指南》	GB/T 23007—2022
10	《信息化和工业化融合管理体系生产设备管理能力成熟度评价》	GB/T 23021—2022
11	《信息化和工业化融合管理体系供应链数字化管理指南》	GB/T 23050—2022

6.1.2   大数据领域相关标准

目前大数据领域已发布 ISO/IEC 20547 系列国际标准，该系列由五个部分组成，提供了全面的大数据参考体系结构 (BDRA) 和框架。企业可以通过采用该系列国标标准有效和一致地描述其架构及其实施情况，确保安全有效地使用大数据技术。

数字化转型与大数据的关系在于大数据是迈向数字化转型的重要工具。大数据技术可以帮助企业从海量数据中提取有效信息，帮助企业更好地了解市场趋势与客户需求，支撑企业决策行为，从而节省时间和资源；同时还可以直观获取和挖掘特定客户群体的细颗粒度信息，在多领域带来新的解决方案。因此大数据可以帮助企业建立坚实的技术基础，但并不能涵盖数字化转型的全面内涵，大数据领域相关标准如表 6-2 所示。

表 6-2   大数据领域相关标准

序号	标 准 名 称	标 准 号
1	《信息技术——大数据参考体系结构——第1部分：框架和应用过程》	ISO/IEC TR 20547-1
2	《信息技术——大数据参考体系结构——第2部分：用例和派生需求》	ISO/IEC TR 20547-2
3	《信息技术——大数据参考体系结构——第3部分：参考体系架构》	ISO/IEC TR 20547-3
4	《信息技术——大数据参考体系结构——第4部分：安全和隐私》	ISO/IEC TR 20547-4
5	《信息技术——大数据参考体系架构——第5部分：标准路线图》	ISO/IEC TR 20547-5

6.1.3　数字化转型领域相关标准

　　数字化转型作为近年国内外非常关注的信息技术领域的重要变革方向，多个行业领域在推进数字化转型，适应未来业务融合发展的趋势。在标准建设方面，2019 年，国际电信联盟 (International Telecommunication Union，ITU) 陆续发布两项数字化转型国际标准，分别是《Methodology for building digital capabilities during enterprises' digital transformation》(《企业数字化转型过程中可持续竞争能力建设方法论》) 和《Assessment framework for digital transformation of sectors in smart cities》(《产业数字化转型评估框架》)。这两项国际标准以我国两化融合管理体系国家标准的核心成果为基础进行研制，前者引导企业以数据为驱动，加速技术变革、流程优化和组织创新，持续打造数字经济时代新型能力，为加速企业数字化转型提供了方法指导；后者给出了包括基础建设、单项应用、综合集成、协同与创新、竞争力、经济和社会效益六个方面的产业数字化转型评估框架、评估指标体系及评估方法，为政府、行业组织等摸清产业数字化转型现状、找准数字化转型重点、以数据为驱动精准施策提供有效抓手。

　　2022 年 10 月，首个数字化转型推荐性国家标准《信息化和工业化融合 数字化转型 价值效益参考模型》(GB/T 23011—2022) 正式发布，该标准以两化融合为立足点，针对价值效益"有哪些""怎么创造和传递"及"怎么获取"等问题，给出参考模型，对以标准引领两化深度融合、加快新型工业化发展具有重要意义。

　　此外还有《信息技术服务 数字化转型 成熟度模型与评估》和《工业互联网平台 应用实施指南 第 2 部分：数字化管理》两项国家标准处于审查阶段。2020 年起，中关村信息技术和实体经济融合发展联盟组织北京国信数字化转型技术研究院等单位，联合研制发布《数字化转型 价值效益参考模型》《数字化转型 参考架构》《数字化转型 新型能力体系建设指南》等系列团体标准，给出了数字化转型参考架构、主要任务、分步实施等要求。2021 年 7 月，浙江省发布省级地方标准《数字化改革术语定义》(DB33/T2350—2021)，定义了数字化改革语境下的基础设施、数据资源、数字社会等 59 个关键术语。同年 12 月，陕西省发布省级地方标准《数字化转型 企业新型能力识别技术规范》(DB61/T 1505—2021)，规定了数字化转型实施过程中企业新型能力的识别要素、识别条件、识别方法。

　　但总体来看，数字化转型领域尚未形成统一、权威的认识和理解，标准化建设有待进一步丰富，数字化转型领域标准如表 6-3 所示。

表 6-3　数字化转型领域标准

序号	标　准　名　称	标　准　号
1	《Methodology for building digital capabilities during enterprises, digital transformation》	ITU—T Y Suppl.52
2	《Assessment framework for digital transformation of sectors in smart cities》	ITU—T Y.4906
3	《信息化和工业化融合 数字化转型 价值效益参考模型》	GB/T 23011—2022
4	《信息技术服务 数字化转型 成熟度模型与评估》	20213263-T-469
5	《工业互联网平台 应用实施指南 第2部分：数字化管理》	20213615-T-339

序号	标 准 名 称	标 准 号
6	《数字化改革术语定义》	DB33/T 2350—2021
7	《数字化转型 企业新型能力识别技术规范》	DB61/T 1505—2021
8	《数字化转型 参考架构》	T/AIITRE 10001—2021
9	《数字化转型 价值效益参考模型》	T/AIITRE 10002—2020
10	《数字化转型 成熟度模型》	T/AIITRE 10004—2021
11	《数字化转型 新型能力体系建设指南》	T/AIITRE 20001—2021
12	《数字化转型 成熟度评估指南》	T/AIITRE 20003—2022

6.1.4 数字化转型标准定义

基于对上述相关标准内容的研究分析，建立了数字化转型相关标准图谱。分析已有标准中对数字化转型的定义，如国际标准《Methodology for building digital capabilities during enterprises' digital transformation》中对数字化转型"企业可持续竞争能力建设"的重点关注；《信息化和工业化融合 数字化转型 价值效益参考模型》(GB/T 23011—2022)数字化转型定义中对"新一代信息技术""数据要素创新驱动"的并重强调等。借鉴国家政策对数字化转型的解读："数字化转型作为改造提升传统动能、培育发展新动能的重要手段"，结合数字化转型在组织、产业、国家等方面产生的效益，提炼总结本次数字化转型的定义为：以新技术、新产业、新业态和新模式为核心，通过数据、知识、技术和信息等新生产要素融合应用，改造提升传统动能、培育发展新动能，促进经济结构转型和实体经济升级，推进供给侧结构性改革，数字化转型相关标准如图 6-1 所示。

6.2 企业数字化转型总体框架

近日，党中央、国务院印发了《数字中国建设整体布局规划》，明确数字中国建设按照"2522"的整体框架进行布局，即夯实数字基础设施和数据资源体系"两大基础"，推进数字技术与经济、政治、文化、社会、生态文明建设"五位一体"深度融合，强化数字技术创新体系和数字安全屏障"两大能力"，优化数字化发展国内国际"两个环境"。为进一步贯彻落实网络强国、数字中国建设等国家战略部署，纵深推进企业全业务、全环节数字化转型，研究编制了企业数字化转型总体框架。

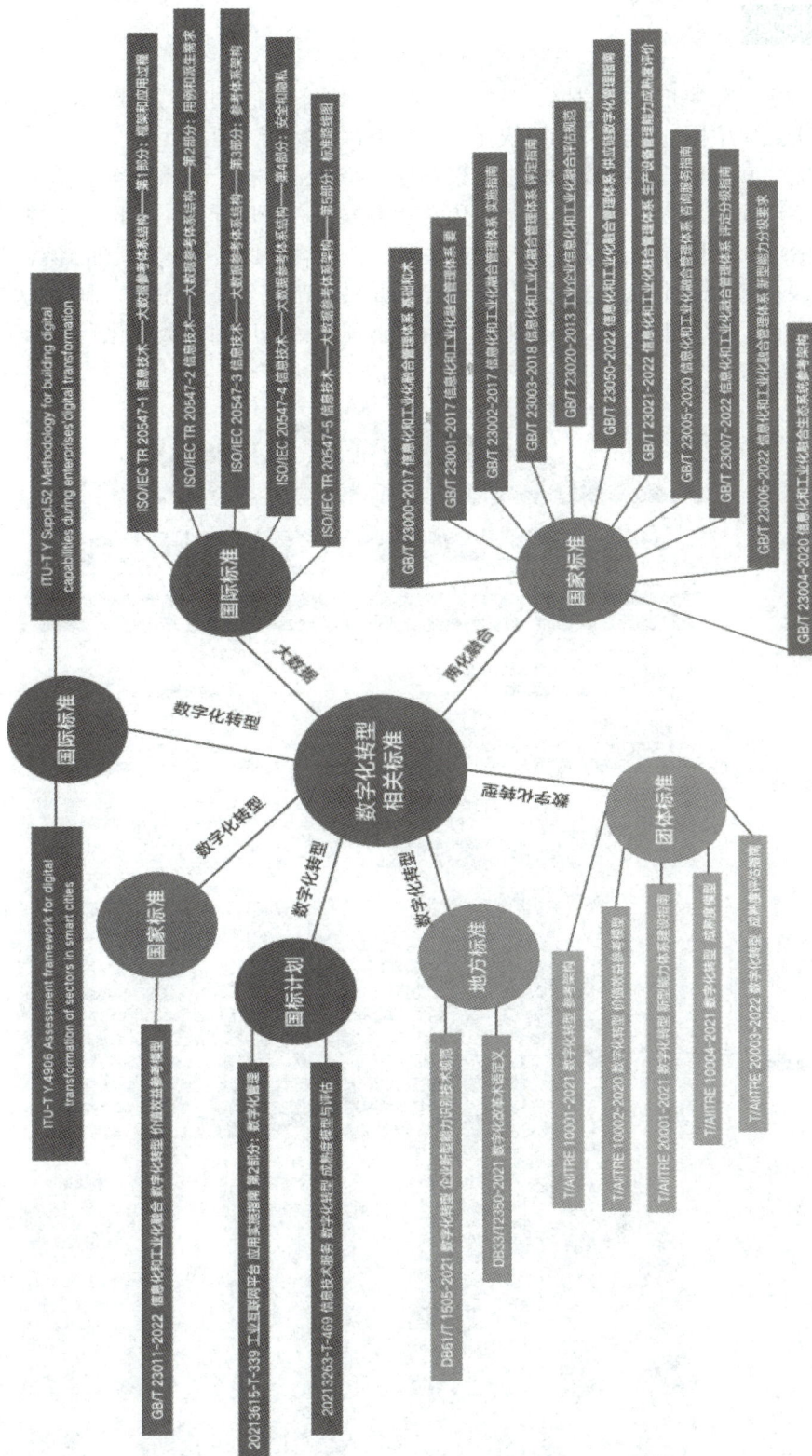

图 6-1　数字化转型相关标准

6.2.1　概述

　　企业数字化转型的建设思路：以助力改造企业传统动能、培育发展新动能为战略方向，以贯彻落实数字中国建设为目标，依托一个底座，连接两个空间，聚焦一个中心，实现两支撑三赋能。其中依托一个底座是指汇聚各环节跨专业数据，连接两个空间是指连接物理空间和数字空间，聚焦一个中心是指聚焦企业数据中心开展建设，实现两支撑三赋能是指支撑政府治理和支撑绿色低碳，赋能企业生产、赋能客户服务、赋能企业经营。

　　在建设内容上，重点打造九大任务。分别是转型战略、责任主体、制度标准、转型流程、保障机制、能力建设、产品和服务、需求管理和数据应用。数字化转型总体框架如图6-2所示。

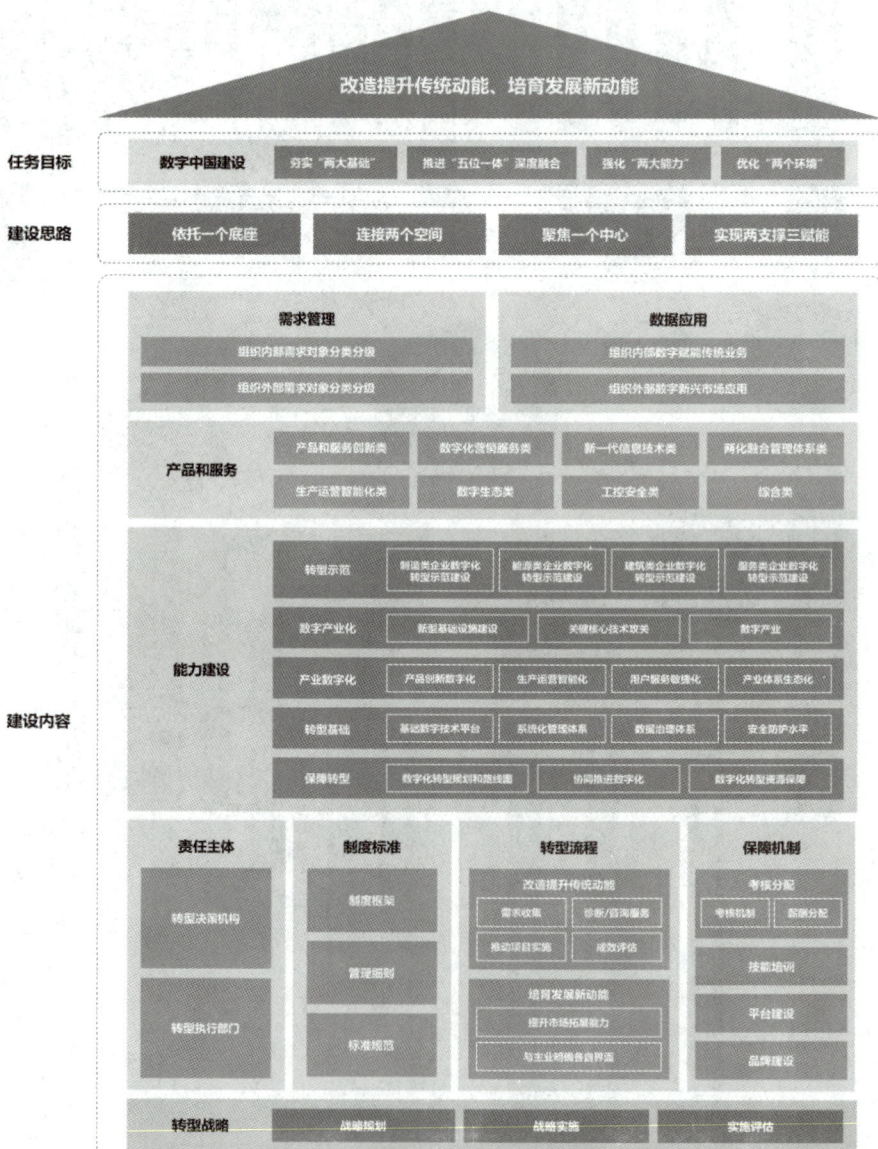

图 6-2　数字化转型总体框架

数字化转型总体框架全方位论述了企业数字化转型的体系建设，是企业数字化转型重要依据。通过数字化转型总体框架，企业可以结合自身高质量、可持续发展需求明确数字化转型的发展路径和改进方向，制定符合自身发展特征的数字化转型路线图。

6.2.2　核心要素

企业数字化转型按照"1354"的要素框架进行布局，即以"一大战略、三大核心、五大能力、四大支撑"确立数字化转型的主要实施路径，如图6-3所示。进而系统指导企业数字化转型落地实施。

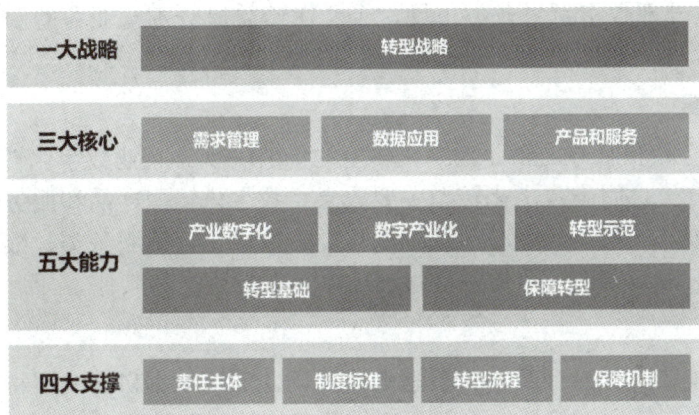

图 6-3　数字化转型核心要素

1. 转型战略

数字化转型战略是企业数字化转型的基石。企业的数字化转型是自上而下、由内到外的可持续发展过程，因此企业应结合自身发展特征，系统制定数字化转型战略规划，同时建立数字化转型战略实施和评估管理流程，实现企业数字化转型动态闭环管理。

(1) 数字化转型战略规划是企业所有利益相关者之间达成共识的结果。从宏观及微观两个层面确定开展数字化转型的动因，并综合反映企业内部数字化转型的需求。

(2) 数字化转型战略实施是企业完成数字化转型战略规划并逐渐实现数字化转型的过程。实施过程中评估企业数字化转型的现状，确定与愿景、目标之间的差距；依据数字化转型职能框架制定阶段性数字化转型任务目标，并确定实施步骤。

(3) 数字化转型实施评估是企业对数字化转型量化分析的全过程。评估过程中应建立对应的业务案例和投资模型，并在整个数字化转型战略实施过程中跟踪进度，同时做好记录供审计和评估使用。

2. 需求管理

企业数字化转型的需求管理，应面向组织内外部需求进行多元分类分级，从而更好地驱动企业开展数字化转型。企业在开展数字化转型工作过程中，应明确企业内外部不同对象的数字化转型需求类型与级别，具体包括企业内部不同职能部门（如生产、管理、营销等）

和企业外部不同客户（如上游、下游等）的数字化转型需求类型与级别。其中企业数字化转型需求类别是由企业内部组织架构和外部客户类别确定，企业数字化转型需求级别则是由数字化转型战略规划目标确定。

3. 数据应用

企业依据数字化转型战略目标，构建符合自身发展的数字化转型应用体系，明确数字化转型业务变革的目标与方向。数据应用归纳为两个方面：

(1) 数字赋能公司内部传统业务。企业以"数字化＋传统产业"为抓手，加快传统产业数字化重构，推动提升各主业赢利能力，实现数字化带动经营效率的提升、带动经济效益的提高，实现效率更高、效益更好的良好发展局面。

(2) 打造公司外部数字新兴业务市场。企业在精益提升主营业务的基础上，同时结合自身数字化转型需求与能力，开拓新市场，打造数字新业务。

4. 产品和服务

数字化转型产品和服务是企业数字化转型的价值表现。企业数字化转型过程中，应对产品和服务进行分类，明确数字化转型主要成果。数字化转型产品和服务包含但不限于以下九类，产品和服务创新类、生产运营智能化类、数字化营销服务类、数字生态类、新一代信息技术类、工控安全类、两化融合管理体系类、综合类和其他。

5. 转型能力

数字化转型能力支撑企业数字化转型的实现。企业应依据自身发展特征，有序培育发展自身的数字化转型能力。包括但不限于建设数字化转型基础能力、产业数字化创新能力、数字产业化能力、转型示范建设能力和保障转型能力。

1) 数字化转型基础能力

(1) 建设基础数字技术平台能力，包括构建符合企业业务特点和发展需求的"数据中台""业务中台"等新型 IT 架构模式，建设敏捷高效、可复用的新一代数字技术基础设施，加快企业内网建设，优化数据中心布局等。

(2) 建立系统化管理体系能力，包括建立数字化转型闭环管理机制，推进数字化转型管理工作与质量管理、信息安全、职业健康管理等体系的融合应用，建立数字化转型诊断对标工作机制等。

(3) 构建数据治理体系能力，包括加快集团数据治理体系建设，加强生产现场、服务过程等数据的动态采集，加快大数据平台建设，强化业务场景数据建模等。

(4) 提升安全防护水平能力，包括建设态势感知平台，使用安全可靠的设备设施、工具软件、信息系统和服务平台，建设漏洞库、病毒库、威胁信息库等网络安全基础资源库，搭建测试验证环境，强化安全检测评估等。

2) 产业数字化创新能力

(1) 推进产品创新数字化能力，包括推动产品和服务的数字化改造，开发具备感知、交互、自学习、辅助决策等功能的智能产品与服务等。

(2) 推进生产运营智能化能力，包括推进智慧办公、智慧园区等建设，建设并推广共享服务中心，加强智能现场建设，推进 5G、物联网、大数据、人工智能、数字孪生等技术规模化集成应用等。

(3) 推进用户服务敏捷化能力，包括建设数字营销网络，建设敏捷响应的用户服务体系，探索平台化、集成化、场景化增值服务等。

(4) 推进产业体系生态化能力，包括建设产业链数字化生态协同平台，加强跨界合作创新，构建跨界融合的数字化产业生态等。

3) 数字产业化能力

(1) 加快新型基础设施建设能力，包括开展 5G、工业互联网、人工智能等新型基础设施投资和建设，带动产业链上下游及各行业开展新型基础设施的应用投资等。

(2) 加快关键核心技术攻关能力，包括攻克核心电子元器件、高端芯片、基础软件、核心工业软件等关键短板，突破先进传感、新型网络、大数据分析等数字化共性技术及 5G、人工智能、区块链、数字孪生等前沿技术等。

(3) 加快发展数字产业能力，结合企业实际，合理布局数字产业，加强资源整合优化，创新体制机制，研发和输出数字化转型产品和系统解决方案等。

4) 转型示范建设能力

(1) 打造制造类企业数字化转型示范建设能力，包括建设并推广智能工厂、数字化车间、智能炼厂、智能钢厂等智能现场，打造工业互联网平台等。

(2) 打造能源类企业数字化转型示范建设能力，包括建设并推广智慧电网、智慧管网、智能电站、智能油田、智能矿山等智能现场，提高集成调度、远程操作、智能运维水平，强化能源资产资源规划、建设和运营全周期运营管控能力等。

(3) 打造建筑类企业数字化转型示范建设能力，包括开展建筑信息模型、三维数字化协同设计、人工智能等技术的集成应用，提升施工项目数字化集成管理水平，推动数字化与建造全业务链的深度融合等。

(4) 打造服务类企业数字化转型示范建设能力，包括推进智慧营销、智慧物流、智慧金融、智慧旅游、智慧供应链等建设，打造智慧服务中心，打造在线的数字服务产品，创新服务模式和商业模式等。

5) 保障转型能力

(1) 数字化转型规划和路线图能力，包括结合企业实际，制定企业数字化转型专项规划，明确转型方向、目标和重点，勾画商业模式、经营模式和产业生态蓝图愿景等。

(2) 协同推进数字化转型能力，包括建立跨部门联合实施团队，建设数字化创新中心、创新实验室、智能调度中心、大数据中心等平台化、敏捷化的新型数字化组织，对接考核体系等。

(3) 数字化转型资源保障能力，包括统筹部署、专人分管、统筹规划，建立数字化转型专项资金投入机制，培育数字化人才队伍，健全薪酬等激励措施，完善配套政策等。

6. 责任主体

责任主体建设是企业开展数字化转型工作的组织保障。企业应组建数据治理决策机构，成立公司数据管理委员会，负责审定发布数据管理政策、规章制度、标准规范，审议数据管理重大事项。在数据责任覆盖领导小组管理层、数字化部、业务部门和下属公司的基础上，进一步明确责任体系和各方面人员的职责，将"责任到岗"进一步完善和推广。

7. 制度标准

完善制度和标准体系框架，提升制度版本管理水平，做好不同文件的对应和一致，维护版本更新，保障数据管理和数据应用各项功能的规范化运行。进一步完善数据管理细则，结合业务体系，将数据发展指数进一步细化，进行相关参数和指标的修订。重点健全企业数字化转型标准体系，明确数字化转型工作内容、范围、边界和方法，指导转型相关工作具体落地和实施。

8. 转型流程

企业应贯彻落实数字化转型战略，明确数字化转型流程，根据数字化转型对内改造提升传统动能和对外培育发展新动能两种应用，设计工作流程，推进战略实施落地。

1) 在对内改造提升传统动能方面

(1) 需求收集：针对不同主体采用定期沟通交流、调研、咨询等不同方式，收集整理数字化转型需求。

(2) 诊断/咨询服务：针对不同主体的数字化转型需求进行诊断与分析，制定数字化转型项目实施规划。

(3) 推动项目实施：定期与需求方交流沟通，协调相关资源推动项目实施。

(4) 成效评估：全流程跟踪项目实施成效，收集反馈意见，实施评价考核。

2) 在对外培育发展新动能方面

(1) 提升市场拓展能力，企业主动开展新技术、新产业、新业态、新模式调研和咨询，合规开拓新市场。

(2) 与主要业务明确各自界限，合规开展新业务，完善专业人员配备和从业资质，在人员、流程和管理等方面与主业厘清边界，在界面清晰、流程合规的前提下推动新业务发展。

8. 保障机制

企业应建立数字化转型保障机制，包括考核分配、技能培训、平台建设、品牌建设等，有序推进企业的数字化转型。

(1) 考核分配。企业数字化转型过程中应建立考核机制和薪酬分配机制，定期对数字化转型项目开展情况和质量进行考核，提高数字化转型工作成效；同时持续完善岗位岗级管理体系，提高数字化转型工作成效。

(2) 技能培训。企业应定期开展技能培训，培养员工数字化思维与能力，提升组织数字化水平。

(3) 平台建设。企业应强化平台建设，持续开展平台用户引流、提升平台能力，提高服务质量。

(4) 品牌建设。企业应加强数字化转型品牌建设，通过产品发布、展览会、主题论坛等活动形式，广泛宣传组织数字化转型典型示范项目成效。

实践案例篇

案例 1　中国石化数字化转型案例

——中国石油化工集团有限公司

1. 项目背景

新一代信息技术与先进制造业深度融合，正在引发世界石化产业格局的重大变化与调整。石化行业应积极推动数字化转型，加速一体化整合、高效化管理、市场化运作、开放式创新，强化金融支持，发展智能制造、绿色制造、服务型制造等新模式、新业态，形成新的创新体系、生产方式和产业形态，提高应对变化的快速适应能力、互联协作能力、高效运营能力，推动产业提质增效、转型升级，实现高质量可持续发展。

中国石油化工集团有限公司（以下简称中国石化）作为世界第一大炼油公司、第二大化工公司，拥有完整的产业链和较强的综合实力，业务范围覆盖油气和新能源、炼油和销售、化工和材料、资本和金融等领域，但与国际一流能源化工公司埃克森美孚、壳牌等相比，其盈利水平、资产创效能力、劳动生产效率等指标还有些差距，同时还面临新能源替代、降碳减排、安全环保等诸多挑战，迫切需要通过数字化转型推动高质量发展，提升竞争力。

2. 需求与挑战

中国石化是世界特大型能源化工企业，肩负着保障我国成品油供给和产业链安全等重要职责。面对集团全产业链的资源优化、高效运营、风险防控、安全环保、营销服务升级等诸多新挑战，中国石化积极推进数字技术与实体经济深度融合，加速推动管理模式、运营模式和业务模式的转变。

1) 数字化转型是强化集团一体化管控与风险管理的需要

中国石化生产经营遍布全国、辐射境外、点多面广，集约化、精准化管控难度大。一是需要统筹考虑原油、炼油、化工、物流、销售，形成全国一盘棋，实现整体效益最大化；二是需要提升集团整体协同优化、监测预警、调度指挥、统筹采购等能力；三是生产经营类型多，服务贸易量大，需要提高集团资金管理、财务审计、风险防控、精准营销、个性化服务等能力。

2) 数字化转型是提升全产业链生产运营水平的需要

石化生产已进入大型化、炼化一体化、产业集群化、基地化的发展模式。一是整体人均劳效相较国际一流企业仍有较大差距，需要提升全流程一体化水平和装置操作的智能化水平；二是石化资产密集，设备失效导致的非计划停工损失大，需要提高资产绩效管理水平；

三是石化的制造流程是物质流、能量流和信息流融合的巨系统，安全环保压力大、节能减排任务艰巨。

3) 数字化转型需要强有力的支撑保障体系

一是石化行业研发设计类软件存在"卡脖子"风险，需要中国石化这样的具备相应行业理论知识与工程经验的用户企业担当工业软件产业链链主，做好"备胎"；二是全集团在不同历史时期建设的信息系统，还存在信息孤岛现象，需要加强数据治理，统一数据标准，实现数据共享；三是随着新技术在石化行业的不断应用，需要建立配套的标准，引领和规范行业智能制造发展。

3. 实施方案

中国石化高度重视信息和数字化建设，始终强调以信息技术改造提升传统产业，持续推动企业信息化发展。进入"十四五"时期，中国石化深入贯彻党中央、国务院关于加快建设制造强国、网络强国、数字中国等战略部署要求，认真落实国家信息和数字化建设工作安排，聚焦风险防控、高效运营、产业升级、提质增效，大力推进全产业数字化转型、智能化提升，促进了中国石化改革发展、管理创新、提质增效。

1) 强化统筹管理，创新信息化新模式和新机制

(1) 加强组织领导。按照"一个整体、两个层面，统一归口、分类管理"的方针，建立健全集团上下一体的信息化管理组织，对信息和数字化工作进行全方位管理。中国石化网络安全和信息化委员会(以下简称网信委)作为集团信息化工作的最高决策机构，负责集团公司网络安全和信息化建设工作的统一领导和统筹协调，由集团公司党组书记、董事长任组长，总经理、副总经理任副组长，组员为总部部门和各事业部、专业化公司的主要负责人，定期召开网信委工作会议，统筹推进中国石化网络安全和信息化工作。

(2) 统一顶层设计。根据《国有企业数字化转型行动计划》的工作要求，编制了中国石化数字化转型战略研究报告，结合中国石化业务实际，分别制订了油田、炼油、化工、油品销售、资本和金融板块数字化转型专项方案。同时依据《"十四五"国资监管信息化建设规划》，滚动修编了《数字化转型战略研究报告》和《中国石化"十四五"信息化规划》，确定了以加快数字化转型、促进高质量发展为核心，统筹推进信息化"432工程"的规划目标，明确分阶段推进任务目标和重点工作任务，积极推动数字化转型升级。

(3) 建立"域长负责制"新机制。为充分调动和发挥业务部门在信息化建设和应用中的作用，集团网信委决定建立业务域新机制"域长负责制"，明确了业务域责任部门、域长、副域长和运行负责人及相关职责，建立了域长制例会制度，多措并举推动"域长负责制"常态化运行，有序开展各领域信息化顶层设计、业务流程标准化、数据治理和深化应用工作，形成"业务主导、技术统筹、协力推进"的信息化工作新局面，为集团公司数字化转型和高质量发展提供了重要支撑。

(4) 确立"数据 + 平台 + 应用"发展新模式。以业务为核心，以石化智云工业互联网平台为载体，打造"数据 + 平台 + 应用"的信息化发展新模式。通过统一的石化智云平台为业务数字化转型赋能，推进业务应用上云上平台，从根本上打通传统壁垒和信息孤岛，统筹解决碎片化供给和协同化需求的矛盾，提升系统纵向贯通性和业务覆盖度，促进业务协同发展。

(5) 强化精细管理、统筹管控。优化信息化管控体系，重构信息化制度体系框架和管理流程，完成了 15 项制度、25 项标准规范修订工作，发布了中国石化信息化应用架构 1.0 版，在石油石化行业创新开展了软件工程造价评估体系建设和试点应用。强化信息化队伍建设，信息化人才稳步增长，队伍结构不断优化，持续畅通信息化人才成长通道，建立信息和数字化人才激励与评价考核机制。健全一体化运维服务体系，建立上下一体的，覆盖从业务应用到数据中心全范围的 IT 运维体系框架，全面监控各类基础设施、应用系统的安全、稳定运行情况，提供及时、全面的感知能力，确保集团公司"十四五"信息化发展战略实施。

2) 深化数业融合，提升集团"大监管"数智化水平

(1) 推进管理云建设，促进经营管理数智化迈上新水平。一是深化 ERP 大集中推广应用。建成全球最大的 ERP 系统 (ERP 大集中系统)，覆盖经营管理 90% 以上的核心业务，流程标准化率达到 94%，支撑总部决策快速落实。与 300 余套系统稳定集成，实现业务集成与数据共享，有效支撑管理创新与效率提升。二是促进投资管控融合应用。建成一体化投资优化与管控平台，覆盖集团总部和 270 余个直属企业，管理项目总数 18 万余个，实现了全集团战略与决策管理域人员 100% 线上工作、投资项目 100% 在线管理、投资规模 100% 线上管控，满足了全集团投资业务穿透式管控、透明化运行。通过年度投资完成、月度投资完成、年度计划调整、年初计划备案等报表，按时上报国资委中央企业投资和项目管理信息系统。三是建立风险防范体系。业审融合大数据平台实现财务、物资采购、销售、工程 4 个业务领域重要数据采集利用，建成投用近百个审计模型，支撑每年 2000 余个审计项目实现全流程在线作业和在线管控，审计中心实施项目平均现场审计时间、现场参审人数大幅压减；内控、业务公开等系统实现了信息集成、数据共享，定期向司法部、公司律师平台、国资委组织管理系统等上级监管部门传输数据，进一步强化了业务风险的事中管理、事后问责，提高了各部门和各企业间监督协同、联动处置能力，提升了集团风险防范能力；建成纪检监察监督系统，实现投资运营风险、腐败治理、国有资产监督追责工作线上管控。四是推动财务数智化提升。搭建数智化财务分析决策平台，以资金数据分析模型为核心，提高财务分析、预测、洞察、控制力，逐渐推动财务分析决策由经验主导向数据和模型驱动转变；建设信用风险系统，完善监控预警、联动控制、舆情监控等核心功能，推动实现"事前、事中、事后"三位一体的财务风险管控体系；探索大数据稽核，通过梳理稽核规则，数字化手段推动自动化在线稽核，实时监督经营结果；构建了涵盖全业务、覆盖全区域的司库管理体系，实现了资金结算、筹融资、担保授信等资金业务的集中统筹管理，提高资金使用和配置效率，降低筹融资成本。五是打造智慧组织人事。完成人力资源数据分析指标体系和数据模型搭建，为集团公司各类用户提供差异化、场景化的"智慧"服务。自动提取人力资源和社会保障部、国资委要求的报表数据，上报至国资委中央企业人才资源统计管理系统，提升人力资源管理的标准化、自动化和智能化水平。六是优化全流程物资供应管理。通过融通供应链、贯通产业链，与供应端 141 家企业实施供应链阳光行动，与采购端 1800 余家企业开展一体化连接。完成物资采购招投标、采购价格、框架协议等业务 15 项指标及异常闭环管理等应用建设，提升了物资采购业务风险监督管控能力。七是提升综合协同数字化应用，建成督办管理系统，实现习近平总书记重要指示批示精神落实情况的在线跟踪管理，进一步提升工作作风和

贯彻执行力；完成石化党建3.0升级与推广应用，全系统总体实现党员注册率、党费线上缴纳率、党组织平台功能使用率"三个100%"；建成新一代协同办公系统，构建起集团"纵向到底、横向到边"的一体化办公生态。

(2) 推进生产云建设，提升资源优化、提质增效取得新成效。一是建成总部智能运营中心，支撑集团层面协同优化和高效运营。中国石化智能运营中心覆盖全产业、贯通全链条、涵盖全要素，实现了财务、采购、计划、生产、销售等数据横向贯通，支撑了跨业务、跨板块的运营分析，为集团生产优化方案、及时调整提供支持。搭建了集团及油田、炼油、化工、销售各板块效益测算及资源优化模型，促进了各板块的采产销协同，实现了资源合理配置，加强了区域资源平衡优化，提高了集团生产经营整体优化水平。二是推进智能油田建设，助力油田企业高效勘探、效益开发。在4家油田企业开展智能油田建设，建立油气藏开发预警闭环管理模式，提高油气藏异常预警预测准确率，同时根据预警预测结果，提前实施增产措施，促进油气田稳产、增产。针对油气生产、集输系统，以及单井、抽油机、压缩机等重点设备设施实现智能异常诊断报警，降低油气田异常停产时间，优化油气田开发生产运行。运用视频识别技术进行现场违章作业、井场及输油管线泄漏的智能识别，促进油田安全环保管控水平。三是推进智能工厂建设，提升企业高效决策能力。在16家炼化企业开展智能工厂建设，实现局部优化向一体化优化转变，设备管理由事后检修向预知性维修转变，装置经验控制向智能控制转变，安全管理从事后监管向事前预警转变，人员密集型操作向"无人化"和"少人化"模式转变，打造了数字化、网络化、智能化的生产制造新范式。四是推进智能研究院建设，打造数字化科研新模式。落实国家关于科技领域"放、管、服"改革要求，在3家研究院企业开展智能研究院建设，优化科技项目管理流程，实现科研管理业务全过程在线管理，为科研人员"减负松绑"，进一步激发科技创新活力；汇集实验全周期数据，优选数据处理算法，深挖大数据内涵规律，实现实验按需设计、要素关联分析、图谱智能识别等应用，全面提升科研创新能力；构建技术服务平台，对技术服务全过程提供信息化支撑，打造加氢装置诊断、管道腐蚀预测等在线服务软件，变革服务模式，初步形成了全天候在线服务的新业态。五是推进智能加油服务站建设，赋能新零售、新业态。推广站级一体化系统，实现业务操作一体化、油站收银一体化、支付方式联动化，提升管理效率，降低工作负担，防范经营风险；石化钱包在全国3万余座加油站应用，注册用户突破1.2亿人，累计消费交易超过9亿笔，扫码付、授权码、一键加油、无感支付等新模式得到了广泛应用。六是聚焦本质安全管理，推进安全监管向数字监管转型。完成安全生产应急相关系统建设，按国资委相关发文要求，按时准确报送数据。危化品运输安全管理方面，实现对700余家承运商、1.3万辆车辆的集中监管，对运输过程路线变更和人员疲劳驾驶、抽烟、接打电话等违规行为实时推送报警，该监管系统上线以来，运输过程人员违章事件同比下降24.7%；施工作业安全管控方面，实现作业票电子化和移动应用支持"7＋N"类高风险作业许可在线办理，定位签发和违规代签情况彻底清零，提升高风险作业过程安全管理水平；应急指挥方面，提供应急地图、监测报警、联动处置、VR演练等功能，事故状态下可实现10分钟内接入视频，20分钟内组建总部、企业指挥团队，半小时内调齐消防救援力量，为事故精准施救提供保障；海洋石油安全风险监测预警方面，覆盖21座有人值守固定式平台，完成3094条可燃有毒有害气体、工艺参数、火气监测等实时数据及351路海上平台视频数据接入，实现海上安全信息总部、分公司、作业公司、一线平台"四级贯通"。七是强化环境保护管理，助力绿色低碳高质量发展。完成节能减排相关系统建设，按国资委相关发文要求，按时准确报送数据。构建项目环保管理、污染治理、合规监管、风险管控四大预警机制，丰富可视化监控手段，健全集团上下一体的环保业务管理模式；建立统一规范的碳排放统计核算体系，打造碳统计和盘查模型，实现一体化碳资产管理，逐步形成中国石化炼化产品碳足迹数据库，助力企业减少碳排放，落实国家"双碳"目标。

（3）推进服务云、金融云建设，构建石化商业生态。一是打造易派客工业品电商平台。易派客是中央企业首个采用云架构搭建的电子商务平台，连通了上下游、内外贸、线上线下，实现系统互通、数据互通、供销互通，促进关联方资源高效协同，已实施供应端阳光供应链行动 141 家、采购端一体化连接 1800 余家，助力中国石化"互联网＋"新业态发展，取得了较好的成效。同时，易派客推动共建"一带一路"高质量发展，国际业务平台被评为金砖五国指定服务平台，助力构建以国内大循环为主体、国内国际双循环相互促进的新发展格局。二是打造石化 e 贸化工品电商平台。建成覆盖会员、商品、营销、销售、支付、物流、自营采购、服务、大数据分析于一体的石化产品垂直电子商务平台，不断探索化工品上下游产业链协同，实现了化工销售全部统销产品、生产企业自销化工产品交易业务上平台，自上线以来累计成交数量 2.5 亿吨，推动了中国石化传统销售模式向电商模式转型，为实现石化产品全部网上销售打下了坚实基础。三是打造易捷综合服务电商平台。先后推出易捷加油 APP、易捷商城小程序，开发易捷国际跨境商城业务，助力业务拓市增效。打造国内领先的综合"汽车服务平台"，构建"易捷自提、易捷到车、易捷到家"等全渠道消费场景，驱动业务创新发展。丰富直播、员工分销、企微社群等功能模块，试点前置仓、甄酒馆、易行馆等新兴模式，提升门店价值和客户流量规模。四是打造服务产业链金融的产融数智平台。聚焦支撑集团公司新经济、新业态发展，立足推进高层次产融结合，初步建成中国石化产融数智平台，注册用户达 47 万余人，形成 B2C 统一支付、数字人民币、产业链信评、互联网风控、互联网保险、年金养老、供应链金融等应用，运用多种渠道、方式与域内、域外场景融合，支撑了全场景、规模化应用。

3）推动数字基础设施和网络安全建设，构建"大平台""大安全"，夯实转型发展战略基石

（1）完成数字基础设施平台升级。按照"统筹规划、分步实施；全面支撑、基础先行；业务驱动、适当超前；技术引领、创造价值；强化安全、同步建设"的基本原则，基本实现了"3＋4＋N"的集团级数据中心的建设布局，即北京朝阳门、北京沙河、呼和浩特 3 个集团综合数据中心，南京江宁、胜利、香港（面向海外企业）等 4 个专业数据中心以及 13 个网络汇接节点，同时在部分下属企业建设企业边缘数据中心，云资源规模近 7000 台服务器、48 万核 CPU、69PB 存储，为全集团用户提供了海量计算、容灾存储、高速网络、互联网接入、应用发布和网络安全等各类 IT 基础设施服务；建立支持一云多芯、多云编排、云边协同的国资混合云基础设施，实现国资云、总部云、企业边缘云的统一管控、分级管理，资源弹性扩容、敏捷高效，满足各方应用需求，支撑业务安全平稳运行，也为国资监管数字化、智能化建设筑牢了基石。

（2）打造石化智云工业互联网平台。发布了《石化智云工业互联网白皮书》2.0 和系列规范，总结上云上平台五步七法，形成了完整的上云方法论，支撑 1600 个应用系统的建

设和运行，特别是实现了综合办公、经营管理、生产营运三类信息系统 100% 上云部署；石化智云"三中心"能力逐步完善，"三中台"组件日渐丰富，充分挖掘石油和化工行业的工业模型和工业知识，赋能行业提质增效和转型升级，目前已上架发布 7 大业务域 94 种组件和服务，日均 API 访问超过 1.3 亿次，支撑近 550 个系统的开发过程管理，促进了中国石化特色的石化智云工业互联网新生态蓬勃发展；依托石化智云建设成果，入选首批中央企业行业领域公有云项目清单，发挥行业链长作用对外输出能力、数据和服务，助力行业提质增效与转型升级。

(3) 强化网络安全管理。中国石化一直高度重视网络安全建设，具备了较强的网络纵深防护能力，具有一定的对攻击产生的安全事件的监测与处置能力。在风险安全管理体系方面，公司上下严格落实网络安全责任制，建立了网络安全通报、重点时期保障与应急响应处置、检查评价考核等长效机制；在网络安全管控方面，完善互联网出口安全防护策略，累计关闭互联网出口 777 个，提升了互联网边界安全。建设利用大数据关联分析、威胁情报采集共享、安全态势动态感知、事件工单集中处置、通报预警闭环管理的网络安全综合管控平台，持续提升集团公司风险感知与事件分析能力、攻击溯源和威胁定位能力、应急响应和协同处置能力。根据国资委统一部署，建成国资国企在线监管系统，实现总部和 9 个网络区域中心互联网出口流量全面监控，有效建立了央企与国资委网络安全两级联动应急响应体系；在网络安全队伍建设方面，选拔 82 人组建集团网络安全"红蓝队"，常态化开展网络攻防演练、风险排查和安全加固工作。顺利完成北京冬奥、全国"两会"、公安部护网演习、党的二十大网络安保工作，网络安全冬奥保障团队获国资委"优秀冬奥卫士"称号。"十三五"以来全集团未发生网络安全重大事件，历次国家"护网"演习中持续排名央企前列，连续多年被公安部评为网络与信息安全信息通报工作先进单位。

(4) 推进信创工程实施。充分借鉴信创工作前期成果，建立了以应用系统自主可控为主体，以信创云建设和桌面终端自主可控为两翼，以信创安全、管控、标准、适配验证为驱动的总体目标，全面启动了服务器、操作系统、数据库、桌面终端、办公应用的适配测试。试点建设了"一云多芯"的信创资源池，支持了新 OA 等系统国产化改造，完成 39 万套 WPS、26 万套浏览器、21 万用户信创邮件系统的部署安装。

(5) 积极推进 IPv6 规模部署。中国石化充分认识推进 IPv6 规模部署应用是国家战略需要，也是中央企业的社会责任和现实需要。在国家推进 IPv6 规模部署专家委员的统一组织下，充分发挥骨干引领作用，牵头编制了 IPv6 网络架构、技术方案及选型、地址使用和管理、物联网终端安全等一系列 IPv6 网络规范，填补了行业空白。制定了"平滑演进，顶层设计，创新业务"的 IPv6 演进原则和改造实施计划，近些年分批次完成易派客、新闻网、加油卡网上营业厅、网络学院、商旅平台等 168 个互联网应用的 IPv6 改造，总结形成的改造经验入选了中央网信办和工信部组织征集的规模部署和应用优秀案例。

(6) 坚持软件正版化工作。基础类、核心业务支撑类软件全部实现正版化，中国石化与微软、360 等公司续签了战略合作协议，巩固和扩大软件正版化成果。基础类软件方面，实现全部操作系统软件、办公软件、安全防护软件、数据库类软件的全正版化；核心业务支撑软件方面，经营管理、生产营运相关大型商品化软件都采用战略协作方式实现软件正版化。自主知识产权软件取得新突破，中国石化积极推进自主知识产权软件的研发和应用，其中，油田领域自主研发了 4 大类 24 套产品，油气综合解释、钻井工程设计一体化等系统在中石油、中海油等企业得到广泛应用;炼化领域自主研发了 20 余套产品,MES 在其他央企得到应用和全面推广;销售领域自主研发了电子商务、CRM 及客户服务系统,提高客户服务能力、支撑新业态发展;工程领域,在工程设计方面自主研发了工程设计数字化软件,取得积极良好效果。

4) 聚焦数据赋智,构建"大数据"服务能力

(1) 统筹推进数据治理工作。中国石化于 2021 年成立了数据治理委员会,组建了数据治理专家团队,制定了"整体规划、分步实施、运营融合、价值创新"的实施策略,编制并发布了《中国石化数据治理工作指南》《中国石化数据治理白皮书》《中国石化数据资源管理规定》等一系列数据治理相关管理制度、流程、规范、模板,形成"1+6+N"制度体系,为集团公司数据治理提供政策指引和基础保障。按照《国家数据安全法》《个人信息保护法》等法律法规要求,开展了数据分类分级工作,并积极参加全国信息安全标准化技术委员会组织的数据分类分级国家标准试点验证工作。沉淀了完善数据治理组织、分析数据现状、编制治理计划、开展数据盘点、制定数据标准、推动数据入湖、发布数据资源为步骤的数据治理七步法方法论,完成物资、审计、炼化、油气等业务域数据标准制定,形成中国石化数据资源目录。经过专业评估,中国石化获得了数据管理成熟度最高级别 (5 级),是石油化工行业首家、制造业唯一一家通过国家 DCMM5 级的单位,标志着中国石化数据管理能力进入国家第一梯队,处于全面领先水平。

(2) 建成统一数据服务平台。依据中国石化大数据发展规划为指导,以"采聚理用保"为主线,建成集团级数据平台及配套治理工具,目前总计接入近 500 个系统数据源,接入各类数据库表超过 3 万个,数据总计超过 400TB,积累数据模型 8 万多个,发布数据资产近 4 万个,API 服务 7000 多个。数据采集能力方面,建设多种数据采集工具集,实现集团总部及所属单位的多源异构的"数据通"能力、7×24 小时不间断运行能力、全天候自动监控、实时校验与修复等"五大核心能力";数据处理能力方面,设计并实施了传统数据仓库+大数据双引擎架构,满足端到端实时分析场景和结构化批处理场景,有效支撑全业务场景主题模型库。自主研发大数据权限管理组件,实现大数据核心组件的统一权限管理;数据服务能力方面,建成统一数据门户,将数据目录、API 目录、算法目录、微应用目录等核心功能面向管理者、使用者、开发者统一输出,支持中国石化内部数据应用建设、支撑与国资委统一数据采集交换平台、国税局千户采集、审计署等外部单位数据报送;数据安全能力方面,基于中国石化安全基础设施,从通信网络及区域边界、应用支撑环境安全、业务应用及数据安全三方面开展了安全建设,提高了数字水印、数据脱敏、数据审计等数据防护能力。

(3) 加强数据挖掘支撑业务应用。基于中国石化数据服务平台构建超过 8.3 万个业务场景主题数据模型库,打造了一批典型数据应用,营造多样繁荣的数据应用生态。其中异常贸易监督应用,完成内外部贸易相关数据的获取、清洗、加工,结合大数据算法识别异常贸易业务风险,有效降低异常贸易发生频次,实现异常贸易的风险数据综合监测展示,提升异常贸易风险防控水平。金融衍生品风险分析,建立了 4 个风险预警分析专题,60 项业务功能点,实现了金融衍生品风险的在线监控预警和数据综合监测展示,为相关业务保驾护航。重点领域监督应用,依托石化智云平台通用数据模型、数据服务和成熟技术路线,促进各重点领域数据互联互通,支撑纪检监察子域多项关键业务。配合建设智慧监督可视大屏，实现监督领域数据综合监测展示。数据共享交易方面，中国石化采购国家基础地理信息中心全球基础地图数据资源、航天信息发票数据及中国航信、中国铁路相关业务数据，实现与内部 GIS、商旅等系统深度集成应用，深度挖掘数据要素经济价值，积极响应国家数字经济号召。

5) 产业创新引领，积极承担国家试点示范项目建设

(1) 智能乙烯等 6 个项目获国家部委立项批复。"数字孪生的智能乙烯"项目入选中华人民共和国科学技术部十大人工智能示范应用场景；"人工智能基础设施建设及应用"完成 37 类应用场景的整体方案初步设计；"北斗智能油田建设综合应用示范项目"实现顺北油气田井场数据实时传递。

(2) "工业互联网 + 安全生产"等 4 个国家示范项目完成阶段试点工作。"工业互联网 + 安全生产"项目完成泄漏监测、大数据分析等全部工业 APP 开发，建立了安全违章识别、仪表盘识别等 30 个智能分析模型，在齐鲁石化等 7 家企业全面上线；"工业互联网 + 设备"项目实现泵群故障诊断、挤压造粒故障诊断及 5G+AR 移动巡检上线试运行；"5G 基础设施建设及应用"项目完成石化行业 5G 网络等 4 项标准编制；完成 5G、人工智能应用平台、仪控设备健康管理等 25 项国家标准研制，并通过《石化行业智能制造标准体系建设指南(2022 版)》正式发布。

4. 实施效果及价值

"十四五"以来，中国石化数智化升级取得的多项成果得到了国家和行业相关部门的肯定，《大型石化集团以业务变革为核心的数字化转型》荣获第二十九届全国企业管理现代化创新成果一等奖，"石化智云"被国资委评为央企"十三五"网络安全和信息化优秀案例，"经营管理数据治理"被国际数据管理协会评为"数据治理最佳实践奖"，"数据服务平台"获评 DAMA 中国最佳数据治理优秀产品奖，数据管理通过国家数据管理能力成熟度评估五级，"一体化投资优化与管控平台"摘得 IDC 中国未来企业大奖优秀奖，整体信息化水平处于央企领先地位。

1) 推动以集团统筹为核心的运营管理模式创新，提升了集团一体化管理和风险防控
   能力

增强了生产运营一体化统筹能力，原油、天然气、成品油、化工品、煤化工五大业务链实现了横向协同及全程监控，覆盖全产业链上下游的 106 家企业，实现了原油采购与生产到重要产品存储与销售进行监测与预警，提升上中下游各板块间的原料互供、产销衔接等业务协同，提高了生产经营一体化优化水平，累计增效 50 亿元以上。强化了集团管控、风险防范，促进了管理提升、业务转型。流程标准化率达到 92%，集团统一"资金池""票据池"覆盖境内外所有企业，企业资金集中度达到 94%；实现会计核算"一本账"，全级次报表实现在统一系统、按统一标准快速出具；合同、法务、审计、内控、纪检监察等管理实现全程在线、信息共享，实现了线上线下闭环管控，审计时间下降了 52%，8000 余家授信交易对手的授信业务实现了在线管控，构建了以数据为支撑的"大监督"格局。中国石化经营管理数据治理经验被国际数据管理协会评为"2021 数据治理最佳实践奖"，数据服务平台获 2022 年国际数据管理协会"数据治理优秀产品奖""2023 IDC 中国未来企业大奖"。

2) 推动以智能制造为核心的生产营运模式创新，提升了资源优化、降本增效、绿色低碳、本质安全水平

改变传统的生产模式、管理方式，打造数字化、网络化、智能化的生产制造新范式。中国石化已实现 16 家智能工厂的炼化企业劳动生产率平均提升 30% 以上，万元产值能耗降低了 8%，重点环境排放点实现 100% 的实时监控与分析预警，企业重点装置报警下降 70% 左右。镇海炼化炼油竞争力长期居亚太地区炼厂第一组群，100 万吨 / 年乙烯裂解装置在所罗门绩效评价中累计 5 次位列全球第一组群。中国石化海南炼油化工智能制造示范工厂、福建古雷石化智能制造示范工厂、扬子石化智能制造示范工厂、广州石化智能制造示范工厂入选 2023 年工信部智能制造示范工厂揭榜单位。通过数字化转型，提升了企业全面感知、协同优化、预测预警和科学决策能力，创新了生产组织方式、运营管理模式，部分企业实现了一体化优化、精细化生产、智能化管理。2022 年 6 月 14 日，在中宣部举行的党的十八大以来工业和信息化发展成就发布会上，工信部指出，炼化智能制造的水平都处于世界领先水平。2023 年 10 月，习近平总书记视察九江石化时指出，要再接再厉，坚持源头管控、全过程减污降碳，大力推进数智化改造、绿色化转型，打造世界领先的绿色智能炼化企业。

3) 推动以平台经济为核心的营销服务模式创新，促进了石化商业新业态发展

易派客、石化 e 贸、易捷等专业电子商务快速推广，形成了具有石化特色的"互联网 +"商业生态圈。其中，"易派客"打造了易采购、易保险等"易"系列服务产品，业务遍及 104 个国家和地区，品牌价值突破百亿元，拥有超过 26 万个注册会员，易派客先后获评 2017 年金砖国家核心成果、2020 年全国"十佳电子化采购平台"、第一批全国供应链创新与应用示范、国家中小企业公共服务示范平台等，在国内工业品电商领域居于前列；"石化 e 贸"为客户提供了合约采购、现货销售、竞价交易等"一站式"服务，提高了市场快速响应、精确营销服务能力；融合电商平台、企业微信公众号、移动端 APP 等多种线上渠道，形成了"易捷"为核心的油品和非油品综合服务矩阵，实现了线上线下多渠道聚合、多场景无接触消费服务，石化钱包一键加油项目被评为"2021 IDC 中国未来客户领军者"优秀案例。

5. 下一步计划

中国石化将继续认真落实国家部委工作部署和专项行动有关工作安排，结合中国石化"十四五"信息化规划，强化信息化"六统一"管理，深化"数据 + 平台 + 应用"新模式、"域长负责制"新机制长效运行，全面推进中国石化数智化建设与应用升级，合力推动数字基础设施建设及网络信息安全保障，高效支撑集团公司转型升级和高质量发展。

1) 抓好国家试点示范项目建设与推广应用

以国家试点项目为技术引领，探索新技术在石化行业创新应用，为中国石化数字化转型发展抢占先机。深化中国石化"工业互联网 + 设备"应用、探索人工智能、安全环保"无废集团"等新模式落地建设，增强创新引领力、产业竞争力。

2) 抓好各业务领域数智化建设与应用升级

管理云聚焦风险防控，进一步加强系统融合，提升集团化管控水平，支撑业务管理创新；推进生产云聚焦数智提升，促进安全生产、高效运营和绿色发展；服务云聚焦创新驱动，

深挖数据资产价值，实现资源共享，打造数字化服务生态。

3) 抓好数字化基础设施建设与能力提升

深化"3+4+N"的数据中心布局，打造"同城＋异地"的灾备架构；健全一体化 IT 运营平台，提供统一的标准化、智能化运维服务；建立全场景安全防护体系及协同联动的防御体系，以常态化、实战化标准开展安全运营；推进集团"331"信创工程，建成中国石化信创生态体系。

4) 抓好数据要素价值挖掘与交易流通机遇

构建数据资产衡量指标体系、数据资产价值评估模型，加快推动跨境数据安全有序流通应用，为数据资产化提供常规可落地的方法指引，探索出一种能准确评价数据资产在经济社会发展中发挥价值作用的实践方法，打造中国石化在数字经济时代新的竞争优势，抢占数字经济风口高地，促进石化行业数据要素流通交易，推动国家数据要素市场体系建设。

案例 2　中国人寿高质量数据服务生态建设

—— 中国人寿保险股份有限公司

1. 项目背景

中国人寿保险股份有限公司 (以下简称 "中国人寿寿险公司") 是国内寿险行业的龙头企业，以悠久的历史、雄厚的实力、专业领先的竞争优势及世界知名的品牌知名度赢得了社会和客户的广泛信赖，始终占据国内寿险市场领导者的地位，被誉为中国保险业的 "中流砥柱"。

为贯彻国家《"十四五" 纲要关于营造良好数字生态的相关指示》精神，落实监管机构对银行业、保险业数字化转型的指导意见，推动公司高质量发展目标落地，中国人寿寿险公司启动企业级变革转型项目——"高质量数据服务生态建设"，持续提升数据质量和服务能力，加快数据价值创造。

2. 需求与挑战

国家 "十四五" 规划将 "加快数字化发展，建设数字中国" 单独成篇，积极推动各行各业数字化转型。中国人寿寿险公司积极响应国家号召，践行央企责任担当，自 2012 年起全面推进 "科技国寿" 战略。目前，该战略已进入 "数字国寿" 阶段，并将数字国寿写入公司整体发展规划，明确 "十四五" 期间要打造 "以数据为关键生产要素、以现代信息网络为重要载体、以数字技术应用为主要特征" 的数字国寿，细化并制订印发 "十四五" 科技发展专项规划，明确激活数据新要素的关键举措。

与此同时，公司发展仍面临诸多风险和挑战。从行业来看，寿险行业仍处于深度调整转型期；从公司来看，当前业务发展压力大、队伍规模徘徊不前，营销体系改革、新客户拓展推进仍需提速。如何利用好 "数据" 这一新型生产要素，提升公司数字化经营水平，深化拓展销售、服务、运营、财务、决策、风控等领域数字化、智能化场景应用，是中国人寿寿险公司在数字化转型道路上需要持续探索的重要问题。

在项目实施前，经过多年 IT 建设，中国人寿寿险公司已投入了大量人力、物力资源，形成了完整的数据加工和展现模式，但在数据实时性、多触点数据一致性、服务送达效率等方面仍不能完全满足公司高质量发展的要求，亟需建设高质量数据服务生态，实现数据高度实时、一致、准确，并能够通过多样的形式送达给数据使用者，发挥业务价值。

3. 实施方案

1) 预期目标

中国人寿高质量数据服务生态建设项目是企业级数字化转型变革项目,目标是承载国寿 PB 级数据体量,满足 DCMM5 级标准,全面使用国产信创技术,打造高性能、高实时、强一致、高可用的大型金融行业数据服务完整解决方案。

2) 技术方案

高质量数据服务生态建设从数据基建、数据内核、数据工程、数据使能、资产管理五个方面入手,对软硬件技术进行全面替换升级,引入分布式数据仓库对各类海量业务数据进行统一整合与模型重构,打造高可用数据基座,主动打破数据壁垒,加快数据标准化,对数据供给方式进行多样化延展,持续推进公司数字化经营水平提升,如例图 2-1 所示。

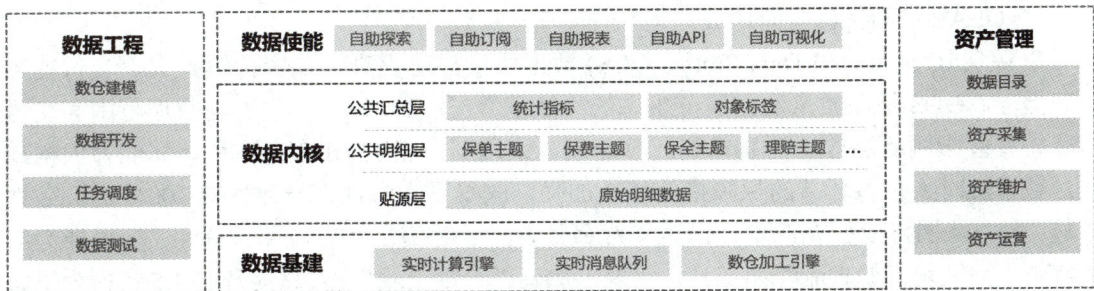

例图2-1　高质量数据服务生态建设图

3) 主要功能

(1) 数据基建。

基于国产软硬件,构建实时同步通道、集群间复制两类交换技术,按照职能对集群进行物理拆分,能够支持每日数十亿数据实时入库、数万个批作业高效运行。以实时计算引擎作为实时数据流通道,基于优良的数据同步机制,确保日增量数十亿条的源端数据实时、准确入库;实时消息队列作为源端数据的增量存储,消除数据仓库与源端数据库的耦合,减轻源端数据库的访问压力;数仓加工引擎作为数据处理基础,充分发挥高效的实时入库及批量加工能力,支持 90% 的业务加工。

(2) 数据内核。

数据内核由贴源数据层、公共明细层、公共汇总层三个层次构成,包括建立标准化的数据接入系统,以实时消息队列为数据源,按需持续接入源端数据,形成实时统一的贴源数据层;以维度建模理论为基础,构建面向主题的、统一口径的公共明细层与汇总层。数据内核满足了监管报送、风险控制、决策分析等数据应用对数据内容的需求,以及对及时性、一致性等质量方面的要求,同时也因为实现了数据复用,从而大幅降低人力成本,提升交付效率。

(3) 数据工程、数据使能。

基于国产基础软硬件,通过自动化工具链,实现数据采集、加工、运维、服务过程一站式的流水线数据生产模式,提升数据使用效率。数据工程、数据使能密切结合数据使用需求,提供抽象通用的能力,支持各类用户在此基础之上进行数据开发、消费。通用能力的复用提升了数据的交付效率,同时便捷的消费方式降低了数据使用门槛,使得用户范围得以扩大，数据赋能的广度得以更快扩展。

(4) 资产管理。

资产管理包括数据目录、资产采集、资产维护、资产运营四大功能。其中，资产采集的范围包括数据标准、元数据、视图、大数据标签、指标、报表和数据服务等；资产维护功能支持资产在线维护和分级分类，最终形成系统、业务域等多维度的资产目录。

4. 实施效果及价值

1) 实施效果

高质量数据服务生态建设在信创迁移、数出同源、服务送达三个方面成果显著，助力公司获评国家数据管理能力成熟度评估最高等级优化级 (5 级)。项目整体为公司数字化转型奠定了坚实基础。

(1) OLAP 信创目标全面达成。

贴源层 (Operational Data Store，ODS) 数据质量显著提升，范围持续扩大，交付能力显著增强。ODS 是高质量数据服务生态的"地基"，其实时性、一致性、数据范围和交付速度将直接影响上层应用的质量和迁移速度。采用新方案的 ODS 存储和计算能力大幅提升，数据实时入户各环节的保障措施持续加强，取得了实时性、一致性双 100% 的突破性进展；数据范围持续扩充，累计已达 4 万余张表，及时满足了各方用户需求；交付能力显著增强，持续优化加表流程和工具，实现了加表"一键上线"，效率提升达 4.5 倍，为下游应用的建设和迁移工作提供了有力的数据支撑。

监管报送类、商务智能类总颁系统实现全面信创迁移，保单登记报送及时性达到 100%，重点报表更新速度提升 10 倍。迁移数据体量大，重构代码多，累计迁移代码行数超百万行、批作业上万个、报表数千张、数据库上百个、数据量达数百 TB。监管报送的稳定性、及时性明显提升，全链路监控和应急保障机制等数据治理手段持续丰富，年度考核专项全部达标；报送质量全面提高，EAST 增量问题数据显著下降，监管规则已发现 IT 问题全面清零，各项监管数据稳态报送，未发生监管关注重大问题。商务智能应用数据加工效率大幅提升，高时效要求的重点应用实现准实时更新，商务智能作业平均时长从数小时下降到 35 分钟，T+1 指标作业在次日 8 点前全部完成加工。

(2) 数出同源实现多触点一致。

公共层建成九大主题模型、上千统计指标，打破数据壁垒，实现总分、多触点指标数据 100% 一致。公共明细层已建成保单、保费、保全、理赔等九大主题上百张模型表，公共汇总层累计实现覆盖业绩、教培、继续率、综合举绩、产品等主题域的上千个公共指标。基于公共层的总分数据应用开发成本大幅下降，而且保证了同指标数据在不同报表、不同应用、不同服务等多类触点完全一致。

(3) 服务送达能力显著提升。

建立便捷高效的数据消费体系，产品交付效率大幅提升。服务送达能力决定了数据要素价值转化的上限，以往传统的数据服务方式无法实现数据的自助取用，限制了产品的交付效率。为改善这一问题，自主研发使能平台，整合了自助 API、自助可视化、自助探索、自助报表等多项功能，协同提供多样化的数据消费方式，降低数据使用的门槛，提升交付和数据变现的效率。面向核保核赔、客户服务等多个业务部门推广多种消费方式，累计赋能场景达数百个。高效的工具降低了数据使用门槛，加速了数据变现效率，拓宽了数据赋能范围，也推动了数据消费模式的变革。

2) 价值与意义

中国人寿高质量数据服务生态建设项目在共享实践经验、可行性验证、推动产品优化三个方面起到了良好的示范作用。

共享实践经验方面，通过项目的成功实施，验证了解决方案具备良好的可行性、全面性和风险可控性，可供同业公司、其他行业公司参考用于数据服务生态建设。

可行性验证方面，本方案利用国产软硬件实现了大型金融企业数据服务生态完整的解决方案，在实践中验证了信创数据库等国产产品的能力完全可以达到商用要求。

推动产品优化方面，项目帮助信创厂商从功能、性能、稳定性等方面查找问题、解决问题、提出优化需求十余项，促进了信创数据库进一步完善优化。

5. 下一步计划

在数字化建设的道路上，中国人寿寿险公司将深刻把握新发展阶段赋予保险企业的新要求、新使命、新任务，勇毅前行、创新求变，实现数据长效治理，加快数据要素的整合和转化，实现数据资产有效共享，挖掘数据要素新价值，通过金融科技数字化工程提升对公司经营管理各方面的基础支撑作用，打造大型金融保险企业数字化转型"新范式"，让公司的保险销售服务更加体系化、特色化，让公司的风险防控体系更加数字化、智能化，让公司职场更加先进现代，让公司办公运营更加高效安全，为公司高质量发展不断注入新活力、新动能，让广大客户畅享中国人寿简捷、品质、温暖的保险保障服务，充分发挥国有险企在践行科技赋能服务国家大局中的主力军作用，推动企业数字化建设向更广、更深领域不断迈进。

案例 3 数据资产价值运营实践

——南方电网广东电网有限责任公司

1. 项目背景

近年来，以数据要素为核心资源和生产要素的数字经济已经成为国民经济中最为核心的增长点之一，国内各地区的数字经济已经呈现百花齐放的局面，到 2025 年，数字经济迈向全面扩展期，数字经济规模将达到 60 万亿元，数字经济核心产业增加值占 GDP 比重达到 10%。在此背景下，新一轮科技革命和产业变革正在迅猛发展，全球经济正处在一个前所未有的变轨期。

《"十四五"国家信息化规划》要求"到 2025 年，数字中国建设取得决定性进展，信息化发展水平大幅跃升，数字基础设施全面夯实，数字技术创新能力显著增强，数据要素价值充分发挥，数字经济高质量发展，数字治理效能整体提升"。2020 年 8 月 21 日，国务院国资委印发《关于加快推进国有企业数字化转型工作的通知》，就推动国有企业数字化转型做出全面部署，指出国有企业需充分发挥国有经济主导作用，主动把握和引领新一代信息技术变革趋势，引领和带动我国经济在此轮数字化转型变革中占据国际竞争制高点。

能源产业作为基础性产业，其发展关系国计民生。《"十四五"现代能源体系规划》提出以电网为基础平台，增强电力系统资源优化配置能力，提升电网智能化水平，推动电网主动适应大规模集中式新能源和量大面广的分布式能源发展。构建以新能源为主体的新型电力系统，全面支撑碳达峰、碳中和目标实现，是对能源电力行业的一场全局性革命性变革，而数字电网将成为承载新型电力系统的最佳形态。未来将越来越强调计算机、传感器、网络通信等数字技术与电网生产业务深度融合，强化设备本体的灵活控制和柔性响应能力，充分依靠数字化手段提升设备运行寿命和使用效率，确保电力系统的可靠性和安全性。

南方电网深入贯彻落实党中央、国务院关于建设数字中国的战略目标与关于高质量发展、能源革命的战略部署，立足新时代发展要求，践行央企责任担当，提出"加快向数字电网运营商、能源产业价值链整合商、能源生态系统服务商 (以下简称"三商") 转型，建成具有全球竞争力的世界一流企业"的发展战略，并将数字化作为推动公司战略转型的关键路径，加速新一代数字技术与电网生产、运营、服务的深度融合，全面推动传统电网向数字化、网络化、智能化的数字电网转变，持续提升公司价值整合能力、资源配置能力、改革创新能力，有力促进公司战略转型。

广东电网作为南方电网数字化转型建设的先行者和主力军,积极承接数字电网建设任务,坚持南方电网顶层设计和公司实际相结合,发挥试点建设经验,系统谋划公司"十四五"数字化发展思路、发展目标、主要指标、重点任务及实施保障。通过数字化转型支撑三商转型、新型电力系统构建、现代供电服务体系建设和资产全生命周期管理,支撑公司全面建成"全国最好、世界一流"的省网企业,并逐步向世界领先水平迈进,实现全面走在全国前列。

2. 需求与挑战

1) 机遇与优势

从外部而言,广东电网数字化转型迎来难得机遇。一是第四次工业革命带来的时代机遇;二是国家正加快推动数字中国建设,"新基建"为经济转型升级带来机遇红利;三是"数字广东"和粤港澳大湾区建设的深入推进;四是数字电网建设正有序开展。

从内部来看,广东电网全面承接南方电网公司数字化转型和数字电网建设任务优势明显。一是数字化转型是公司创建"全国最好世界一流"行动的重要组成部分;二是数字化系统建设经验丰富,公司已经成立了电网管理平台、全域物联网、电网数字化平台建设业主项目部,具有工作承接开展优势;三是不断夯实数字化转型基础,在数字电网、数字运营、数字能源生态建设方面已先行先试,开展了"智慧行政""智慧安监"等建设;四是内部协同基础良好具备攻坚经验及能力,实现业务全覆盖,形成了协同高效、团队作战的优良传统和作风,围绕资产全生命周期、客户全方位等多个业务协同课题已沉淀一批协同解决方案。

2) 需求与挑战

广东电网数字化转型机遇和挑战并存,动力与压力同在。

外部环境中,国际环境日趋紧张,中美贸易战和新冠疫情叠加带来经济下滑风险;国家要求进一步降低一般工商业平均电价,公司经营面临压力;电力市场竞争日趋激烈,商业模式和竞争主体日益多元;能源消费需求更加复杂多样,客户服务体验期望不断提高;数据要素市场建设加快,但相关法律法规体系亟待完善;新技术持续应用和数字化业务不断拓展带来了新的网络安全风险。

反观内部,公司数字化转型进展也存在一定不足,其中核心问题是作为数字化转型基础与关键的数据要素价值未得到充分释放。一是法律合规方面,需通过突破数据对外共享技术、完善相关监督管理制度规定和严控流程审核等举措,构建合规安全的数据资产运营管理体系,满足法律可行、法规允许、流程可控;二是数据治理体系和运营体系方面,网省地县四级未形成合力,制约了数据价值释放和业务创新发展,阻碍了公司数字化转型和数字经济建设目标的实现,需建立与完善数据资产管理体系与数据资产价值运营体系,推动数据资产价值释放;三是技术架构仍需升级,基于电力数据覆盖面广、连续性高、实时性强的特征,需不断创新数据全链路交互技术,强化隐私计算、区块链等技术应用,研发便捷的管控工具,确保数据安全和精准触达。

基于上述背景,广东电网坚持以激发数据要素价值为核心,围绕标准化采集、规范化治理、可视化监管、价值化运营,开展了数据资产价值运营创新实践,为公司数字化转型夯实底座。

3. 实施方案

1) 实施路径

(1) 第一阶段：基础性治理，夯实数据供给。

切实做好元数据、数据标准、数据认责信息梳理，在源端做好数据质量校验；拓宽数据质量问题反馈渠道，完善数据生命周期全链路信息、支撑问题快速定位；组织开展在运信息系统数据梳理，依托共享服务实现跨域数据共享；持续滚动修编数据质量校验规则，完善数据认责矩阵，推进落实问题数据责任到岗到人，推进源端问题整改，实现数据质量问题闭环整改。同时，建立数据安全运营机制，为数据采集、传输、存储、处理、交换共享提供标准化的安全服务能力，筑牢数据安全底座。通过完成上述底层数据治理，夯实数据基础，保障基础供给。

(2) 第二阶段：体系化建设，实现双轮驱动。

形成"数据与业务结合、治理与运营结合"的高水平、高效率的团队，建立人才保障；建立闭环可控、良性循环的治理模式，保障高质量数据供给；构建先进完备、科学实际的体系框架，指导公司数据资产价值运营实践有序推进；建设运管结合、价值倍增的运营机制，加强内部创新应用建设，推动跨领域数据共享开放，促进业务变革和效益提升。结合DCMM 数据管理能力成熟度标准要求，数据资产价值运营体系以组织制度和工具为"两大支柱"，实现了数据治理和数据运营的"双轮驱动"，支撑数据应用创新和价值运营，推动数据价值释放。

(3) 第三阶段：要素化运营，推动行业发展。

加速数据对外服务产品孵化及落地，建设统一的数据中心对外服务门户，探索电力数据对外流通服务赋能模式，加速孵化公司电力数据对外服务产品；积极参与国家和行业数据要素体系标准化建设、政府与行业组织的数据流通开放实践，参与公共数据的融合和深加工，落实数据资产市场化定价机制，自主开展数据流通合作，推动数据要素市场化配置机制建设。实现要素化运营，以领先的数据要素市场化实践推动行业发展，助力数字化转型。

2) 实施方案

(1) 创新"三线突破"的数据资产价值运营体系。

为从整体上支持公司数字化转型与数据资产价值运营实践，公司结合 DCMM 数据管理能力成熟度标准要求，遵照南方电网公司以"责权利、量本利"为主线的数据资产管理体系，如例图 3-1 所示，建设了广东电网特色化的数据资产管理体系。体系覆盖数据资产生产全阶段及数据资产增值全阶段，以组织制度和技术支持为"两大支柱"，以数据战略为统一指导，以"数据治理、数据运营和数据流通"为"三线突破"，指导了数据资产价值运营实践的有序开展。

基于"三线突破"的数据资产价值运营体系，构建了数据资产价值运营技术架构，如例图 3-2 所示，分别在数据治理领域保障数据高质量供给，在数据运营领域量化效益数据运营，在数据流通方面建设基础底座，从三个方向对技术支撑能力进行强化和提升突破，从而加速实现数据资产价值运营，推动公司数字化转型，具体为：

① 面向数据流通全场景的数据对外开放技术突破：运用区块链及智能合约技术、数据共享交易 API 服务技术、多方模型融合技术，攻克了明细数据、非隐私统计数据、隐私数

据流通过程的确权、认责、互信等难题。

②面向数据运营全领域的数据中台供给技术突破：建设统一数据中台模型，构建数据资产开放目录、构建数据定价方法与技术，攻克了数据运营供给过程中的数据供给效率低，以及数据产品交易定价难的问题。

③面向数据全生命周期的数据底层保障技术突破：建设物联网平台，强化数据资源计算调度能力、构建大规模数据流通全链路可视化监控及智能告警处理能力，提升了数据底层"算力"及"算元"，攻克了数据生产效率低、数据质量难保障的难题。

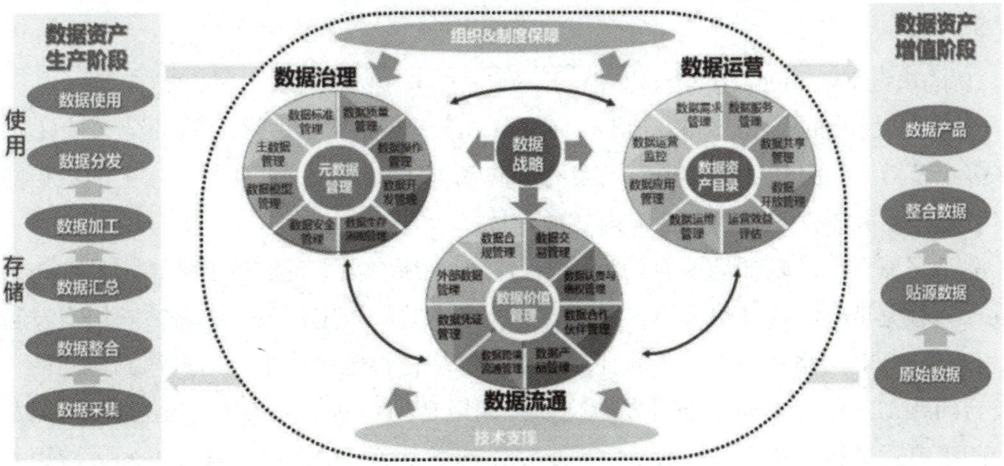

例图 3-1　数据资产价值运营体系

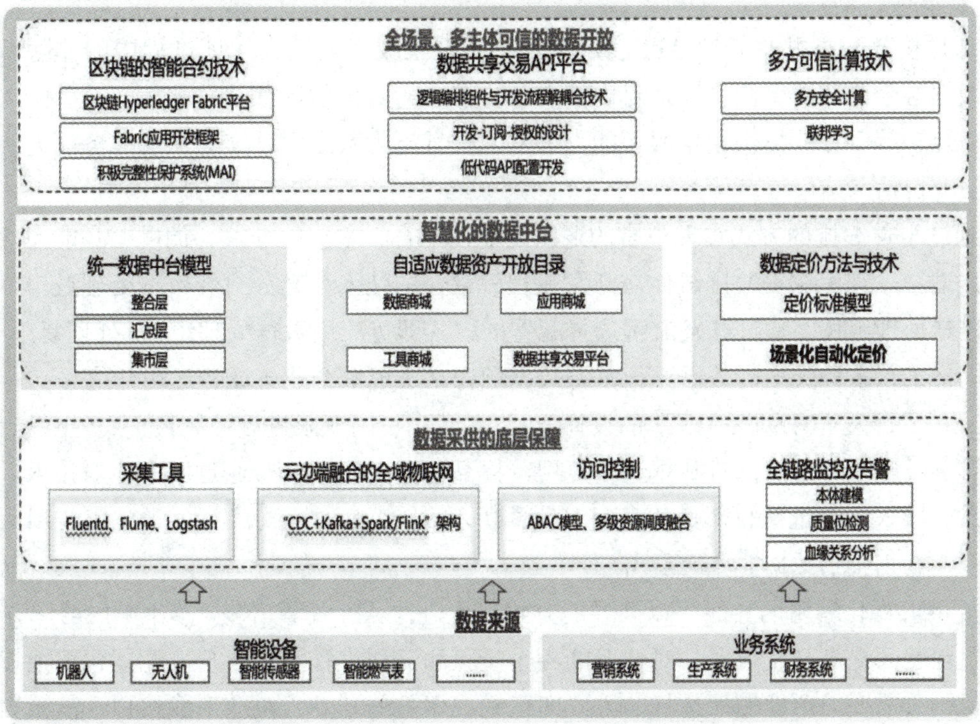

例图 3-2　"三线突破"的数据资产价值运营技术架构

（2）多场景下的数据对外开放技术体系。

广东电网公司针对数据资产对外开放过程中的 3 个主要场景，分别构建了相应的支撑技术。针对交易明细数据，通过运用区块链及智能合约的技术，解决流通过程中的数字要素确权、监管、审计等问题。针对非隐私数据，通过构建数据共享交易 API 服务技术，解决多行业的多源数据融合与复用问题。针对隐私及敏感数据，构建隐私计算及可信环境执行能力，解决隐私保护问题。基于对外开放技术体系，有序地实现了数据资产交易的相关方授权与参与制证，密切配合数字广东、商业银行等市场主体，协同实现全国首张数据资产凭证发布。

① 区块链 HyperledgerFabric 平台。

公司建设和部署了统一的区块链 HyperledgerFabric 平台，区块链的分布式账本被记录在多个节点上，且能够针对所有节点进行自动同步和验证，这使得账本上的数据能够储存多种数据，并确保来源真实性、内容准确性。

打造了基于区块链的智能合约执行能力，保障所有数据资产流通环节涉及的约定的可靠执行，避免篡改、抵赖和违约。智能合约经多方共同协定、各自签署后随用户发起的交易提交，经 P2P 网络传播、矿工验证后存储在区块链特定区块中，用户得到返回的合约地址及合约接口等信息后即可通过发起交易来调用合约。基于区块链 SDK 和应用开发框架实现的接口封装和消息协议转换，实现支持发起交易等接口功能，通过 Fabric 应用开发框架，实现运行智能合约功能。

② 数据共享交易 API 接口工具。

通过构建数据共享开放 API 接口工具，实现生成数据资产凭证过程中的非隐私数据多元数据融合与数据多次复用，对内能有效支撑电力数据的内部共享能力，对外能为外部政务、金融等多行业提供数据服务能力，从而提升电力数据资产交易流通服务能力，释放数据资产价值。

通过组件编排的方式实现丰富的逻辑功能，配合云平台的开发、调度工具能力实现多源数据融合。利用逻辑编排组件与开发流程解耦合的技术，充分封装数据处理逻辑，形成多个逻辑处理组件。通过开发流程选择配置的方式即可应用数据处理组件，处理复杂事务，对不同格式、多种类型的数据进行多源数据融合，实现多个业务场景运用价值。

采用"开发—订阅—授权"的设计方式，对数据使用权限进行控制，形成按主题、系统、单位等多维度接口目录，对数据进行复用，提高数据应用效率。通过服务注册技术进行服务开发、接入，审批赋权形成服务目录；通过订阅 - 授权的方式，对各类应用使用服务进行控制，真正做到数据的多次复用。

提供可视化编辑的界面，以向导的方式逐步进行 API 配置开发，如例图 3-3 所示，降低开发难度并提高开发效率。对开发的各个步骤和流程进行提炼，形成配置化页面逐步进行配置，只需要简单地输入选择的方式即可完成服务的开发，快速形成接口，满足数据使用的需要。

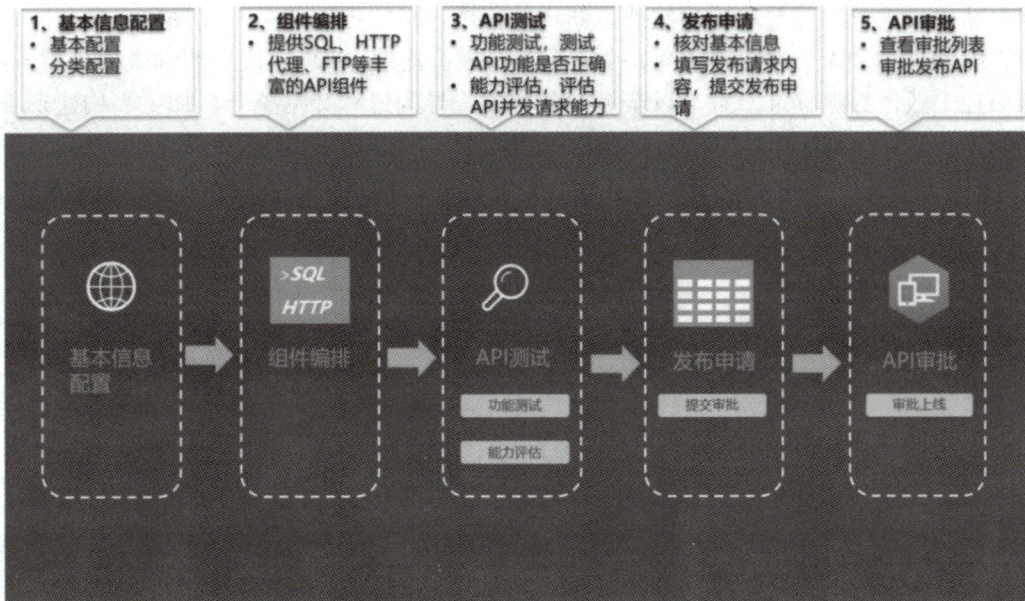

例图 3-3　API 配置开发流程图

③ 构建多方可信计算平台。

用于联合统计、联合查询、联合建模及联合预测等诸多应用场景。在数据交易流通过程中采用同态加密、隐私算法等安全多方计算技术框架，保护多方交易主体的隐私数据安全，为电力数据资产的交易流通提供隐私保护技术支撑，创造数据交易可信计算环境。

公司多方可信计算平台是通过隔离机制构建出一个安全可控区域，在这个足够安全的空间中，数据能够被集中训练且不流出，从而保证内部加载数据的机密性和完整性。

广东电网公司运用基于电力大数据的多方安全计算及隐私保护技术，并结合数据交易场景做了功能定制增强，主要体现在以下几方面：

a. 性能增强，TB 数据规模下典型场景可达 3 ～ 5 秒返回结果 (硬件满足条件)。

b. 权限管理，分布式授权 (采集者 / 所有者统一或分离)+ 集中式授权 (类 SAP 数据权限管理)。

c. 边缘计算，支持跨异构边缘端统一建模与协同计算。

d. 数据互联网，支持 10000s 规模的数据孤岛互联共享与联合计算。同时，创新采用"不移动数据、移动计算"技术路线，适用于计算任务可分解的 N-N 多方数据交易，主要技术特点是：采用边缘云计算模型；数据所有权保护性佳，能够维持现有所有权体系不变；支持级联模式、"通知 - 同意 - 撤回"权限控制流程、数据异构性屏蔽、大数据量分析性能；兼容复杂 SQL(普适性)，支持高性能复杂 SQL 即席计算。

(3) 一站式数据中台供给能力。

广东电网公司通过基于数据融合模型的数据中台模型，提升数据按需供应速度，通过构建自适应数据资产开放目录及三大商城，实现开放数据边界查询及获取，形成一站式数据中台供给能力。

① 建设了统一数据中台模型。

针对企业"烟囱式"的数据开发带来数据整合难，数据模型无法复用，每次遇到新的数据产品建设需求，都要从原始数据重新计算问题，按照电网业务高度抽象出参与方、合同、账务、账户等 14 个主题域模型、3719 个整合模型落地，实现了底层明细数据来源一致，统计口径一致，数据标准一致，以全域业务需求为导向进行数据整合、加工，构建形成数据中台的三层服务架构，包括整合层（基础数据）、汇总层（公共维度数据和公共萃取数据）、集市层（模型服务），如例图 3-4 所示。

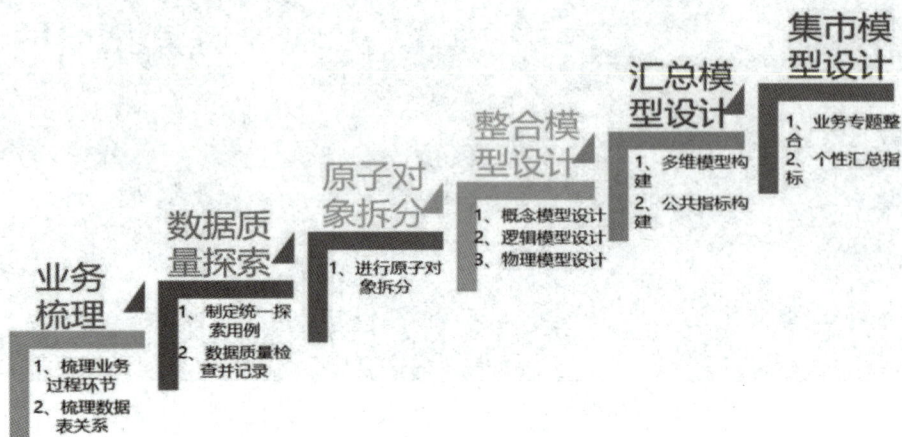

例图 3-4　数据集市模型设计方法图

在数据集市模型建设过程中，公司基于业界开放性标准和金融、电信、互联网等先进行业的实践经验，研究构建先进的模型设计能力，提炼总结出一套适用于电网业务的模型设计方法，包括项目准备、业务梳理、数据质量探索、原子对象拆分、模型设计环节。其中整合层采用三范式模型建设规范和 E-R 建模的方法理论，汇总层以星型模型等多维模型的建模方式构建分析对象的统计模型，集市层采用星型模型、雪花模型进行设计，兼顾技术的成熟度和公司大数据平台和工具现状，即从整体上保证系统架构的各个层面能够系统工作。同时架构的各层面也能满足和支持不同的数据需求，数据集市的设计不但满足现有数据分析应用的业务需求，还能满足未来新的数据分析需要，支持多种业务分析场景，具备良好的扩展性和可移植性。

② 数据资产开放目录与三大商城。

为缩短数据产品构建与数据开放交易的整体实现周期，公司研究构建了自适应数据开放目录生成技术，针对原业务系统数据、业务对象数据、公共指标数据、数据应用数据开展全面的梳理，并识别不同数据的安全级别，在开展数据安全分级分类的过程中，细化数据的开放属性与开放条件，实现可开放数据的统一自适应编目，并形成可供便捷查询订阅的数据资产开放目录，如例图 3-5 所示。最后将数据资产开放目录与数据集市模型关联，率先在电力行业实现了开放目录与数字政府对接的数据模型关联。

为了解决数据产品体系建设过程中，企业存在的数据混乱、系统繁多，数据资产家底摸不清问题，通过梳理组织、梳理系统、梳理数据库、梳理协调的一套梳理方法，结合"找"数据、"存"数据、"管"数据、"用"数据的业务场景构建统一数据资产目录，深化企业级数据共建共享。

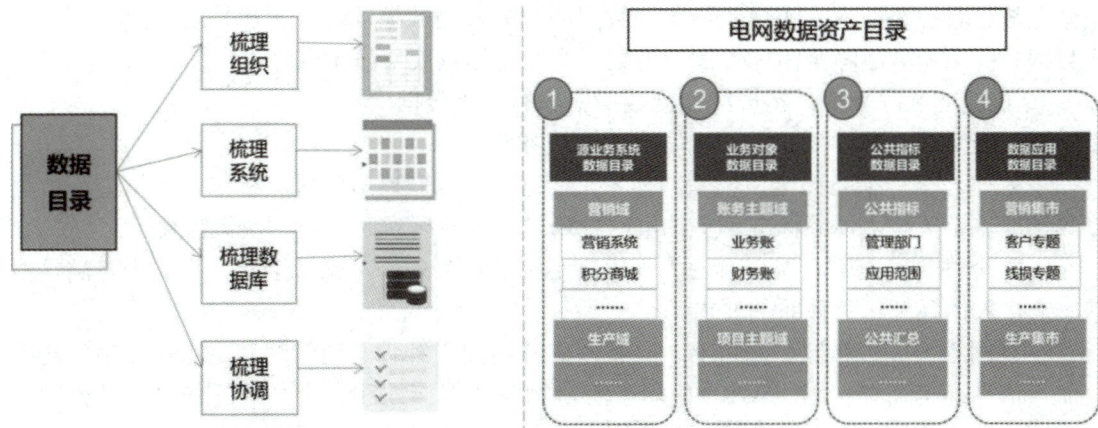

例图 3-5　数据资产目录梳理示意图

全面梳理广东电网公司数据资产目录的基础上，开展数据分级分类，确定核心业务流程数据资产安全级别，明确数据的开放属性，基于数据的类别及级别，自动识别出可开放的数据，自动化形成数据开放目录。结合元数据和数据集市的结构，识别数据集市中的对外增值数据相关模型，实现数据开放目录与数字政府对接的数据模型自动关联，形成数据开放目录资产卡片，塑造开放数据的便捷查询与快速获取的综合能力。打造数据商城、应用商城、工具商城三大商城，全面支持各层级数据创新应用，促进公司管理和业务变革。

面向各部门、各中心机构、各地市局提供广东电网基于大数据平台建设的一体化数据开发平台应用，划分应用商城、工具商城、数据商城三大商城，分别集中数据资源、统筹数据应用，创新分析工具，实现数据"运管服"一体化，数据资产管理体系化，支撑数字产业化发展。

③ 数据定价方法实践

以成本价格法为基础，综合考虑影响数据价值实现的因素和市场供求因素，构建了对数据资产定价进行修正的电网数据资产价值评估及定价技术能力，解决了数据资产价值难以衡量的问题，开展了数据资产交易定价实践。数据资产定价实现过程中原则上基于成本价进行定价，当市场价与成本价的偏差超过阈值时，为合理获取更高回报，可以选择可比的市场价格进行修正。具体流程包括：

a. 归集总成本，其中总成本是数据资产在形成数据产品的各阶段产生的成本。

b. 数据价值修正，其中数据价值修正系数是影响数据价值实现因素的集合。

c. 计算成本价，即基于修正的成本价格法计算得到的含税价格。

d. 市场价校验，即计算市场价并对成本价进行校验。

e. 确定最终价格，即根据校验结果对成本价进行修正，形成最终价格或价格区间。

基于数据集市的建设经验，公司研究构建了归集总成本的计算方法与模型，基于数据全链路质量监控能力与数据共享开放接口管理工具能力，公司实现了数据质量系数、数据流通系数的自动化计算技术，组合形成了对公司数据资产交易价格的量化计算方法与技术能力，加速了公司数据资产市场化进程，支撑了公司多项数据产品的流通交易。

(4) 创新数字化"算元"+"算力"底层保障技术。

广东电网公司通过构建全域物联网平台、ABAC 模型及多级资源调度融合管理、数据流通全链路监控等技术，实现了终端到数据中心的秒级数据同步、多租户资源隔离及一站式数据分析功能、故障全闭环管控，为数字产业化提供底层技术保障。

① 构建物联网平台，实现终端到数据中心的秒级数据同步。

建成全域物联网，实现云边端融合的全域物联网。

一是建设云边端协同全域物联网体系，通过制定物联网数据采集标准、数据中心数据接入标准等相关技术体系标准，支撑电网各场景业务应用实时分析、决策需要。

二是全域物联网平台层，具备大规模终端标准化接入、汇聚、融合共享能力，满足数据安全接入体系及运营体系的要求。

三是网络层，大带宽、高可靠、具备双向互动的光纤骨干通信网满足企业数字化转型大流量信息通信需要；5G、WAPI 应用于海量物联数据接入和安全高效的传输，具备通信组网、技术、接入认证和管理标准，基于通信芯片、模组、多模通信终端和新一代智能网关，实现物联网终端通信接口标准化和通道可观可测。

四是感知层，具有微型化、智能化、高集成、低功耗特点，具备终端的前置分析能力，通过建立物理电网与数字电网的映射关系，实现设备、客户状态全感知，提升全网设备实时透明感知能力。支持海量终端信息的统一接入，形成统一的数据格式及交互通道，提升电网的感知能力和协同互动能力。在变电站、供电所、智能园区、智能建筑内，通过边缘计算网关、一体化机柜、集装箱式机柜或者微小型数据中心机房等方式构建小微规模的边缘数据中心，满足极低时延、高可靠安全要求场景下边缘计算需要全省完成发输变配等 10 个业务领域共 81.57 万台终端接入物联网平台。

② 数据统一实时采集系统。

广东电网公司建设了统一数据实时采集系统，如例图 3-6 所示，采集系统面向营销、生产等企业级管理信息系统数据，调度、计量等电网生产运行系统数据，物联网传感器数据、互联网数据等多类型数据源，提出基于分布式架构的"CDC+Kafka+Spark/Flink"等多种数据采集引擎的统一采集技术，并打造自动适配、逻辑控制和可视化 IDE 能力。

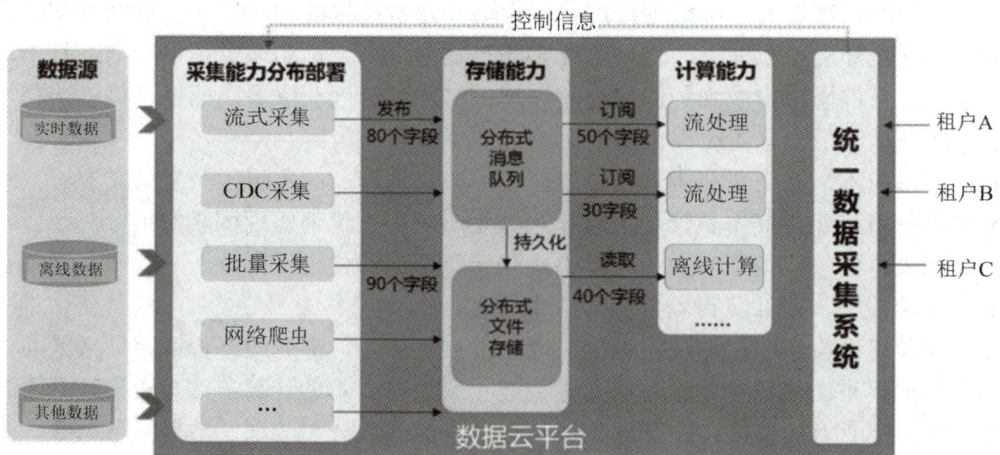

例图 3-6　统一数据采集系统技术架构图

通过 CDC(ChangeDataCapture) 采集引擎，打造数据库的增量采集能力，专门针对动态变化的数据进行统一采集。通过流式数据采集引擎，主要针对频率高、实时性强的数据，如信令、计量测点数据等。提供一套采集 Fluentd、Flume、Logstash，使得开发者可以定制数据采集的来源、分布式消息队列支持 Spark、Flink 等流式计算框架进行数据访问。以数据统一实时采集系统将各类采集引擎与多租户环境适配，汇集各类实时采集及计算技术组件能力，并使各类采集计算能力可以被省地多级租户有效利用，并确保采集计算资源合理利用，实现了：

a. 采用数据不落地、分布式预处理方法，对多元异构海量数据进行处理，提升采集性能，降低采集成本。

b. 基于进程负载判断与进程隔离方法，实现采集能力与关系型数据库多租户适配。

c. 采用元模型驱动方式，对各类采集能力进行统一逻辑封装，实现各类数据采集过程的逻辑操作一致。

③ 基于 ABAC 模型应用和多级资源调度融合管理技术。

公司创新研究基于 ABAC 模型应用和多级资源调度融合管理技术，实现了多租户资源隔离、一站式数据分析能力。

数据经济产品开发中的模型应用与参数配置。针对当前日趋增长数据经济建设等对外不同的数据需求，数据产品开发存在构件选择困难、参数配置繁琐的问题，通过采用 C5.0 算法构建决策树，利用一组先验知识，包括不同输入下的选型结果和系统内置初始的知识，生成决策树大数据应用系统；系统同时也支持用户增加新的知识，当用户对某一次的选型结果进行修改时，资源库会收到相应的反馈，一条新的知识将会添加到已有的知识中，并重建决策树，通过不断保存和学习新的大数据应用系统，获取其业务流程和应用模式下对应需求的选型数据，来训练和优化决策树，以提供更好的构件自动选型方案和参数配置。

ABAC 模型应用的动态任务参数优化。Spark 系统无法开箱即用以及在默认参数配置下，存在内存分配、执行容器分配、数据分区等异常，严重影响了内存并行计算应用的开展，通过基于 ABAC 模型应用和多级资源调度融合管理技术参数优化推荐算法，该优化内容主要优化配置了 Spark 五个重要参数，包括：num-executor、driver-memory、executor-memory、driver-cores、executor-cores，达到将任务执行的 Spark 的日志特征、监控数据特征以及有向无环图 (DAG) 三种特征相似性的线性加权组合，构建动态任务参数的最优化，实现智慧能源大数据平台 Spark 内存并行计算框架性能提升，任务智能化运行，系统自适应力、自管理能力，降低系统运行成本。

MPP 场景下多级资源调度融合技术。海量数据、大规模并行计算场景下，集群资源由于隔离困难，造成过度消耗、资源抢占，任务堵塞等问题，甚至由于资源耗尽导致的服务器宕机、集群主节点通信异常、数据块信息丢失、集群发生严重访问异常等等一系列问题，严重影响应用分析和报表项目建设，通过 ABAC 模型应用和多级资源调度融合技术，满足复杂场景下不同大数据组件同时高效支撑不同用户使用不同的语言进行数据应用分析和报表开发，在大数据平台可同时通过 HIVE 进行数据集市建设、可视化拖拉拽工作流开发、MPPSQL 高并发执行、PythonSpark 内存并行计算等高效任务执行；支持可视化的查看、修改、管理用户的资源队列，实时修改包括并发量 ACTIVE_STATEMENTS、资源占用百分比 MEMORY_LIMIT_CLUSTER、CORE_LIMIT_CLUSTER，资源超用倍率，虚拟计算资源的内存上限等配置，并且可以定时执行指定的资源队列，实现了用户级的脚本监控和资源隔离，完成异常任务追踪、事故追责、资源细粒度分配能力建设，保障对重点应用和紧急情况下应用的资源优先分配。

a. 大规模多源异构能源数据集中存储和智能整合技术，基于决策树的近邻搜索并行参数优化算法，构建了多源异构能源。

数据整合基座，实现了能源数据全面汇聚、集中可控处理的计算能力。创新基于属性的访问控制模型和多级资源调度算法，解决了大规模并行计算资源争抢的痛点，为大规模并行数据库领域高并发的技术难点找到了解决途径。

基于大数据平台的多源异构数据的接入，通过大数据平台数据分析、挖掘组件例如EDATA敏捷数据挖掘工具、EDATA大数据编程工具、沙箱等对数据按主题进行分析、挖掘，开展面向能源终端用户的用能大数据信息服务，对用能行为进行实时感知与动态分析，实现远程、友好、互动的智能用能控制。

b. 面向数据流通全链路的数据运营管控平台。

为保障数据产品供给全链条的质量，打造了数据流通全链路质量监控能力，保障了数据产品端到端的质量水平。实现数据产品数据链路的实时在线监测、告警、异常定位分析与问题工单处理。主要成果和技术内容如例图3-7所示。

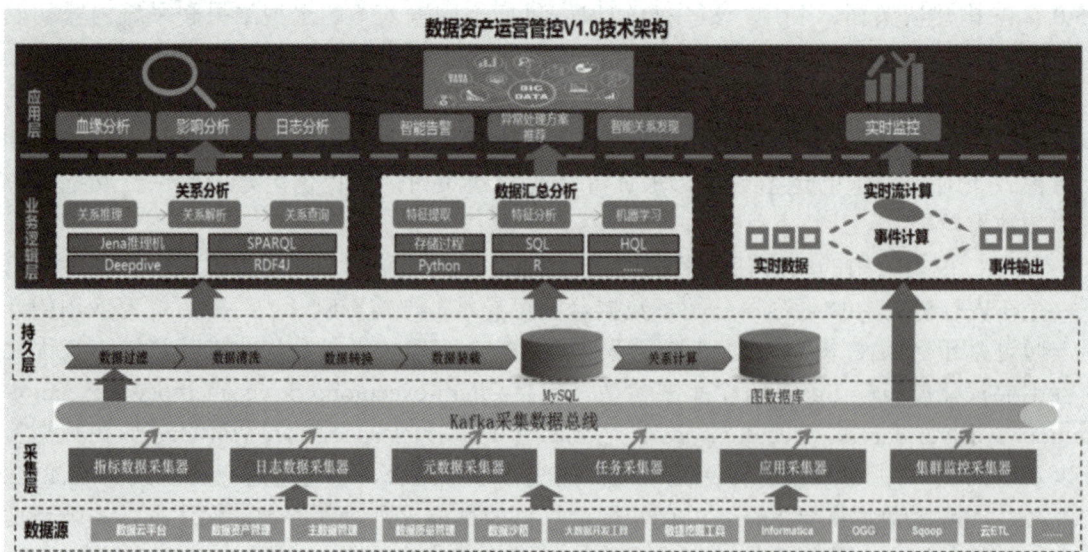

例图3-7　数据流通全链路质量监控流程图

• 跨平台数据供应链融合技术：针对数据对外服务产品的数据供应链普遍存在多种跨平台工具，各工具工作原理不同，数据结构差异极大，监控点分散，数据异常问题定位难，处理时间长，难以统一管理的问题，开展跨平台数据融合技术研究。通过对多种数据处理工具工作原理的分析，建立一个元数据的抽象层，统一数据供应链各环节数据处理工具的语义表达，并通过融合适配器对多种数据源、多个跨平台工具的元数据进行适配，从而实现多元异构数据的采集，实现跨平台数据供应链的集中监控和管理。跨平台数据供应链融合技术实现了复杂数据供应链路的全链路监控能力，为数据管理人员提供更实时、更全面、更可靠的监控手段，更快速的问题故障的定位和处理，有效降低数据运维的复杂度和人力成本。

• 数据供应链质量位检测技术：针对数据对外服务产品的数据供应链普遍存在监控范围广、监控链路长、数据质量难以保障的问题，开展数据供应链质量位检测技术研究。质量位是表示数据流转过程中数据质量检查结果的标准编码，它通过规范数据质量检查结果的格式保证数据结果的可读性、易用性，从数据标准、流转环节、问题处理等角度反映数据质量问题。数据供应链质量位检测技术实现了数据质量检查结果的全局流转，起到了帮助管理人员和运维人员进行识别、度量、监控、处理数据质量问题，保障了数据产品供应的质量，促进了数据价值的释放。

• 本体建模的数据血缘关系分析技术：针对数据对外服务产品的供应链查询、追溯、可视化展现等应用开发项目周期长、运维成本高、建设成果可复用性不高问题，基于图关系构建库表、作业、指标数据血缘关系，实现链路自动化配置，支持问题追溯及影响分析。

当数据产品相关指标数据出现异常问题时，通过全链路监控回溯数据血缘，定位出系统源的数据质量问题，并下发整改，促进数据质量的持续优化提升，有效减少数据运维人员对数据问题进行分析和定位的工作量，全链路监控分析流程如例图 3-8 所示。

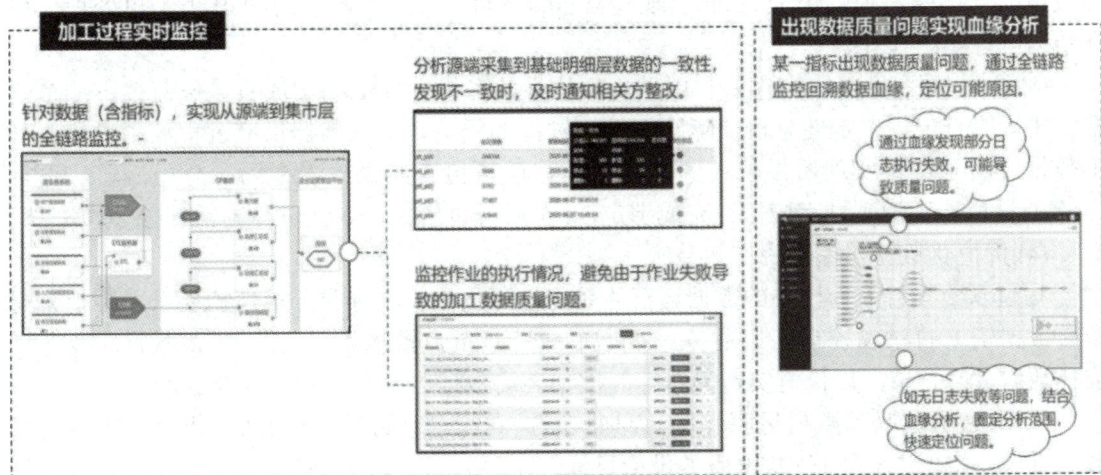

例图 3-8　全链路监控分析流程图

3) 实施成果

(1) 标准化采集，拓展数据基础。

建立健全数据标准体系，从源头杜绝了数据格式不一致、业务口径不统一等问题。通过制定物联网数据采集标准，支持海量终端信息秒级接入，形成统一的数据格式及交互通道，提升电网感知能力和协同互动能力。开展数据采集能力提升工作，实现调度自动化、计量自动化等系统 5000 万个采集点数据采集从 5 ～ 15 分钟提升至秒级，全面支撑电网管理平台、客户服务平台、南网智瞰、南网在线实时应用。

(2) 规范化治理，夯实数据质量。

构建以元数据为驱动的数据治理体系。成立数据管控团队，在系统建设各阶段严格落实技术路线、数据模型、数据标准审查，元数据标准符合度达 100%，主数据三方一致性达 99.81%。建立基于数据主人的数据认责机制，贯穿数据全生命周期管理，数据质量水平达到 99.96%。开展数据"一次生成，多方应用"专项提升行动，重点整治重复录入、录入信息量大、事后补录的三大顽疾，为基层减负。建立"双签"机制，杜绝新增重复录入问题。

(3) 可视化监管，提升服务效率。

构建数据全链路智能监管能力，具备数据链路异常智能定位、分析及处置能力，确保数据供给链路透明、稳定、及时。

① 省地运营"一张图"：从采、存、管、用出发，对数据全流程、全链路、全要素进行管控，实现业务系统到数据中心、网省、地局数据运营一张图监控，完成作业任务、平台资源和管理系统实时信息一个页面展示，实现多工具、多数据领域的全链路数据采集和集成。实现对 104 个接入系统、31670 个接入表、941TB 数据接入资产，30000+ 个 ETL 调度作业任务的实时监控，保障数据稳定供给。

② 采存管用"一条链"：利用跨平台数据供应链融合技术，实现具体应用、数据链路自动生成，一条链看完整个"采、存、管、用"的数据流转，为数据管理人员提供实时、全面、可靠的监控手段，更快地定位和处理问题。实现战略运营管控平台等 18 个省级核心应用的全链路监控，集成 elink 实现异常告警 5000+ 次，累计完成 230 个工单处理，提升数据运营团队处理效率。

③ 质量位标识"一个码"：利用质量位体系的多维管控机制实现质量位监控，一个码看完质量检查定位、定性分析保障数据供应过程的质量，确保数据供应过程顺利进行。基于数据应用全链路实现质量位校验能力，数据质量检查结果"一个码"全局流转，进行 13 个质量位检查规则试点应用，完成绑定 38 个质量位绑定，累计进行异常告警 5000+ 次。

(4) 价值化运营，提升资产效益。

构建以数据目录为核心的数据运营体系。按照数据安全分类分级保护要求，制定公司统一数据资产目录，梳理核心业务域数据形成三级重点数据 1142 类，二级数据 2741 类。依托数据资产目录，以价值实现为目标，推动公司数据内部共享和对外开放。

① 组建省地联动数据运营团队。组建超过 300 人的数据运营团队，快速响应内外部数据需求，实现"5 个 1"数据服务供给目标。

② 加强数据产品和服务创新。打造具有市场竞争力的产品体系，面向政府、金融、企业、个人等客户，规划电力看经济、电力看民生、电力看金融、电力看制造、电力看环保、电力看乡村 6 大产品体系 54 项数据产品。

③ 完善数据资产价值运营管理机制。一是开展数据产品效益评估，从价值成效、影响力、复用度和创新性四个方面进行评估，并以此作为数据运营各参与方贡献及激励的基准。二是深化数据定价方法应用，遵循网公司的数据资产定价方法，结合广东电网数据对外服务场景，深化完善数据定价策略。

④ 制定数字经济发展路径。通过商业模式画布进行禀赋分析，研究不同交易模式的商业模式演变，通过进行不同经营主体的经营模式优劣势分析，制定公司数字经济"三步走"发展路径。

(5) 底座式中心，支撑创新应用。

基于底座式数据中心，全面支撑各层级数据创新应用，促进公司管理和业务变革。建成企业级数据集市服务中台，实现跨域整合营销域、生产域、规划域超过 89 个系统，共计 16622 个业务数据表、9957 项业务流程，构建 3719 个集市汇总模型，为应用系统提供统一数据服务支撑，目前已支撑省地应用超 900 个。

4. 实施效果及价值

1）应用成效

通过构建"四化一中心"数据资产价值运营体系，充分发挥数据作为新型生产要素在公司数字化转型及数字电网建设中的创新驱动作用，进一步激发数据要素价值。

一是全面支撑数字电网。全网率先实现无人机巡运营模式、变电站智能运维、配网故障智能感知等业务场景，建成资产管理智能化、现场作业数字化、生产决策智慧的数字配电网。

二是全面支撑数字运营。建成省地区镇"四级一体"战略运行管控平台，建成智慧监督、生产监控指挥系统等专业级应用，实现全业务、多层级、一体化的数字化运营管控模式。

三是全面支撑数字服务。全面对接数字政府，完成全部"获得电力"服务事项进驻粤省事等政务平台，在"南网在线"打造全网首个证照共享的示范标杆，实现刷脸办电，支撑"一次都不跑"。

四是全面支撑数字产业。实现公司数字经济对外合作"零"的突破，与中国联通、广东农行等公司签订多项数据合作协议，发挥电力数据在金融征信、散乱污治理等领域作用，数据价值变现收入达千万级规模。

2）应用价值

（1）经济效益。

① 对内节约成本。

从经济效益上，数据资产运营管控平台能够帮助企业决策、管理人员较为快速、全面地了解公司数据资产管理情况，满足数据应用项目建设过程中项目立项及管理需要，减少了手工信息的收集及流转，增进了业务透明度，有效降低了沟通成本。在数据资产运营管控实际工作开展过程中，在"数据监控、数据采集、数据模型、数据供给、数据治理、数据运营"六个方面，为公司节约共计 6737.5 万元，节约人力 153 人。

② 对外创造收益。

2021 年，提供日指标 87 个、月指标 93 个，共 163 个业务指标，注册 6 个对外服务接口，接口日均调用次数＞155 次；提供商业银行农行 6 个业务指标，注册 3 个对外服务接口，已实现数据对外供给全流程打通。打造覆盖 6 大方向总共 54 项数据应用的对外服务产品体系，数据对外服务合同额超过 1200 万。

（2）社会效益。

广东电网公司数据资产价值运营实践成果全方位促进了广东电网的数据资产价值释放，持续为广东电网"十四五"期间数据相关规划的成功实施提供保障，其建设经验和成果具备在其他公司进行快速推广和应用的价值。

① 为数字政府提供技术支持。

广东电网公司积极对接数字广东和数字大湾区，有力支撑了数字经济产品应用、电力数据产品体系打造、数据资产交易流通体系构建和生产要素价值。

依托技术创新，协助数字广东和数字大湾区解决"数字鸿沟"—公司全业务进驻广东省三大政务服务平台，打造丰富数字政府的场景，支撑了政府在环保、安防、信用、疫情防控等社会治理需求；面向广东省数字政府提供一批数据产品服务，支撑了政府单位社会治理、政务服务的数字化、智能化;助力广东省政府实现全国首张公共数据资产凭证的制发,有效破除社会主体间数据流通的体制机制障碍,切实破解中小企业融资难题,促进了数据要素流通,释放数据资产价值。

② 为行业实践提供可行方向。

本成果贯彻了数据资产管理先进理念,通过"四化一中心"的数据资产价值运营体系,实现了数据资产价值的全面释放,具有行业领先性,为国内相关企业提供了数据资产价值运营的可行方向,也为企业数字化转型提供参照案例。

③ 为数据要素市场建设提供参考案例。

广东电网公司打造全国首批数据经纪人试点,并与商业银行共同承接企业信贷场景数据资产凭证试点任务,以数据资产凭证体系方案实现数据流通场景的成功落地,打造了数据流通新的业务模式,降低交易成本,提高数据流通效率;同时,通过打造对外服务产品体系,与联通(广东)产业互联网公司、德信行信用管理有限公司等企业签订数据要素合作合同,为同行业其他企业的数据要素市场流通实践提供了参考案例。

5. 下一步计划

广东电网数据资产价值运营体系的构建与应用实践已取得一定成效,下一步,广东电网将坚持全面承接南方电网公司"十四五"数字化规划,积极承担"4321+"数字电网建设试点任务,完善公司数字化建设顶层设计,深化数字化转型亮点名片建设,一体推进电网数字化、服务数字化、运营数字化和数字产业化,提升全员数字化素养,在健全数字化体制机制和支撑公司战略落地、建立数字产业商业模式和扩大规模能级方面争取突破。

1) 健全数字化转型顶层设计

制定公司《"十四五"数字化规划实施计划》及配套业务架构与应用架构蓝图,明确公司数字化发展目标与重点任务举措,并建立业务与技术融合常态机制,完善公司数字化建设顶层设计,深化数字化转型亮点名片建设。

2) 一体推进电网数字化、服务数字化、运营数字化和数字产业化

深化数字电网赋能,有效支撑新型电力系统建设,加强对公司重大专项工作的数字化支撑;推进数字运营增效,实现数智驱动企业资源优化配置;加速数字服务升级,为南方区域电力市场高质量连续运行提供高效支撑;壮大数字产业能级,打造全面对接数字政府试点企业。

3) 实施全员数字化素养提升行动

开展数字化理念宣传,通过举办数字化专题系列讲座、举办数字化业技融合技能培训班、开展数字化创新竞赛活动等方式,不断提升各级人员数字化素养,增强加快推动数字化转型工作。

4) 全员普及数字化工具

加快推进数字化工具和数据在企业管理、生产作业场景的应用,让数字化成果触达各层级管理和作业人员,实现"辅助决策层、支撑管理层、解放操作层"的目标。

5) 提炼推广数字化转型成果

高质量打造数字化转型成果展示与宣传窗口,充分展示公司数字化建设成果,增强公司数字化工作影响力;总结提炼公司数字化转型优秀成果案例,建立优秀应用分享和推广机制,树立一批数字化先进典型。

案例4　配网故障停电抢修指挥数字化效能提升

——云南电网有限责任公司

1. 项目背景

随着新一代智能技术的快速发展，国家已将智能技术提升到国家发展战略层面。国务院陆续发布了《中国制造2025》《关于推进"互联网＋"智慧能源发展的指导意见》等政策文件，对新一代智能技术的研究应用和产业发展进行前瞻布局，推动智能技术相关产业持续快速发展。

为贯彻落实国家发展战略，南方电网公司提出了"由信息化向全面数字化转型"的战略部署和"数字南网、智能南网"的建设目标，以智能化、数字化为核心，融合新兴智能技术与能源技术，全面推进安全、可靠、绿色、高效的智能电网建设。

为使南方电网公司数字化转型和数字南网建设在云南电网有限责任公司有效落地，云南电网有限责任公司生产运营监控中心全面梳理运营监控业务流程，以"提质增效"为总体目标，结合"云大物移智"等新技术在运营监控专业的协同应用，认真分析云南电网配网抢修指挥现状，开展数字化应用转型，推动传统电网配网抢修指挥效能提升，并向数字电网转变。

2. 需求与挑战

1) 痛点难点

云南电网有限责任公司配网故障抢修有三大困境，一是云南电网配电自动化开关覆盖率低，配网抢修任务的发起过度依赖停电客户的电话报障；二是配网停电范围不可知，抢修班组只能依靠巡线确认停电范围，云南地区地势复杂，巡线耗时长；三是各专业间配网停电抢修关键信息传递不畅，客服人员没有掌握抢修进度，不能快速服务停电客户。因此急需通过数据赋能、管理创新等手段优化传统业务流程。

2) 业务需求

云南电网有限责任公司生产技术部、生产运营监控中心深入分析云南电网配网抢修指挥现状，在运监平台开发电网中低压停电全景感知监控，以计量自动化系统召测功能为核心，与主/配网OCS（核心运行控制系统）、调度OMS（电网调度技术）、电网管理平台、客户服务平台、设备资源中心(GIS)等多个业务系统紧密配合，通过"云边协同"的"数据+模型+算法"的应用模式，打破配网停电"不可知、不可视"的孤岛现状，实现配网停电事件主动快速感知、停电区域快速研判、故障区域精准定位、自动生成抢修工单、快速合单、快速推送停电信息至客户的全流程业务的全新"全自主感知抢修"模式，解决了配抢修任务发起过度依赖用户报障、配网停电范围不可感知、各专业间配网停电抢修关键信息传递不畅的三大配网故障抢修难题，提升了云南电网配网抢修指挥效能。

3. 实施方案

1) 目标

(1) 构建停电智能研判算法，主动感知配网停电事件。

融合计量自动化、主配 OCS、资产、营销等多源系统数据，提取配变终端掉电告警、终端在线状态、线路开关"三遥"信息及预安排停电计划等信息，构建基于电气信号驱动、电网拓扑追踪的智能研判算法模型，精准研判故障线路、故障区段、影响范围、停电用户等信息；在沿布图、单线图上集成及关联展现配网中低压设备停电状态与各停电类工单，实现中低压配网停电事件"分钟级"研判及中低压停电全局展现 (全景监控)。

(2) 开发便捷工具支持主动抢修、主动服务。

便捷工具智能研判出电网停电事件后，会自动触发故障抢修工单，主动开展抢修流程，这提高了抢修效率，使配网抢修变被动为主动。便捷工具自动推送停电信息至用电客户及网格经理，并第一时间触发停电通知，推送敏感停电客户清单至网格经理，支撑主动服务及客户安抚，降低客户投诉风险。

(3) 实现"中低压停电一张图"管控。

整合营销停电类客服工单信息，结合关联算法及模型，动态关联工单及停电设备、停电事件，通过智能研判模型，定位客户故障类型 (户外、本户、缺相、欠费等)，区分中、低压停电，构建"中低压停电一张图"，全景展现中压停电及低压停电报障工单的热力分布，实时将低压停电研判结论推送至抢修人员及 95598 客服代表，有效减轻基层负担。

(4) 停电流程关键节点监控。

获取调度配网 OMS 系统中停电检修申请的从停电开始至复电结束六个节点、电网管理平台内抢修工单从停电开始至复电五个节点的相关信息，引入高铁、地铁的列车时刻表模式，按照时间轴展现各环节实时信息，实现作业节奏精细化管控，支撑调度、生计、营销、基建和运监等部门精细、高效地开展停电作业管理工作；支撑复电超时预警、主动客户服务，降低因复电不准时导致的客户投诉风险。配网停电关键节点管控如例图 4-1 所示。

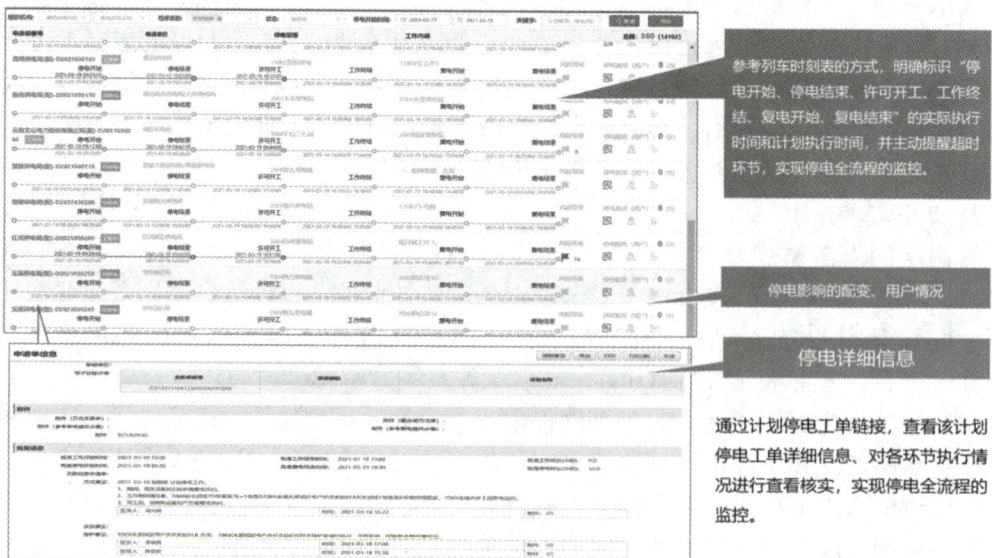

例图 4-1   配网停电关键节点管控

(5) 支撑中低压停电统计及信息协同共享。

固化停电统计规则，建立停电影响实时统计模型，实现包含停电区段、影响范围、停电时长等核心数据的统一出口。横向协同生产 (抢修人员、运维人员)、营销 (95598、网格经理)、调度专业，实现停电信息的跨专业协同共享及联动处置；纵向支撑网、省、地、县、所各级管理人员实时掌握停电状态、停电统计信息，开展长时间、大范围停电预警，分层分级做好配网停电管控。配网停电统计及信息共享如例图 4-2 所示。

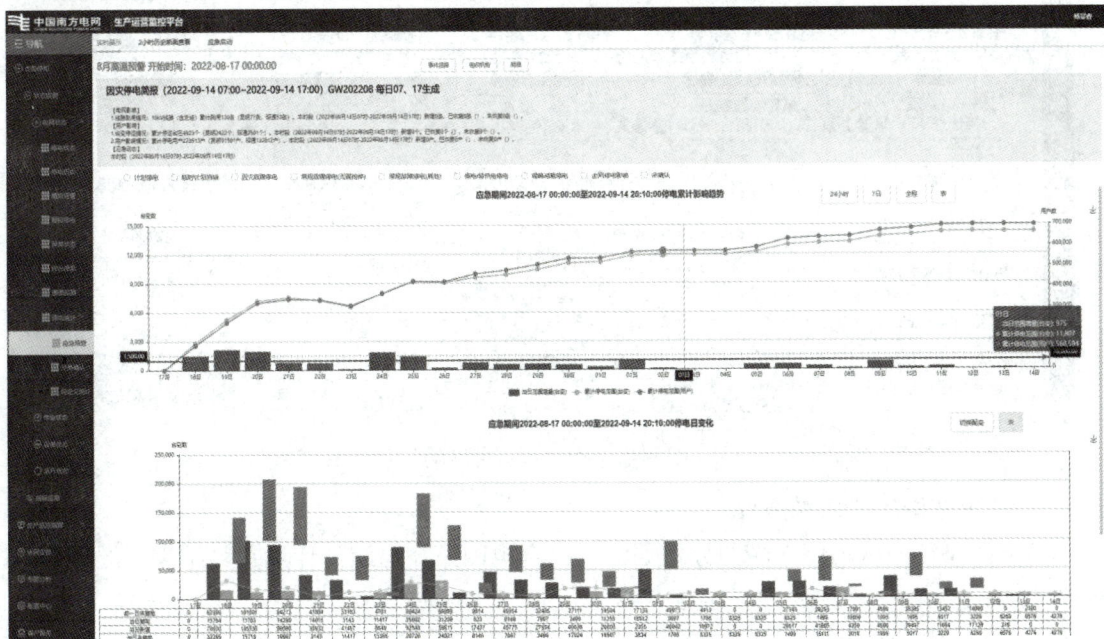

例图 4-2　配网停电统计及信息共享

2) 实现路径

首先解决配网停电感知问题。通过开展基于云边协同技术和停电相关大数据的停电故障研判算法研究，开发一套各业务数据边缘计算及逻辑关系联动与监控云端融合的全息感知、资源共享模型，结合图计算技术，完成停电故障研判的机器学习建模，对停电故障历史数据进行深度学习训练，对算法评价指标进行对比分析，采用"三组件"与"八步法"逻辑，最终形成停电故障研判智能算法，提高停电故障研判的准确性和覆盖率。

然后实现配网停电数据高级应用。以地市级运监配抢及服务调度班、县区级营配指挥中心作业调控组为核心，建立并行的"主动抢修、主动服务"与"配网监控指挥"两条核心业务线。这样一方面优化配网中、低压故障抢修流程，减少客户停电时间；另一方面紧密关注配网停电趋势、配网抢修关键节点信息，将停电信息快速传递，为管理人员提供区域大范围停电告警、抢修资源协调需求信息，为客服人员、停电客户提供抢修进度信息。配网停电指挥效能提升场景示意图如例图 4-3 所示。

(1) 前置数据过滤组件。

电网停电态势感知中有大量的可触发停/复电研判算法的告警类型，包括：主配网OCS 开关告警、10 kV 线路开关告警、10 kV 变压器停复电告警、10 kV 线路故障指示器告警等。但这些告警存在误报、重复等。为了能尽量提高算法的效率和准确率，需要对告警事件进行过滤，剔除误报、重报的告警事件。前置数据过滤组件根据历史告警数据，对告警信息的发生时间、线路、变压器等信息进行向量化处理，建立起一个历史告警数据的高斯分布概率模型，再计算出一个样本落入正常样本中的概率，以此来区分正常和异常告警。

例图 4-3   配网停电指挥效能提升场景示意图

(2) 停电范围综合研判组件。

基于图路径分析的停电溯源分析算法，结合电网拓扑追踪及计量召测结果，通过条件概率对停电区域进行过滤，形成真实停电及疑似停电区域。

(3) 停电范围校准组件。

通过各类停电原因分析模型进行停电事件类型识别、故障原因分析、故障设备定位，同时对不同工单进行停电区域合并，自动生成停电信息，并结合人工修正算法操作提高容错率。

(4) 停电信息高效传递组件。

通过停电智能监控模型，对各辖区停电数量、抢修工作关键节点信息、现场工作资源（人、车、物）调配需求等重要信息进行汇总梳理，以企业微信、短信、电话等方式快速通知相关人员，提高配网停电信息的传递效率。

3) 实施内容

电网中低压停电全景感知监控是以"大云物移智"现代信息技术为支撑，定位于满足配网故障抢修业务，通过打通调度、生产、营销域停电相关数据壁垒，应用"云边协同"的高效算力，快速实现数据层面的横向和纵向贯通，应用层面的一体化管理，实现配网中低压停电态势自动感知全覆盖，推动抢修及客户服务模式优化；打破计划停电关键环节及信息分散于各业务系统的局限，支撑精益化配网停电作业管理及精准化客户服务；支撑停电信息在营配调专业之间的横向协同，助力提升供电可靠性及现代供电服务体系建设。具体技术方案如下：

一是多源异构平台部署，实现全息感知，监控平台按照"云＋边"协同模式进行部署，通过边缘计算方式将各专业域数据建立优先级联动逻辑，并上传到云端平台进行数据集中化采集及数据结果全景感知化的综合分析。

二是定位停电事件，通过停电智能研判算法，自动定位电网中低压停电，实现全景感知展现。

三是处置及传递停电信息，研判出停电事件后，辅助发起抢修流程、自动推送停电信息至停电客户及客户服务人员。

四是关联客户诉求、开展故障分析，实时关联营销停电报障工单至生产设备及当前停电事件，展现停电诉求热力分布，传递停电研判结论至业务人员。

五是开展停、复电流程监控，针对计划停电，通过关键流程节点监控，开展复电超时预警、支撑主动客户服务。

六是开展停电统计及信息共享，实时统计停电影响范围，实现停电范围、抢修进度、预计复电时间和客户诉求等的跨专业共享。

4. 实施效果及价值

1) 实施效果

电网中低压停电全景监控于 2020 年 6 月底完成第一期开发建设，从 2021 年 1 月开始试点并全省推广"主动抢修模式"，目前运行 1 年零 9 个月。截至 2022 年 9 月 15 日，云南电网"主动抢修业务"受理事件告警 95 423 单，推送中压故障抢修工单 26 000 单，通知客户数 57 769 764 户，快速传递低压报障研判信息 388 620 单，本项目具有极高的社会效益。

2) 应用价值

(1) 社会效益。

电网中低压停电全景监控成功打破了配网停电"不可知、不可视"的现状，相较于传统的停电后等待客户报障启动的被动抢修工作模式，其故障抢修启动时间平均提高了31.77 分钟，有效地提高了故障抢修效率，减少了客户停电时间。电网中低压停电全景监控中心的"一键通知"功能，将原本需 15 ～ 30 分钟的工作减少至 5 分钟内，真正实现了5 分钟停电信息的快速传递，停电类客户的咨询和抱怨同比减少 20%。

(2) 经济效益。

电网中低压停电全景监控部署于云南电网云电智云，截至 2021 年上线，开发成本仅约 369 万元。"主动抢修"为故障抢修任务的发起节约用时 20 分钟以上；能快速定位故障范围，有效地缩小了故障查找范围，减少单次故障查找时间 30 分钟以上。截至 2022 年 9 月 15 日，中压方面，云南电网相关班组运用电网中低压停电全景监控快速推送抢修工单26 000 单，节约 462 326 时·户数，减少供电损失约 794 万千瓦时，减少电费损失 318 万元。每单节省 1 组 (2 人) 巡线人力资源，减少抢修人工 52 000 人。天，每天按照人工费 200元算，减少人工费用约 1040 万元。节省租车约 26 000 次，每次按照租车费 300 元算，节省租车费用约 780 万元。低压方面，快速传递低压报障研判信息 388 620 单，每 4 单节省1 组 (2 人) 现场故障查找人力资源，减少抢修人工 194 310 人。天，每天按照人工费 200

元算，减少人工费用约 3886 万元，节省租车约 97 155 次，每次按照租车费 300 元算，节省租车费用约 2915 万，合计 8939 万元。

(3) 特色创新亮点。

① 业务优化创新：变"被动抢修"为"主动抢修、主动服务"。本项目打破西部地区配网停电"不可知、不可视"的现状，实现整合主动感知停电事件、快速研判停电区域、精准定位故障区域、自动生成抢修工单、快速合单和快速推送停电信息至客户的全流程优势的全新"主动抢修模式"。停电感知配网停电研判平均准确率已超过 95%，平均覆盖率超过 70%，在为班组减负的同时，减少至少 20 分钟的抢修工作发起时间，真正实现了 5 分钟停电信息的快速传递，停电类客户的咨询和抱怨同比减少 20%。

② 场景设计创新：建立停电监控指挥场景。一是基于配网全量停电信息感知，建立配网停电智能监控业务，针对故障停电集中爆发情况，或计划停电数量激增情况，实时告警并由生产专业管理人员介入协调相关资源，确保现场工作安全，工作计划按期完成。二是针对计划停电延期情况、故障停电各关键环节，由县区级作业调控员监控关注，收集现场工作进度、遇到的困难情况等信息，协调人、车、物资源，确保现场工作安全顺利开展。

③ 技术实现创新 1：基于图计算的停电区域聚合模型。针对不同置信度的电气信息，应用差异化的降噪算法，减少停电算法误判。针对变压器心跳机制监测到的终端离线告警置信度不高的问题，结合概率论，确定相邻两个区段同时存在三个及以上的终端离线后，方转化为停电故障告警事件处理。最终通过图计算的区域聚合度算法，实现上述停电研判的业务逻辑落地。

④ 技术实现创新 2：停电区域自适应修正算法。综合采用多种算法模型，分别从停电告警误报识别、告警信息结合电网拓扑分布特征的降噪、采用原生图计算函数、召测防超时误判回头看机制、概率论的停电区域过滤、停电区域自适应修正算法等方面，从不同环节、不同角度、不同方向提升停电故障的智能化感知能力。

⑤ 技术实现创新 3：对电网抽稀网架构建知识图谱。综合应用图相关特征转化停电研判的具体场景，映射到图计算技术，提高研判效率。通过对电网抽稀网架构建的知识图谱，采用图计算的连通性、同区段族群特征、最短路径、广度搜索等相关算法特征，实现高效的电气拓扑追踪、同区段识别、停电开关溯源和停电影响设备的分析计算。

⑥ 技术实现创新 4：配电网故障智能定位。一是基于调度 OCS 遥信变位、实时天气信息、历史故障原因等多元数据，过滤重合闸恢复供电信息，准确识别相间短路、单相接地等电网停电故障，智能研判停电区域及设备，识别停电影响变压器范围，标记停电影响用户。二是研究建立故障跳闸关键信息库，实现多个系统的海量数据的关键信息快速抓取展示；开展多元典型故障模型研究，建立历史故障跳闸特征库，实现典型故障停电事件的故障点定位及故障处置建议。

5. 下一步计划

云南电网有限责任公司生产运营监控中心计划在 2024 年内把生产运营监控平台从云电智云迁移至南网云，在更高等级的平台上接入更多维度的信息，以物联网、互联网为资源，以能力拓展和延伸载体，以大数据分析、人工智能、物联网等数字技术应用为新动能，深度挖掘公司生产监控指挥业务领域数字化转型的更多应用场景及业务需求，开发对公司全域指标、明细业务流程的全链路、全方位的实时动态监控，既管控结果又管控过程。利用智慧搜索、知识图谱、机器学习等人工智能技术，研发运营数据的快速获取、运营风险的自动预警、运营情况的智能化分析等功能，进一步提升运营管控的智能化水平，逐步建成与传统电网数据模型相对应的数字电网，让数字电网的边界从传统电网扩展至社会的方方面面，变革传统电网的管理、运营和服务模式，驱动相关产业的能量流、资金流、物流、业务流和人才流的广泛配置，用"电力＋算力"推动能源革命和新能源体系建设，助力国家经济体系现代化，构建本体安全的数字电网新体系。

案例 5　构建民航旅客数据全生命周期安全管控体系，护航民航业数字化转型

—— 中国民航信息集团有限公司

1. 项目背景

1) 公司基本情况介绍

中国民航信息集团有限公司 (以下简称"中国航信") 作为唯一以 IT 信息服务为主业的央企集团，始终以成为"民航行业信息化建设主力军"为自身使命，致力于通过信息化和数字化手段服务民航强国战略、提高民航企业的核心竞争力、促进自身高质量发展。

中国航信在信息化建设领域有着多年耕耘积累，并较早接触了数字化转型的理念，对于数字化转型的重要相关技术有着天然的认知优势，已经开始了全面数字化转型的探索实践：一是主要生产经营环节和重要管理流程已基本实现了信息化覆盖，部分核心领域正向着更加敏捷、高效、智能的数字化形态探索演进。二是全面落实民航"十四五"规划和智慧民航建设路线图，通过打造相关产品，全力赋能民航业深入开展数字化转型，并探索向非民航行业企业输出数字化能力。三是坚持以科技创新为发展的第一动力，建设数字新型基础设施、推进数字技术平台建设、强化网络安全保障、大力解决"卡脖子"难题，为数字经济发展打下了坚实基础。四是持续夯实数据基础，提升数据治理水平，推进数据共享机制，开展数据价值挖掘，在数字产业化方面开展了大量探索工作。

作为航空信息数据的汇总者，中国航信主要为航空公司、机场、旅行社、代理商提供航班控制、机票分销、运价服务、值机配载、结算清算等信息服务，涉及 42 家国内航空公司、350 余家可销售航空公司、33 个国家和地区的销售代理人、246 家国内机场、100 余家海外机场。

2) 公司数据的特色

中国航信作为占据中国民航主导地位的旅客服务系统供应商，自成立以来坚持集约化、平台化和社区化发展战略，构建大平台，汇聚大数据，有力支持了行业信息化、数字化、智慧化转型。经过四十多年的持续发展，中国航信管理的数据呈现下列几个显著特征：

一是内容全。由于中国航信独特的市场地位，中国航信处理的数据包含了中国民航所有主要航空公司、机场、代理人在民航旅客服务全生命周期中所提供的航空及相关产品服务的航班、预订、出票、离港、行李的完整数据。管理数据总量达到 PB 级。

二是时效性强。民航业是一个高度全球化和网络化的行业，中国航信的数据通过与国外其他主要民航信息服务供应商的实时连接，以及与国内自主搭建的覆盖所有民用机场的民航商务信息网络进行实时传递，满足旅客的机票购买和出行需求。在旅客出行前要保证

数据的实时可用,数据价值高;但出行后对于数据服务的实时需求下降,数据价值显著下降,因此要根据数据的时效性特点采取不同的管理策略。

三是应用范围广。中国航信服务客户范围包含了民航旅客服务链条上的所有主要参与方,包括航空公司、机场、代理人等。近年来随着数字政府建设不断推进,政府部门对于中国航信数据的需求也出现了快速增长。广泛、多元的用户结构对于中国航信数据管理能力也提出了更高的要求。

2. 需求与挑战

中国航信在数据化转型方面有着大量的探索实践和经验积累,曾经并且正在为行业的数字化转型做出重大的贡献。同时,中国航信也深刻认识到,数字化转型是在数字时代背景下,企业经营战略、治理体系、组织形态、生产方式、运营模式的全方位改造、变革和重构。中国航信在数据治理方面的管理效率还需要通过数字化转型进一步整合提高,对于民航行业数字化转型的支持能力与智慧民航建设要求还有一定差距,对于数据资产的价值挖掘能力和安全保障能力还需要进一步加强,科技创新能力和自主可控能力还需要尽快提高。当前,中国航信在数字化转型方面面临的问题、挑战和需求主要表现在数据安全管理权责有待进一步细化,数据安全相关制度建设标准和覆盖范围仍需提高,数据全生命周期管理顶层规划亟待完善,数据治理能力还要进一步加强,数据管理工具建设尚需推进等方面。

3. 实施方案

中国航信针对所面临的问题和痛点开展深入分析,以为中国民航提供高质量、高水平的基础信息服务平台为目标,充分发挥 IT 信息服务企业管理特色,吸纳、融汇成熟的软件研发管理经验,把对数据全生命周期的管理与自身数据内容全、时效性强和应用范围广的特点相结合,做好数据安全管控,促进数据价值实现。主要措施有:

1) 建立健全数据责任机制

根据《数据安全法》规定:"重要数据的处理者应当明确数据安全负责人和管理机构,落实数据安全保护责任",中国航信成立了专职数据安全管理机构,在组织机构、工作机制方面,将数据安全纳入业务部门考核指标中,确保数据安全工作与业务管理工作同谋划、同部署、同落实,做到数据安全工作合规有序,助力全面筑牢数据安全屏障。

2) 完善数据安全管理制度体系

中国航信以习近平总书记关于网络安全、信息安全、数据安全系列重要讲话为根本遵循,对照习近平总书记对数据安全的总要求,全面升级现有数据安全制度体系,提高制度质量和标准,实现对旅客数据安全管理的无死角、全覆盖。制定并发布了:《商务数据管理规定》及配套的业务实施流程、《旅客数据安全管理规定》《关键信息基础设施旅客数据安全管理细则》《数据分级存储管理流程》《数据出境安全评估管理流程》等。

3) 推进数据分级分类管控和全生命周期管理

中国航信通过发布《旅客数据安全管理规定》,加强"收集、存储、使用、加工(分析挖掘和汇聚融合)、传输、提供、删除"共七个环节的旅客数据全生命周期管控能力,保障旅客数据安全流动,实现企业数据全生命周期的安全管理。明确关键信息基础设施旅客个人数据分类分级标准,并进一步建立"旅客数据风险和价值分析模型",按照旅客数据泄露后的风险程度、价值高低，将旅客数据分为"甲、乙、丙、丁"四个类别，其中对于高风险、高价值的甲类数据库，进一步细分为"甲1、甲2、甲3"三个级别，按照"四类三级"的分类标准，对不同安全等级的数据实施不同强度等级的安全措施和审批要求。同时，通过将数据分为活跃数据、非活跃数据和归档数据，加强了数据存储管理能力，满足数据分级分类存储要求，规范数据存储区域流转管理和审批流程。

4) 强化数据安全与应用管控

(1) 数据安全管控。

一是升级数据传输平台安全，搭建基于 SFTP 传输协议的加密数据传输平台，对3102个文件传输作业全部实现了传输安全升级，并实现数据传输通道加密功能、传输作业文件级加密功能、对外发送数据和接收数据的独立链路传输功能等多项安全能力提升，切实加强数据存储和数据传输环节的安全管控。

二是实现国密算法加密和脱敏技术，通过建设脱敏平台和中转环境，确保生产环境的数据脱敏后传入开发环境和测试环境，实现旅客隐私数据加密存储和数据使用环节的数据脱敏技术，保证开发和测试人员无法接触到真实旅客数据。

三是加强数据对外提供安全监管，实现对数据平台的用户行为统计及旅客信息提取监控、数据对外提供交付公示及到期服务自动停止、数据流向跟踪监控、辅助核心系统功能安全提升等功能。

四是强化数据仓库管控，通过开展对外旅客数据服务合规检查、全市场数据库整治等数据安全隐患治理措施，全面推进数据安全建设，目前全市场旅客数据库由 7 个降为 1个，减少非必要旅客数据存储量23TB。同时，推动数据仓库治理，落实数据仓库账号整治，强化了数据仓库用户的安全管控，加强数据仓库的用户清理和权限控制，确保按照最小化授权原则使用数据，从"源头"上强化数据安全合规管理。

(2) 数据应用管控。

通过出台旅客数据管理规定和商务数据管理规定等顶层管理制度，在明确了旅客数据分类分级的基础上，将数据需求规范化、标准化和产品化，通过管理制度和配套技术工具实现了像管理产品一样管理数据。在中国航信成熟的软件开发和运营流程中对数据产品全生命周期进行统一管理。

① 在数据需求分析阶段，由业务部门完成数据合规性初步审核后，将数据需求统一录入需求管理工具 (HET)。由数据需求审核团队进行数据安全事前评估，重点评估旅客信息保护、授权机制、数据获取方式、访问接口，以及进行数据处理的分析逻辑安全、结果安全等，确保数据需求目的和操作的正当性和合规性。经过评估的数据需求，通过需求管理工具自动流转到数据服务开发部门。需求评估流程保持透明可视、可记录、可追踪。

② 在数据开发测试阶段，接入统一的研发平台进行开发测试，对旅客敏感数据进行去标识化处理以防止旅客个人信息泄露，使用安全测试工具开展源代码安全检测、应用安全检测、弱口令安全检测、敏感信息泄露监控等工作。

③ 在数据上线运营阶段，通过统一的身份识别和访问管理系统对不同类别和不同级别的数据接入建立基于角色的授权和访问控制机制，对不同提供方式 (文件、消息和 API)的数据采取相应的数据加密、安全通道、签名、时间戳和安全协议等安全控制措施，并记录安全日志。根据法规要求和业务特点，明确数据服务存储时效性，按照活跃数据、非活

跃数据和归档数据进行分级存储，依据生命周期建立归档流程，数据服务协议到期后自动停止。

　　中国航信原则上要求所有数据需求均应通过数据产品形式实现，减少个性化、一次性数据需求数量。所有涉及旅客信息的数据服务产品均应通过事前安全风险评估，并通过统一软件档案管理工具(SPD)进行注册管理，产品档案明确记录涉及的旅客敏感信息范围及保护措施，明确产品归属责任单位。

　　为确保数据应用的透明和公开，中国航信将数据对外服务情况在内部进行定期公示。数据对外服务情况集中展示了分类数据产品的审批情况和预计到期情况，如例图5-1所示。

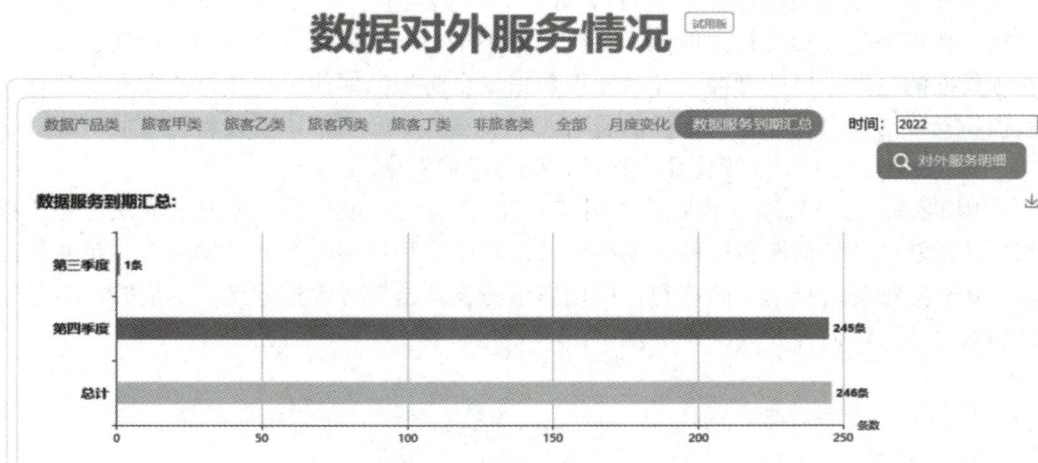

例图 5-1　中国航信数据对外服务情况

4. 实施效果及价值

(1) 全面提升数据安全意识。

通过对《数据安全法》《个人信息保护法》等系列法律法规的学习，对公司级数据管理制度的宣贯，对数据产品全生命周期的安全管控，全公司加深了数据安全意识，树立了对外服务的数据安全理念，按照管办分离的原则，进一步理清了数据管理的职责边界。

(2) 数据价值与分级分类管控有效结合。

通过实施全面的数据安全管控，基于中国航信数据特点，实现了对不同价值数据的分类分级管控。对于全市场、实时性的高价值数据，采取更加严格的管控方式，实施全生命周期管理，在有效降低了数据风险的同时，以数据产品对外服务方式实现数据价值。

(3) 实现了数据产品全生命周期安全管控。

充分借鉴中国航信软件研发管理的成熟经验，实现了数据产品从需求分析、开发测试、到安全评估、注册登记、上线运营，及对外服务展示和服务终止的全生命周期的全流程安全管控，确保数据在数据产品应用各环节的合规性和可控性，保障数据产品应用全流程可追踪、可记录。

5. 下一步计划

(1) 推进数据管理能力成熟度评估和数据安全能力成熟度评估。

在做好自身数据安全管控的基础上，中国航信启动了数据管理能力成熟度评估 (DCMM) 和数据安全能力成熟度评估 (DSMM)，从数据战略、数据治理、数据架构、数据应用、数据安全、数据质量、数据标准、数据生存周期八个方面，对标差距和问题，提升数据采集、传输、存储、处理、交换直到销毁的全生命周期数据安全能力管理水平。

(2) 建设完善数据管控工具。

建设统一数据资产管理平台 (DAM)，通过元数据管理工具、数据标准管理工具进一步落实中国航信数据分类分级体系，将对旅客敏感数据的管理细化到字段级。建立公司数据资产目录，提高数据资产定义、发现、管理和利用水平，在保证安全的基础上进一步促进数据的标准化、资产化，促进数据交换和数据共享。

建设统一大数据安全监控平台 (DMon)，以核心数据资产为中心，通过对数据库、文件、大数据等数据采集，形成数据地图，从数据的采集、存储、处理、传输、交换、销毁全过程进行数据的全生命周期管控，及时发现数据安全防护的漏洞。将数据流向和访问行为纳入监控和管理范围，进行全局可视化展示。

(3) 积极探索数据安全管控经验输出，助力行业发展。

中国航信作为信息服务领域的"国家队"，将密切跟进相关数据安全立法，关注行业数据标准，总结共性问题和民航数据特色管理经验，积极参与行业数据管理规范和标准的制定。随着数据管理技术不断成熟，中国航信将在严格把好数据安全关的同时，充分发挥数据要素价值，助力行业数字经济发展。

案例 6　数据要素赋能中交集团生产运营管理决策

——中国交通建设集团有限公司

1. 项目背景

近年来，党和国家高度重视数字化转型，习近平总书记指出要审时度势、精心谋划、超前布局、力争主动，实施国家大数据战略，加快建设数字中国。《中华人民共和国国民经济和社会发展第十四个五年规划和 2035 年远景目标纲要》明确提出数字经济的国家战略，指出了"加快数字化发展、建设数字中国。迎接数字时代，激活数据要素潜能，推进网络强国建设，加快建设数字经济、数字社会、数字政府，以数字化转型整体驱动生产方式、生活方式和治理方式变革。"在数字中国的战略背景下，国资委对国有企业的数字化转型做出了全面部署，提出国有企业要夯实数字化转型基础，明确指出了要加快集团数据治理体系建设。中国交通建设集团有限公司（以下简称"中交集团"）"十四五"数字化发展战略对运营质效提升提出了重点要求，现状及存在的问题诸如生产运营管理体系不健全，对企业、项目全产业链的运营监控指标困乏，支撑高端决策层的管理决策参考数据缺失以致远远不能满足对外高端商务对接和对内业务调研的数据需求，以及数据运营服务质量存在的数据"堵、独、慢"，缺少预警监控闭环管理等一系列难题，严重影响了全面支撑高质量发展的总体目标推进的步伐。

为进一步落实总体发展路径，强化项目管理、改善运营质量、提高决策效率，支撑具有全球竞争力的科技型、管理型、质量型世界一流企业建设，根据年度工作会议精神，中交集团启动了智慧运营决策一体化平台的建设，对全集团的生产运营活动实施动态监测、预警预控、统筹协调和安全应急管理。平台主要承建单位为中国交通信息科技集团有限公司。该平台的建设，对于提升中交集团的管理决策水平具有重要意义。

一是落实国资委国资监管总体要求。中交集团智慧运营决策一体化平台建设，将进一步推动集团统建系统深化应用，智慧数据管理体系完善，对于支撑与国资委实现全面、实时、准确的数据对接与共享具有重要意义。

二是提升集团生产运营监控管理水平。中交集团智慧生产运营决策一体化平台建设以业绩考核为抓手，以实现"智慧运营"为目标，以生产运营全过程监控为核心任务。通过梳理生产运营监控指标体系，理顺生产运营管控模式，建设大型建筑类企业智慧生产运营决策一体化平台，横向支撑"战略规划 - 年度目标 - 年度计划全面预算 - 过程监控 - 业绩考核"的闭环体系落地，纵向打通总部 - 二级单位 - 三级单位 - 项目部的生产运营监控体系，支撑生产调度及应急指挥，为集团生产运营管控提供有力抓手。

三是全景展示集团经营成果，全面提升企业形象。中交集团智慧生产运营决策一体化平台建设，将充分利用先进的可视化技术和各类展示载体，对公司整体运营状况和经营成果进行综合展示，全面展现公司创建"世界一流企业"的良好形象。一方面，面向国家层面、各级政府部门、重要客户等，实现对公司经营发展、创新成果和党建建设等的全方位展示；另一方面，面向集团内部，针对不同层级、不同专业开放权限，集中展现公司企业和项目运经营的整体情况。

2. 行业对标与挑战

1）国内外同行业对标

该项目研究提出的建筑施工领域智慧化生产运营决策一体化平台的相关业务管理体系、标准体系、平台应用、数据治理、运营分析等成果，经应用实践表明，与国内外同类研究成果相比具有显著的先进性、创新性和实践性。如例表6-1所示，主要体现在以下几个方面。

例表6-1　中交集团与国内、外知名建筑企业主要指标对标分析

对标事项	中交集团	法国万喜VINCI	中国建筑
2022年世界500强/全球ENR排名	第60位/ENR NO.3	第214位/ENR NO.1	第9位/ENR NO.7
主营业务特点	从事交通基础设施的投资建设运营、装备制造、房地产开发及城市综合开发等，提供投资融资、咨询规划、设计建造、管理运营等服务	业务覆盖建筑设计、成套工程、工程融资、项目管理、能源基础设施、道路建材等主业	业务布局覆盖投资开发、工程建设、勘察设计、新兴业务等
全球12家绩效评价对标	经营规模领先，国际化经营能力较强，发展能力处于中游，运营能力、偿债能力、盈利能力是企业运营监控核心提升方向	综合排名偏后，运营能力和发展能力处于中下游水平，流动资产周转率较高于国内	国内综合排名领先，运营能力、盈利能力、发展能力处于中上游，人均产值、偿债能力高于国外企业
运营监控决策	战略-运营管控型，创新构建适用于交通建筑领域的大型建筑类企业生产运营管控体系，以及监控预警、决策分析模型，支撑差异化、多维化	战略管控型，对标国内国资委监管要求，在运营监控的考核评价方面缺乏体系	战略管控型，传统单项指标扁平化指标体系，对接国资委考核指标管控

2）应对挑战

（1）数字化保障体系方面。

数据管理体系化程度不够，针对数据安全管理和质量管理等尚缺乏相应管理细则或规范；人才和资金规模与旺盛的数据建设需求不匹配，当前数据治理能力还不足以支撑数据治理赋能的长效发展，数据治理人才建设投入不够，缺乏既懂业务又懂数据的复合型专业人才；战略、业务、系统和数据协同机制仍需深化，横向协同的"部门墙"和纵向管理断层现象依然存在，公司各类数据也难以高效沉淀、积累、传承和共享。

(2) 数字化规划设计方面。

目前仅有 35% 左右的建筑类国企已实现全生命周期数据互联互通和主要业务协同，数字化转型的总体布局、系统推进和一体化协同发展水平仍不高。数字化规划设计与执行缺少总体方法论和体系性框架指导，尤其是大型企业集团不同业务领域、不同层级、不同部门之间缺乏一套统一的话语体系和架构体系。

(3) 数字化赋能应用方面。

数据治理工作以促进数据价值挖掘与应用赋能为导向，当前公司数据与主业融合，协同发展不足，缺乏以数据资产为核心的亮点应用，数据赋能建设不足以支撑"两大两优"经营策略的"数字＋"和"智能＋"业务创新价值，数据需求旺盛与当前数据应用单薄的矛盾依然存在，数据资产的产业化转化能力和潜力需进一步提升和挖掘。

3. 具体实施方案

1) 总体思路

通过研究大型建筑类企业总体框架发展路径及生产运营管控体系，中交集团提出智慧运营智能化的生产运营决策一体化体系格局，创新形成了生产运营决策顶层规划总体架构；提出全面涵盖企业、项目、经营、生产、财务的内、外部数据治理策略和数据质量规范体系，构建智能处理多模态异构数据的数据湖体系，实现综合一体化数据中台；研究矩阵式多维企业发展监控指标体系，形成"企业—项目"两级运营监控体系。在顶层规划总体架构下，综合数据中台、核心业务模型及可视化决策分析平台，形成数据要素赋能的智慧决策一体化平台，如例图 6-1 所示。

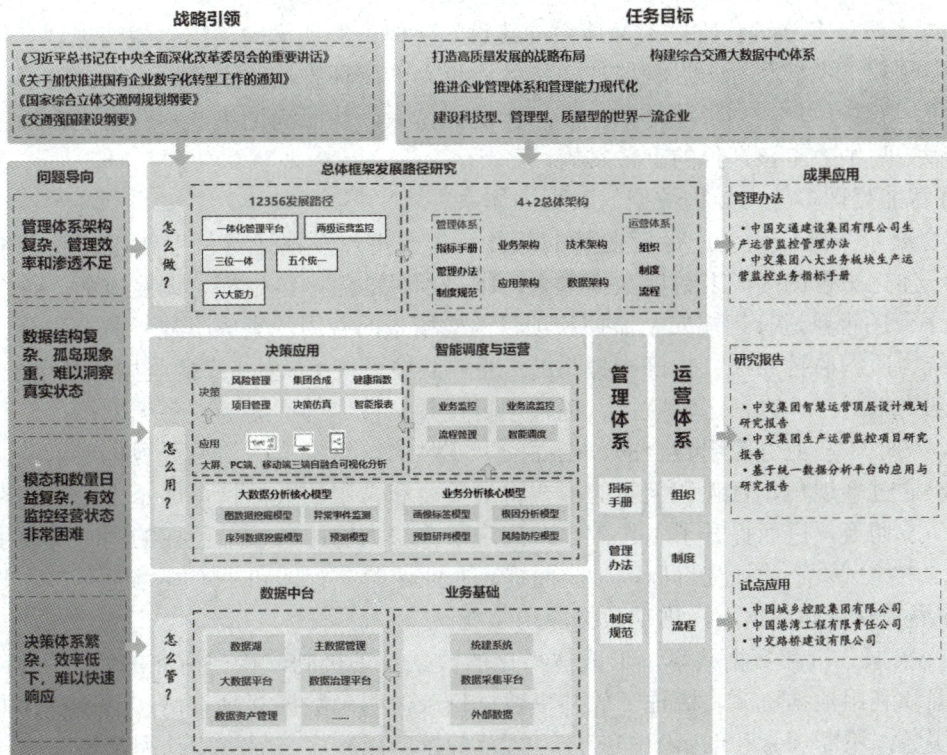

例图 6-1　技术路线图

2) 技术方案

(1) 构建智慧运营智能化的决策一体化体系。

为深入实施"产业＋数字"行动计划，融合技术创新、机制创新、商业模式创新，结合建筑企业业务特点构建了智慧运营决策一体化的总体框架顶层设计规划，从而指导企业在"十四五"时期生产运营决策一体化平台设计、建设、运营，更好地服务领导决策、监控管理，为各级管理赋能。

在总体框架规划下，智慧运营决策一体化平台采用先进企业通用的企业信息化架构设计方法与战略规划，对业务进行分解和设计，创新形成了生产运营决策顶层规划总体架构。生产运营决策一体化平台遵从统筹规划、价值创造、集中管控、开放共享、创新驱动的设计原则，在业务架构、应用架构、技术架构和数据架构上进行全盘规划，并有效支撑生产运营体系和管理体系的全面建设。

(2) 构建多级、多维生产运营监控指标体系。

针对建筑施工领域传统生产运营监控仅关注企业数据和项目管控表象的缺点，依据国民经济行业分类，结合管理现状，运营监控，以及外经企业、基建施工、设计咨询科技服务、投资运营、房地产开发、装备制造、金融服务、商贸服务等业务板块建立初始指标体系。在此基础上，根据专家经验将各监控要素进行整合，经过两两要素的定量描述后建立起关系矩阵。通过设置运营状况、获利能力和成长态势三个维度，贯穿于总部、二级单位、三级单位、项目载体四个层级，构建了多级、多维运营监控指标关系矩阵图，填补了建筑施工领域的运营监控指标体系的空白。项目全方位综合考虑了运营监控，创新性地实现了项目生产和企业运营两级监控体系建设的闭环管控。

通过多级、多维运营监控指标体系的建设，整体上实现横向支撑"战略规划—年度计划—全面预算—考核目标—过程监控—绩效评价"的闭环管控体系落地，纵向打通总部—二级单位—三级单位—项目载体的生产运营监控体系，从而满足生产运营全生命周期实现差异化管控与绩效考核评价的有效实施。

(3) 智能处理多模态异构数据的数据湖体系。

综合展示大屏作为生产运营监管的载体，需要重点发挥运营调度作用。基于生产运营决策一体化平台的多源多粒度数据融合，围绕项目的生产、指挥、调度方面，融合物联网 IOT 平台的视频进行远端安全监控和项目巡检场景的应用，集成了视频监控平台、隧道监控系统、盾构监控系统、生产指挥系统 (船舶监控系统)、北斗终端监控等多个子系统，支撑外部高端对接、内部运营监控、远程项目视频巡检、远程船舶装备调度指挥、一键应急启动，实现了与业务应用契合的、全面的、实时的、全景式的信息可视化展示及调度应用效果，通过多视角、直观和创新的形式将最重要和常用的数据指标展示出来，实现了应用场景动态切换，进而提升了工作效率，满足了一块大屏服务领导监控的同时实现了"外展形象、内控风险"的视觉目标，为全面提高企业运营、管理和决策能力提供有力支撑。

(4) 形成共享服务体系，推动数据应用赋能。

围绕数据分析和数据共享，形成体系化的数据管理机制，构建有序的数据生态环境。充分挖掘和利用数据资源，梳理开放共享数据目录，明确数据共享策略，通过多种方式提供数据服务，不断探索和创新数据应用，规范数据应用程序，促进驱动型决策和业务价值实现。

一是强化数据共享应用，编制相应数据共享目录内容，明确共享数据资源，规范数据共享状态监控、统计和管理，促进内外部数据的互通，实现数据资产价值的变现。

二是数据赋能企业管理决策与智能生产，以高效的数据交互共享为基础，贯通业务协同，实现业务全流程信息快速归集，支撑供应链整合，支撑企业生产运营全过程监控与治理；结合业务管理需求，通过各专业领域数据的分析、对比、研判，提高风险把控和预警能力，实现各层级的数据汇聚与穿透，实现管理决策支持。

三是数据要素创造价值，发挥数据驱动力，促进数据对人、技术、资本的价值增值；打造以数据为基础的交付新模式、电子商务新模式；以数据要素作为公司关键资产，参与并探索数据要素市场建设。

4. 应用效果及价值

1) 创新引领性

(1) 研究思路创新方面。

首次提出了系统化的发展战略、新型能力、系统性解决方案、治理体系和业务创新转型全生命周期过程管控方法。

(2) 关键技术创新方面。

一是构建数据驱动的数字化转型综合评估方法，生成和反馈诊断分析报告；二是构建了多级、多维运营监控指标关系矩阵图，填补了该领域运营监控指标体系的空白。

(3) 场景应用创新方面。

通过在中交集团级、部门级、子公司级、同业和他业中探索应用，将理论研究成果成功对外输出，不断积累沉淀数字化转型理论知识和能力资源，赋能多级场景建设，并通过实践需求拉动理论创新，形成良性互动发展模式、相互促进的发展局面。

2) 应用效果

本研究成果适用于大型建筑类企业，真正起到了对上、对下有效实施管控的作用。对上与国资委高度对接，树立建筑央企标杆，领先行业经营管理实践；对下有力地驱动大型建筑类企业内部运营质效和管理水平的有效提升，可推广应用于交通运输、施工、建筑及制造等行业信息化与数字化管理与建设，有助于赋能企业改革创新，完善生产运营监控体系，优化项目过程监控，强化管理决策支持。

智慧运营平台大屏端、智慧运营平台 PC 端、智慧运营平台移动端如例图 6-2 到 6-4 所示。

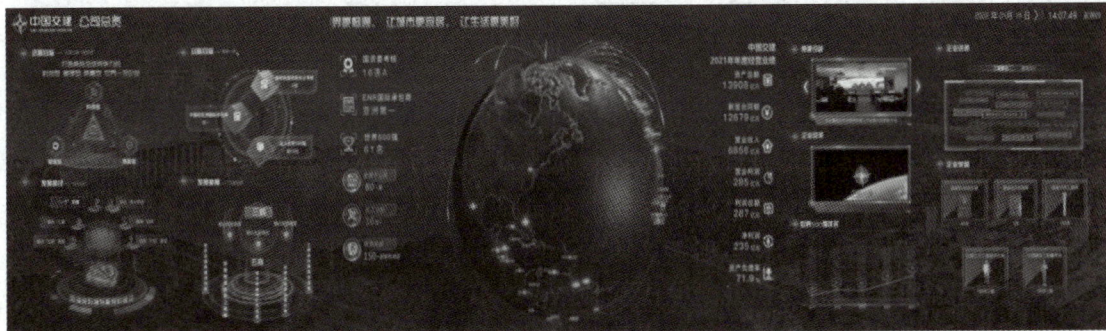

例图6-2　智慧运营平台大屏端

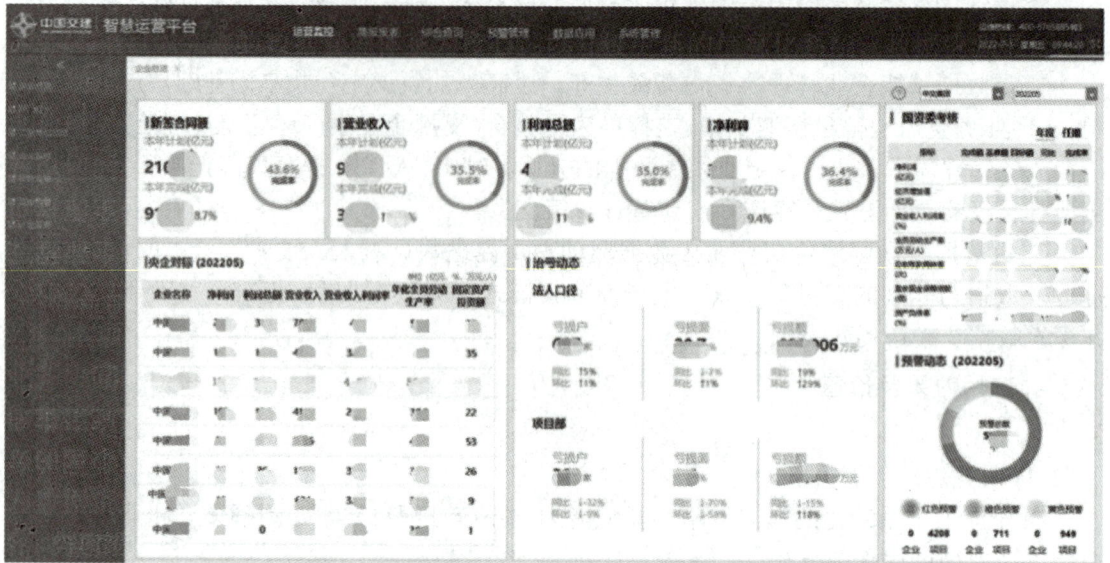

例图6-3　智慧运营平台PC端

例图6-4　智慧运营平台移动端

3) 社会效益

一是创造了生产运营管理决策的应用模式和场景，提升了国内施工建筑企业的生产运营管理质效水平，促进了集团型建筑企业充分发挥数据要素作用，赋能数字经济发展。

二是有利于引导和服务我国建筑企业迈入高质量和内涵式发展新阶段。实践经验表明，本数字化转型成果可以帮助施工建筑企业执行各业务主线数字化发展的总体战略并形成战略路径，把握数字化发展理论和路径的设计规律，系统化、全局化推进数字化转型顶层设计，有利于促进企业加速迈入创新发展新阶段。

三是促进了我国传统施工建筑行业高质量发展与数字化转型的标准化建设。通过以标准规范为牵引，将数字化规划设计和应用过程中的关键知识和方法进行标准化沉淀，形成企业标准，并逐步升级成为行业标准和国家标准，以标准牵引的方式进行大规模推广应用；同时，通过对相关知识成果进行模板化、模块化、工具化开发，支持企业按需进行快速复用。

5. 下一步计划

(1) 完善集团数据治理制度体系。

持续优化完善数据治理体系，强化组织保障与制度保障，健全数据安全、元数据和数据模型等治理专题的管理规范，完成元数据管理规范、数据生存周期安全管理细则、科研项目和往来单位主数据管理细则等制度办法的编制，推动形成数据治理长效机制。

(2) 充分释放数据要素应用价值。

完成生产运营监控平台优化升级，探索预警模型、风险模型等数据模型建设，提升数据分析挖掘能力；并以数据湖汇聚整合数据资产为基础，推动集团项目成本库、黑名单和重点关注名单系统等应用的广泛落地。

(3) 有效驱动企业的数字化转型。

持续在大型建筑类企业中推广应用，不仅持续推动在集团总部开展广泛应用，也推广到下属 80 余家二级单位和 1600 家三级单位，分别在基建施工、设计咨询等 20 余家单位开展应用，高效助力企业数字化转型。

案例 7　基于大数据和云计算的建筑类央企科研技术智能服务资源共享平台的研发和应用

—— 中国交通信息科技集团有限公司

1. 项目背景

新一代信息技术不断涌现，日益成为驱动创新发展的先导力量，几乎带动所有领域发生了以数字化、网络化、智能化为特征的技术革命，当前全球数字化发展进入了全面渗透、跨界融合、加速创新、引领发展的新阶段，建筑工程行业面临着信息技术与科技应用新趋势。

党中央、国务院面向未来准确把握时代大势，已于"十三五"期间部署推进数字中国建设，其颁布的《中华人民共和国国民经济和社会发展第十四个五年规划和 2035 年远景目标纲要》更是将"加快数字化发展，建设数字中国"单列成篇，提出了"迎接数字时代，激活数据要素潜能，推进网络强国建设，加快建设数字经济、数字社会、数字政府，以数字化转型整体驱动生产方式、生活方式和治理方式变革。"在此背景下，国资委提出高质量发展新要求：按照国企改革三年行动计划的部署和对标世界一流管理提升行动的安排，聚焦管理的数字化、智能化升级，加快推进国有企业管理体系和管理能力现代化，着力夯实数字化转型基础，建设数字技术平台、建立系统化管理体系、构建数据治理体系、提升安全防护体系。中国交通建设集团有限公司（以下简称"中交集团"）的数字化转型发展也开启新的篇章："十四五"期间，公司数字化转型工作将切实贯彻落实国家战略部署和国资委相关要求，进一步提高认识、加强对标，加快组织创新，打造数字化转型治理体系；加快技术创新，打造数字化转型技术内核；加快融合创新，打造数字生产运营体系；加快跨界创新，打造数字产业新生态。

科学技术是第一生产力，随着全面建设具有全球竞争力的世界一流企业进程不断加快，"123456"总体发展路径的深入践行，主动对标世界一流，持续强化专业化、标准化、数字化和精细化管理，公司全面进行数字化转型已成为持续发展的必然选择。技术开发和创新是支撑工程项目管理的强大支柱，技术管理和科研管理通过结合现代网络技术、数字化管理手段可提高业务管理的工作效率、服务水平和监督力度，对于促进公司科研水平和层次提升有重要的作用。2020 年 3 月—2022 年 6 月，根据《中交集团"十四五"科研发展规划》对信息化系统建设的要求，中国交通信息科技集团有限公司（以下简称"信科集团"）按照"先急后缓、先易后难、统筹推进、分步实施"的原则，研发建设科研技术智能服务资源共享平台，平台主要的建设内容包括：研发科技管理子系统、技术管理子系统、数字化管理子系统、在线服务中心。通过对平台内子系统进行统一标准和大数据管理，以及细化分析子系统之间的数据交互、业务支撑关系，构建科学技术数字化数据库，汇聚全集团丰富的科研成果、技术产品、技术人才、数字化人才、项目案例、解决方案等资源，以大数据及云计算为技术底座，建立数字资产管理机制，形成以内生能力为核心，以成果智库、在线服务、资源社区为主要载体的具有中交特色的资源服务平台，形成"一数一源""一源多用"，基础数据库"统一布局"的科学技术数字化业务系统平台，实行基础数据库的统一管理、分类管理，保证数据的准确性和唯一性，打破信息孤岛，实现数据融合共享，让数字中交建设跑出加速度。

2. 需求与挑战

1) 发展现状

"十四五"以来，以中交集团总体发展战略为指导，贯彻落实数字化顶层设计思路，围绕建设"数字中交"愿景，规范各项业务线上管理流程，构建基于大数据和云计算的科研技术智能服务资源共享平台，达到科学技术数字化管理体系的一体化、标准化、信息化、可视化的目的。实现数据、技术、业务全面融合，助力公司技术、科研及数字化业务管理的转型升级。

(1) 平台功能整体规划研究。

该项目通过研究中交集团科学技术数字化管理信息化系统整体布局，梳理公司在科研项目、科研会议、创新平台、人才团队、科研成果、科研考核、成果转化、专家团队、技术诊断、技术培训和产业化等方面的业务及需求，分析公司国内项目、海外项目的特点，规划实行"大系统""大数据""全覆盖"的统一管理平台，通过信息化系统的应用，汇聚各类成果资源，实现数字化资产的流通、共享。

(2) 平台建设情况。

科研技术智能服务资源共享平台如例图 7-1 所示，主要研究建设的子系统包括：

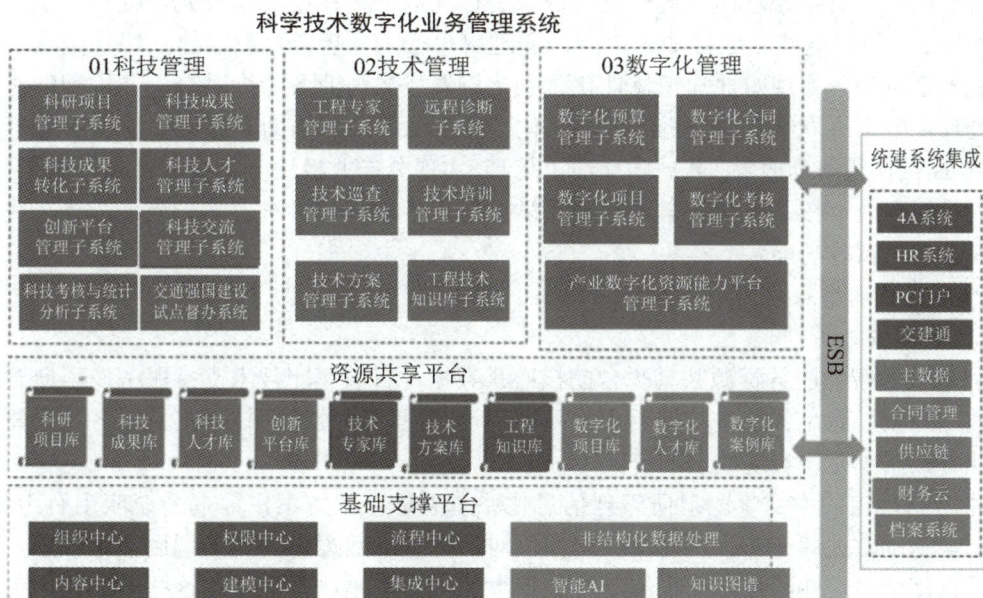

例图 7-1　科研技术智能服务资源共享平台

① 科技管理子系统：涵盖科研管理全过程，实现科研管理全面数字化；实现一数一源、一源多用；整合科研数据，打造数据应用和分析展示中心，哺育"数智大脑"用于支持分析决策；实行"大科研""大系统""大数据"方式统一全集团科技管理。

② 技术管理子系统：优化技术服务体系，提供线上技术巡查、工程专家、远程诊断、技术培训等服务，实现研究工程技术知识的深度共享与交流。包括相应的数据标准、管理制度、组织机构、激励机制、业务流程和开源性接口，让基层技术骨干在互动的过程中把工程知识、经验和窍门沉淀下来，并通过大数据算法等新技术形成各知识要点，实现统一的知识和数据的共享和查询；建设技术方案协同编辑模块，实现标准化方案模板在线编辑，为一线技术员工提供服务。

③ 数字化管理子系统：围绕数字化工作管理体系，建设相关数字化管理平台，统一进行数字化项目、数字化成果的管理。结合数字化预算及项目、产业数字化资源等各方面数字化要素，建立数字化考核体系，实现底层数据共享，打通纵向流程体系，为企业业务系统正常运行和提高效率提供有效的支撑。

(3) 平台应用。

① 支撑科学技术数字化领域业务管理。以中交集团经营主体层面各职能服务划分为依据，划分科技管理、技术管理、数字化管理三个子系统，充分考虑子系统同各相关业务间关系，保证数据贯通、资源共享和业务协同。

② 实现资源共享及在线服务。为各集团内用户提供问题诊断、方案查找、成果推广（交易）等服务支持，实现成果资源在集团内更大范围的统筹调用，满足集团对成果汇总数据及分类查询的需求。打造业务共享协作到资源社区运营的端到端的资源能力创新体系，融入人工智能技术，实现成果汇聚、管理、运营、应用的智能化，持续开展资源运营，营造资源共享的文化和氛围。

③ 提供智能推荐服务。整合底层结构化数据、非结构化数据存储架构，与集团的数据中台相结合，对平台整体采集存储的资源进行深度分析挖掘，建设元数据和知识图谱体系；全专业板块频道建立项目知识地图，通过用户行为分析、预测，建立用户画像，个性化智能推送资源，实现隐性知识显性化，强化资源成果与业务深度融合。通过智能化的大数据处理，输出不同维度的分析结果，深化数据资源利用，辅助支撑集团管理决策。

④ 提供在线培训服务。开展中交线上培训，实现分专业板块分类线上培训及成果分享。包括人员报名及审核、视频教学及互动、学员自行下载视频自学、学员培训成果在线展示答辩、在线考试等功能。

2) 主要技术难点

(1) 数据规划梳理。

科研技术智能服务资源共享平台的核心是数据，目前集团技术支持服务及科研管理数据分散，需要以满足各业务数据要求为系统建设前提，通过梳理技术支持服务及科研管理的各业务数据单元，实现数据的统一。

根据新确定的中交集团科研管理信息化系统整体布局方案，前端系统应用有 16 个模块，后端基础数据库有 7 个，前端应用模块对后端基础数据库的交叉调用非常频繁，数据引用关系复杂。这些给系统需求编制带来很大的难度，难以用文字对这些前后调用关系讲述清楚，也给需求准确传递给系统开发方造成困扰。梳理技术创新管理和科研管理等业务流程，确定业务标准，实现流程表单化、表单信息化、信息集成化，主要科技管理活动均融入信息化系统，准确表达系统需求，理清各模块之间的相互关系和各模块开发的先后顺序、介绍清楚数据前后调用关系，是本系统开发需求分析的关键。

(2) 业务打通。

科研技术智能服务资源共享平台的关键是业务，经过前期调研分析，发现集团技术支持服务及科研管理各业务差异较大但存在关联关系。本项目需攻克"业务墙"，通过业务梳理形成一套标准规范的业务管理逻辑，使各业务之间解耦重组，达到业务间充分协同的效果，真正实现业务打通。

(3) 信息安全。

信息安全已经上升到国家战略，信息安全的形势非常严峻，特别是中交集团这样的企业，是国际黑客的重点攻击对象。中交集团科学技术数字化管理平台（二期）会纳入集团统一的安全防护体系之下，经过云枢、WAF 云防、360 天擎等安全技术手段保障系统的安全。

3. 实施方案

1) 总体思路

按照"先急后缓、先易后难、统筹推进、分步实施"的原则，项目研发建设的主要内容包含三方面：第一，要遵循统一规划、统一标准、统分结合、统筹推进的原则，研究匹配中交集团发展方向的科研、技术及数字化项目全生命周期业务管理数字化模式，进行功能整体规划研究；第二，要秉承分步实施的原则，推动科研、技术及数字化管理信息管理系统的落地。实现平台的"一体化""标准化""信息化""可视化"；第三，要在业务系统沉淀的数据资源基础上，实现数字化资源资产的流通、转化、共享、应用，建立智慧运营体系，推进公司数字化转型。

2) 技术方案

(1) 建立统一业务平台。

围绕科学技术数字化业务，建设以业务中台、技术中台和数据中台为支撑的统一业务平台，最终令所有的业务在智能化前台展现。通过微服务化的架构设计，以及组件化的能力，可以快速实现业务应用需求，让业务实现更敏捷，平台更开放，持续确保企业的业务创新。

(2) 建立统一资源中心。

建立分类分级编码机制，收集各类资源，打造数字化智库；建立资源分类分级等评定标准，实现各类资源在统一规范下的集成。

(3) 建立生态交易中心。

与智库服务打通，按照公司统一管理要求进行各单位各类数字化成果汇聚，形成内部应用市场；充分调动各级单位参与积极性，重点撮合内部需求和相关解决方案，提供交易共享指引。

(4) 提供业务智能决策。

整合底层结构化数据、非结构化数据，与数据中台相结合，融合 AI 技术和大数据处理技术对智库资源深度分析挖掘，建设元数据和知识图谱体系，智能推送资源，实现隐性知识显性化，辅助支持公司管理决策，加强技术资源与业务的深度融合。

4. 应用效果及价值

1) 关键技术及创新点

（1）关键技术。系统基于中交云服务"三层架构"，利用统一平台"底座"，大数据计算能力及服务，对数据信息进行价值挖掘；利用云平台可扩展的、灵活的计算能力，提供随需使用的计算大脑，系统整体架构如例图 7-2 所示。

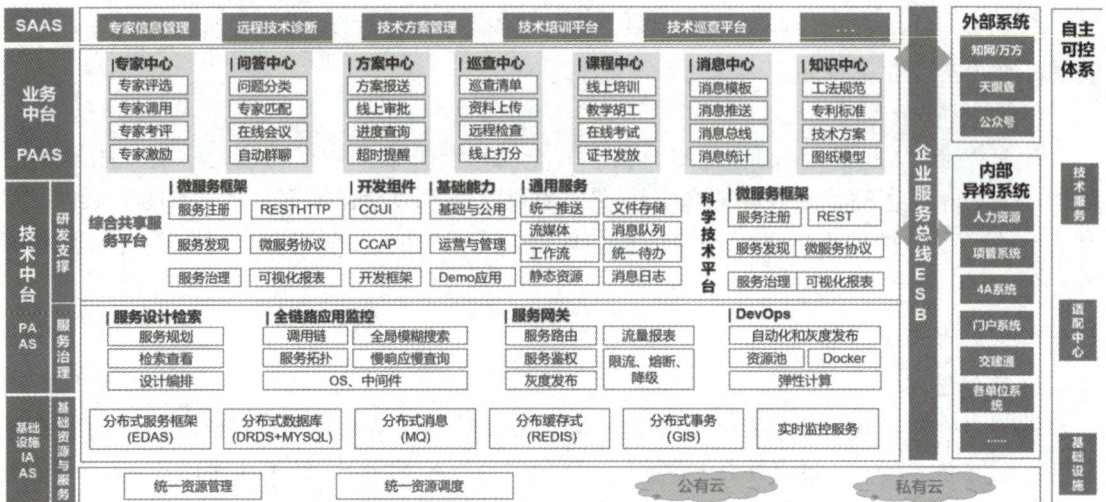

例图 7-2　系统整体架构

系统采用集成开发管理的设计机制，分层分布式的引擎设计便于业务扩展，如例图 7-3 所示。

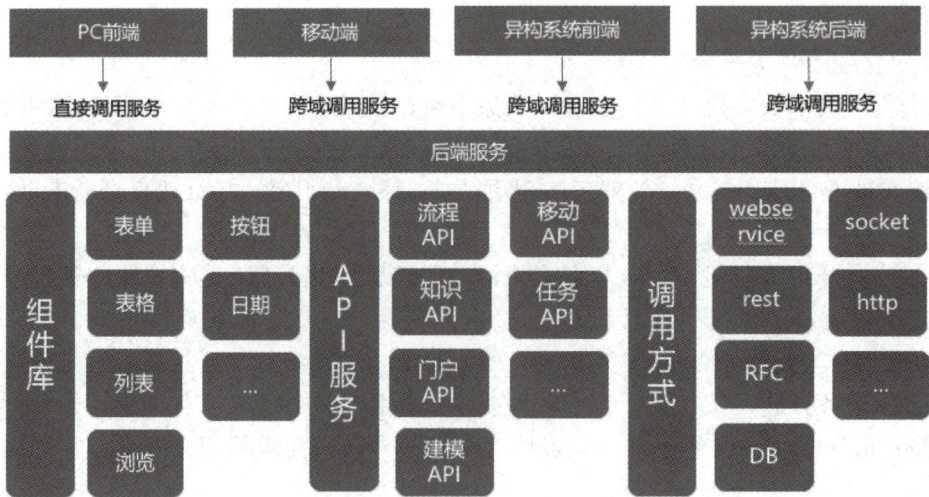

例图 7-3　分层分布式引擎设计

通过前后端分离来确保系统的稳定，前端负责应用以及展现，后端负责业务以及权限等体系，如例图 7-4 所示。

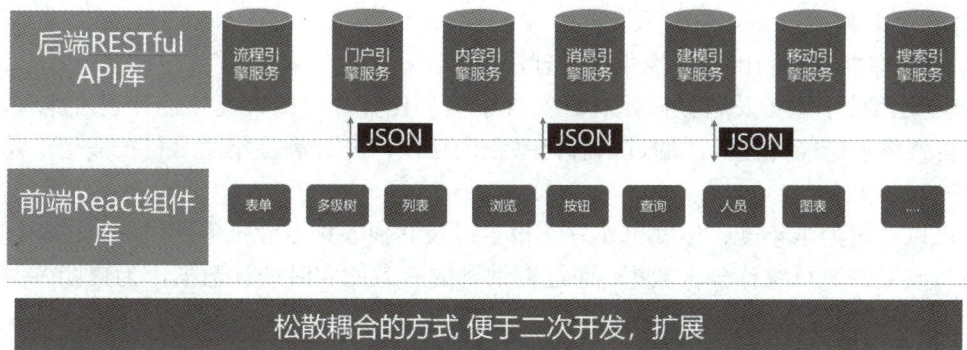

例图 7-4　系统前后端关系

(2) 创新点。据外部调研了解，本平台是所有央企集团总部中第一个全公益性质的资源共享平台，提出了大型央企内部系统自助式服务模式，深化技术管理"放管服"理念；实现了以知识为基础的智能设计和施工，有效助力企业信息化和工业融合，实现数字化转型升级；提出了与会议软件集成融合的开发方式；通过数字化手段，实现线上问诊的管理转变。

2) 应用效果及推广应用前景

本项目由集团统建并推广至二级单位应用，其业务的线上化运行，统一数据标准的建立和穿透式业务模型的建设，能提高集团技术管理能力、领导决策能力，提升员工工作效率，解决手工或半自动情况下工作量大、重复工作多、准确性不高、时效性差、工作效率低、难于统计、信息难于共享等诸多问题。系统在建设统一标准规范的同时，也充分考虑二级单位不同业务管理的重点和诉求，建设可扩展的动态业务平台。平台自上线运行以来，有效地满足了集团各级单位科研、技术数字化业务管理、资源共享的需求。充分利用大数据和云计算的技术手段，实现平台内数字成果资产深度挖掘与共享交流，获得了集团内用户的一致好评，推广前景良好。

另一方面系统在研究完成后可将相关经验推广至社会，助力相关业务企业科研的数字化转型升级。

3) 经济社会效益

(1) 经济效益。

① 通过统管统建的模式，第一方面，降低集团及下属单位信息化投入的费用，缩短技术管理工作信息系统建设周期，减轻企业投资压力；第二方面，通过集团统一规划、试点先行、逐步推广的方式，有效地规避了由于规范标准的不统一，为后期各单位技术管理工作信息化建设带来重复建设的风险；第三方面，系统集中部署，统一运维，有效地降低了项目后续运营成本。

② 利用科研项目库、科技成果库、科技人才库、技术方案库、产业数字化案例库、外部科技数据及论文期刊库、工程技术知识库等数据智库资源，推动了内部技术知识资源的沉淀与共享，加速知识在公司和二级单位及各部门、项目部中的积累、传播、分享和使用，加速公司技术水平提升，强化公司核心竞争力。这样一来，预期减少 10% 的知识类

管理成本，提升 1% ～ 2% 的项目综合效率。

(2) 社会效益。

① 深化数据资源利用，支撑集团管理决策。

中交集团技术服务及科技研发管理实现了信息化管理，极大提升了管理效能和水平，助力公司整体创新能力提升。通过信息化系统的运用，充分满足集团对科技成果汇总数据及分类查询的需求：

a. 可以随时为半年度、年度工作总结报告以及其他各种专业报告提供实时的集团层面的课题、成果的汇总统计分析数据；通过查询到的有效的实时统计数据，为集团各类报告及科学决策提供数据支撑。

b. 通过系统查询各二级单位科研课题、科技成果完成情况，可以对二级单位完成情况进行纵向和横向对比分析，可以按时间段进行查询，并可以按要求形成各种分析图表。

② 推进信息化运营管控，提升协同管理能力。

中交集团"技术创新管理系统""科研管理系统"和"知识库系统"等信息化系统不仅面向集团层面、而且面向集团下属单位、创新平台提供信息化应用，充分满足各层级用户多维度的需求。通过信息化系统的推广应用，实现从上到下穿透和从下至上融入，有效提升集团各级的协同管理能力，实现数字化赋能发展。

③ 业务管理数字化，创造的隐形价值不可估量。

本项目的研究与开发为中交集团及其下属单位提供"技术创新管理系统""科研管理系统"和"知识库系统"等信息化系统，该系统的推广应用，实现公司技术及科研业务管理的数字化转型升级；覆盖全集团二级单位及三级单位，形成多场景、多层级管理决策支撑，解决了以前工作效率低下、数据重复填报、数据汇总困难等诸多问题。特别是一数一源、统一布局基础数据库，形成一次录入，多处调用，保证了集团层面数据汇总的准确性、及时性和实时性。中交集团会议管理系统的上线运行，使数字化运用贯穿会议全过程，极大地提高了会议信息获取体验和会议召开效果，移动端、PC 端无缝连接，大型会议的组织效率得到极大提升。技术巡查管理系统突破时间和空间的限制，为公司技术巡查工作提供线上支持。本项目的诸多业务管理模块均提供线上功能支持，极大地提升了工作效率，与以往相比不可同日而语，节约了大量的时间、人力、物力成本，创造的价值难以估量，社会效益、经济效益显著，应用前景广阔，具有重大的应用推广价值。

5. 下一步计划

1) 深化研究战略、业务、信息协同机制

持续优化完善平台整体架构体系，深入研究战略、业务、信息三方协同机制，通过数字化手段实现管理与业务标准化，加强对跨部门、跨层级的业务标准体系和流程体系的建设完善。

2) 运营管理提效增质

目前科研技术智能服务资源共享平台存在"点散、线断、面缺、体弱"等现象，需解决应用分散、共享不足的问题，应加强业务链贯通和资源汇聚能力，以需求为导向形成推广机制，建设数字化资源共享机制及运营数字化资源共享平台，整体形成协同优势，提高整体创新能力、生产能力和决策智能化水平。

3) 提升数字基础能力

　　集团数据中心资源整合利用不足，全球网络体系需进一步优化提升，网络安全风险逐步增大，传统信息化技术架构难以适应数字化转型需要等问题仍然存在，基于"云网端"的中交混合云技术体系亟待建设。

案例8　数字化转型在内部审计中的应用

——五凌电力大数据智能审计助推企业高质量发展

实施大数据智能审计是贯彻落实国家科技强审战略、提高审计效能、促进企业高质量发展的重要举措。五凌电力大数据智能审计平台是集团审计数字化转型的积极探索和创新实践。平台以"迪博企业大数据智能审计系统"为依托，构建集内外部数据采集与治理、传统统计分析与AI智能分析、审计问题精准定位与风险提示、问题发现与核实整改于一体的全方位数字化内审体系，以数字赋能审计，提高审计监督效率、质量和价值。

1. 项目背景

五凌电力有限公司（以下简称五凌电力）是隶属于国家电力投资集团有限公司旗下的大型国有电力开发经营企业，实行集中经营、分层管理的管控模式，共辖14个直管水电厂、57个全资或控股子公司、5个分公司（事业部）、1个代管公司。五凌电力秉承管理标准化、业务协同化、决策智能化的思想，坚持向管理要效益，在信息化建设中一直走在行业前列。依托自身良好的数据基础、信息化管理基础和技术革新意愿，2020年五凌电力被选定为国家电力投资集团数字化转型项目——大数据审计试点单位，迪博企业风险管理技术有限公司（以下简称迪博）凭借其数智化服务能力成为五凌电力大数据审计之路上的合作伙伴。

五凌电力大数据审计平台以"迪博企业大数据智能审计系统"为蓝本，依托五凌电力工业互联网大数据平台，将人工智能技术与审计业务需求深度融合，充分整合企业内部数据、外部工商数据和迪博行业大数据，在招标采购、合同管理、成本费用、往来账款、资金管理、资产管理等六大重点领域，构建百余项审计模型，全面覆盖五凌本部及其下属单位，提供审计问题定位与风险提示、疑点发现与核实整改等一站式大数据审计服务，以数字驱动智能式内审建设，赋能企业高质量发展。

2. 需求与挑战

1) 是贯彻落实"科技强审"战略的外在需要

党中央、国务院高度重视审计工作。党的十八届四中全会首次在党内重大文件中将审计监督纳入八大监督之列；习近平总书记在中央审计委员会第一次会议上也明确提出要善于运用新技术、新手段，坚持科技强审，积极推进大数据审计；国务院《关于加强审计工作的意见》提出要"加大审计力度、创新审计方式、提高审计效率、实现审计监督全覆盖"。

2) 是实现以数字赋能审计的内在需求

随着经济社会的发展，企业管理规模越来越大、层级越来越多、经济业务越来越复杂，内部审计对象、范畴、内容也较以往有了很大的改变，对内审职能的发挥提出了更高的要求。传统依赖审计人员的专业判断进行分散式、人工抽样审计的模式已无法满足新时期内审工作需要，亟需借助大数据技术手段，形成数字驱动的智能化审计。

3) 是信息化发展的必然要求

一方面，企业信息化水平有了长足进步，很多企业实施了多个信息系统，覆盖了单位主要的业务和管理领域，具备良好的数据基础。另一方面，自然语言处理技术、社会网络分析技术、计算机视觉技术、大数据可视化分析技术及机器学习方法等的发展，使得全量全过程智能化审计成为可能，为推进内审职能转变、提升审计效率奠定了良好的根基。

3. 实施方案

1) 目标

五凌电力大数据审计平台，以"科技强审、智慧高效"为目标，以数据和审计为核心，通过提供更强大的平台与技术支撑，更快速地发现和定位问题，更高质高效地进行审计应用，有效破解传统内审面临的"无法打通系统信息壁垒、不能全量审计、数据分析深度不够"等问题，提升了审计宽度、深度与力度，增强了全量分析能力，提高了审计监督的效率、质量和价值。

2) 实施路径

五凌电力大数据审计项目一期历时 100 余天，因时间紧、任务重，按照分步分阶推进原则，选取成本费用、资金管理、合同管理、招标采购、往来账款、资产管理六大领域作为一期大数据审计实践的主要内容，以系统落地和应用为主线，业务设计和数据梳理为辅线，业务、数据、系统三条线齐头并进的实施策略，历经四个主要阶段：

第一阶段：进行数据现状和业务需求调研，根据内外部数据印证、制度法规要求以及机器学习方法等搭建审计模型框架，确定招标采购、合同管理、资金管理、成本费用、资产管理、往来账款六大领域、46 个审计模型、100 余个子模型框架。

第二阶段：基于审计业务需求，进行模型细化和数据寻源及治理。充分利用公司 ERP(企业资源计划) 和财务共享及集团法务系统、集采系统等数据，从 12 万张数据表中进行了精准的数据寻源，找寻与六大领域审计需求相关的 1200 个指标字段。

第三阶段：进行审计模型配置、审计专用算子定制开发、系统集成与开发工作，形成指标卡、统计图、问题清单等审计成果可视化看板。

第四阶段：进行模型优化和效果验证，模型精准度不断提高，顺利通过系统与项目双向验证，如期验收。

3) 实施内容

(1) 系统架构。

五凌电力大数据审计平台分为三层：数据层、应用层和展示层，如例图 8-1 所示。

数据层采用五凌电力工业大数据平台进行数据采集交换、治理和智能计算，形成质量较好的数据资产，并提供标准的数据输入 / 输出接口。

应用层和展示层使用迪博大数据智能审计系统。应用层包括首页、问题管理、模型管理、采购、合同、资金、资产等十大模块，对内与企业内部协同平台和五凌通即时消息平台对接，对外与天眼查平台和迪博对标数据进行对接。展示层包括 PC 门户、协同平台和移动端 (五凌通)。

展示层	**PC门户**			**协同平台**			**移动端（五凌通）**	
	公司领导	审计人员	其他业务和职能部门	问题推送	核实反馈	整改反馈	问题推送	核实/整改动态

应用层	**大数据审计平台（一期功能）**								**系统集成**
	系统首页	**采购审计**	**合同审计**	**资产审计**	**资金审计**	**往来款审计**	**成本费用审计**	**问题管理** **模型管理**	· 协同平台 · 用户同步 · 单点认证 · 消息通知
	地图概览	方式异常	签订异常	资产权属	授权审批问题	账龄分析	超标超预算	问题汇总　模型框架	
	系统简介	规避招采	量价异常	资产分类	与计划偏离	长期挂账	核算口径问题	问题下发　业务属性	**五凌通**
	区域统计	单价异常	结算异常	账卡不一	融资结构问题	坏账计提	成本费用错列	问题核实　指标管理	**天眼查**
	领域统计	异常供应商	超期合同	清理处置	贷款利息问题	外部借款	账票不符	问题整改　因子管理	**迪博对标数据**
	重点公司	违规采购	倒签合同	项目转固	账户余额问题 僵尸账户	预付质保	违规报销	问题销项　展示配置	

数据层	**数据采集交换平台**				**数据治理**			**智能计算**			
	结构化数据	半结构化数据	非结构化数据	外部数据	数据解析 数据清洗	元数据管理	数据标准化　数据审核	风险建模　机器学习　数据挖掘　自然语言处理 指标计算　知识图谱　专家系统　商业智能分析			

用户界面	一期大数据审计应用	互联网大数据平台	第三方集成

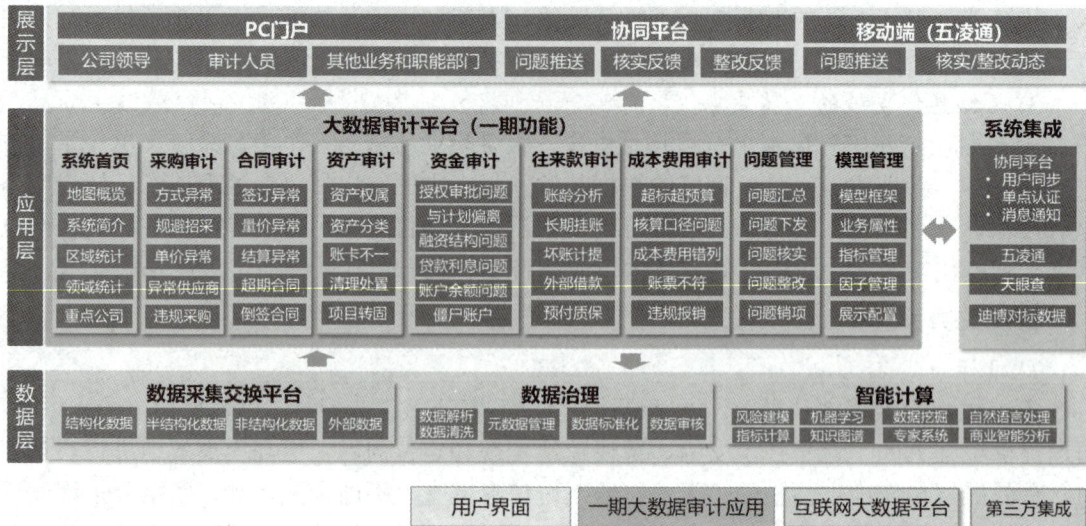

例图 8-1　五凌电力大数据智能审计平台

（2）主要功能。

① 首页——审计驾驶舱。以疑点分布图、问题跟踪漏斗图等多种视图形式对审计问题、疑点及问题整改追踪情况进行可视化呈现。

② 成本费用审计。对成本费用超标超预算、核算口径不一致、成本费用错列、账票不符、违规报销等问题和疑点进行重点审计。

③ 资金审计。重点对资金使用的授权审批问题、资金使用与计划偏离、融资结构问题、贷款利息问题、账户余额问题、僵尸账户等进行异常提示。

④ 资产审计。主要关注固定资产、在建工程两类资产，对资产权属、资产分类、账卡表对比、到期清理，及在建工程转固及时性进行模型构建与异常提示。

⑤ 往来款审计。对往来款进行款项性质、账龄和坏账计提情况分析，提示往来催收不到位、清欠不及时等异常情况。

⑥ 采购审计。主要对采购方式异常、规避招采、采购单价异常、供应商异常等情形进行提示。

⑦ 合同审计。对合同签订异常、量价异常、结算异常、超期合同、倒签合同等情况进行提示。

⑧ 问题管理。对问题下发、问题核实、问题整改、整改确认、问题关闭、问题导出等环节发现的问题进行集中管理，动态监控问题疑点整改进展。

⑨ 模型管理。采用迪博首研的分层建模技术方法，进行数据对象、指标、因子、模型框架管理，支持审计人员快速配置、创建和调整审计模型，极大简化了模型的设计与开发。

4. 实施效果及价值

本项目是五凌电力首个管理数字化应用系统，获公司内部技术创新二等奖和突出工作奖，成为了国电投资集团的大数据审计标杆，实现了内审工作的五大转变：

（1）从人工抽样式审计向大数据全量自动化审计转变。通过大数据审计平台，实现审计问题发现自动化，将传统的事后审计转变为事前、事中风险控制，将业务单据人工抽查转变为大数据监控，实现业务记录 100% 全覆盖，有效避免漏查漏检情形的发生。

(2) 从经验式专家审计向规则化智能审计转变。传统审计受审计人员个体差异、经验和专业判断影响较大。大数据审计平台将审计人员的专业经验梳理成可复用的规则，内嵌到审计模型中，让审计平台也具有专业的判断力。

(3) 从批量报告式整改向逐条精细化日常化整改转变。以往的整改工作是在审计报告或问题清单下发后才开始，而通过大数据审计平台，可随时发现问题，随时下发进行整改，随时跟踪反馈整改进展，让审计发现和整改日常化，整改更及时，跟踪处置更精细。

(4) 从单纯依靠内部数据检查向内外部信息整合发现问题转变。传统审计主要依赖企业内部业务数据，在大数据审计模式下，可通过数据接口等方式引入外部多源异构数据，将内外部数据相互印证整合，从而发现问题，有效提升审计的深度和广度。

(5) 从分散管理向审计管理体系化转变。大数据审计平台不仅实现对审计模型计算结果的可视化展示，还内置了相关制度依据，并支持进行问题下发、核实、整改、关闭，形成了从制度规定到疑点筛查、整改关闭的完整管理体系。

5. 下一步计划

大数据智能审计实践，是一个循序渐进、持续建设和优化的过程，需要不断拓展和完善，以推动大数据审计平台往更高、更深、更广的范围延展：

(1) 在高度上，围绕一个目标两个体系 (SPI(战略—规划—计划) 体系、JYKJ(计划—预算—考核—激励) 体系)，从财务审计和专项审计向经营审计、战略审计、绩效审计等迈进。

(2) 在深度上，进一步从行业纵深、业务纵深、技术纵深，最大限度挖掘数据和技术潜力。行业纵深，指针对不同行业板块，结合行业特色，形成行业专用的审计模型；业务纵深，指拓展至六大领域外的其他领域，如三重一大、两金压降、投资、工程项目等领域，逐步实现所有业务领域全覆盖；技术纵深，指将更多的大数据和人工智能技术运用到审计业务中，如通过自然语言处理技术进行文本信息的语义分析与归类，基于图像识别技术来识别签名等。

(3) 在广度上，一是要将大数据技术从审计领域扩展到风险、内控、合规、监察和管理对标等多个领域，构建大监督平台；二是要将大数据审计平台与监控预警系统、其他管理系统、业务系统进行整合贯通，更好地实现"业审一体化"，更好地做到事中、事前审计，实现审计关口前移。

案例 9　国企内部数字化转型助推易华录高质量发展

——北京易华录信息技术股份有限公司

1. 项目背景

北京易华录信息技术股份有限公司 (以下简称易华录) 成立于 2001 年，是隶属于中国华录集团旗下的上市公司。基于国家大数据发展战略和信息安全保障要求，易华录实施了"数据湖 +"发展战略，数据湖概念图如例图 9-1 所示。易华录致力于建设城市数字经济基础设施，以努力降低全社会长期保存数据的能耗和成本为使命，以成为社会可信的大数据一级开发和存储服务提供商直至演变成数据银行为愿景，构建一个数字孪生的城市，最终实现数字永生。在"十三五"期间，公司业务从智能交通转向数据湖基础设施建设，数据湖基础设施建设现在正在迅速发展期。旗下全资或控股子公司共 70 个，其中，数据湖子公司 36 个。在提出国企数字化转型后，易华录依托自己良好的信息化基础、市场开拓发展需求以及技术革新意愿，2020 年，易华录决定进行数字化转型。

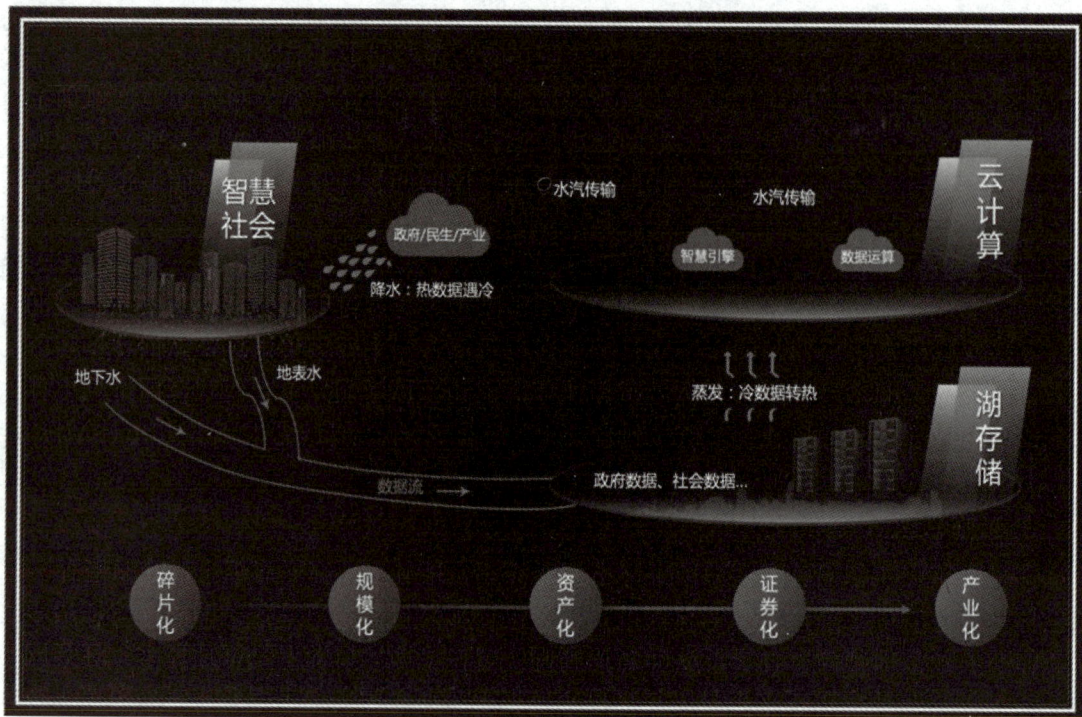

例图 9-1　易华录城市数据湖概念图

易华录在20年发展历程中，积极响应国家发展战略，紧紧把握市场需求，由传统的智能交通管理服务业务，转型升级为"数据湖+"业务，组织架构也为了适应企业业务发展而不断调整健全。易华录作为非数字原生企业，在成立之初基本以物理世界为中心构建，围绕研发、销售、供应、交付、运维等具体的经济活动展开，天然缺乏以软件和数据平台为核心的数字世界入口；组织架构和人员配置都围绕着线下业务开展，且随着业务的转型升级而不断调整完善，历史数据繁多；企业随着不同阶段的发展需求，经历过多个版本的信息化软件和不同类型的数据库存储环境，IT历史包袱陈旧。目前易华录的企业数字化成熟度落后于公司的战略和业务发展脚步，现正积极进行数字化转型，赋能企业高质量发展。

2. 需求与挑战

1) 贯彻落实国企、央企数字化转型要求

2020年8月，国务院国资委印发《关于加快推进国有企业数字化转型工作的通知》，促进国有企业数字化、网络化、智能化发展，增强国有企业竞争力、创新力、控制力、影响力、抗风险能力，提升国有企业产业基础能力和产业链现代化水平。着力夯实数字化转型基础，即建设基础数字技术平台、建立系统化管理体系、构建数据治理体系、提升安全防护水平。明确4个转型方向：产品创新数字化、生产运营智能化、用户服务敏捷化、产业体系生态化；明确3个赋能举措：加快新型基础设施建设、加快关键核心技术攻关、加快发展数字产业，打造制造类、能源类、建筑类、服务类4类企业数字化转型示范样板。易华录积极响应国家央企数字化转型要求，发挥国有企业示范引领作用。

2) 公司数据湖发展战略的需要

"建湖、引水、水资源利用"是易华录数据湖发展战略的三部曲。现在易华录已经步入水资源利用阶段，数字化转型也成为易华录水资源利用战略发展方向之一。现在，数字化转型需求快速扩张，为数字化转型提供了引爆点，在极短时间内激发了数字化新需求，将推动数字化转型跨越式发展。在生活领域，数字化应用爆发式增长。在生产领域，数字转型加速发展，新的数字化生产模式加速渗透推广，通过工业互联网、大数据等手段实现产业供需对接、产业链协同、资金融通等，进而催生出产业资源在线调配、协同制造、产能共享、跨域协作等数字化生产新模式，极大减缓了企业发展中的痛点。

在上述背景下，企业进行数字化转型，对外提供数字化转型和数据资产化服务，这是企业转型升级的核心引擎，是企业高质量发展的内生动力，是符合市场发展和未来竞争的明智策略。

3. 实施方案

1) 目标

本项目以"开源节流、健康资本、优良业绩"为总体目标，推动新一代信息技术与国有企业的融合创新，加速企业全方位、全角度、全链条的数字化转型，助力易华录实现全面数字化、智能化驱动企业业务和运营管理，实现业务决策智能化、运营管理一体化、用户服务敏捷化、产业体系生态化，提升产业基础能力和产业链现代化水平。易华录发挥国有企业的示范引领作用，加快构建新发展格局。采取"总体规划、局部先行"的策略，坚持市场驱动的顶层数据战略设计和分步实施的思想，逐步推进企业数字战略有效、有价值

的落地。

本项目以完善的数据管理体系为核心，以升级更新的信息化系统、数据资源平台、数据算法模型、企业驾驶舱和行业特色数据场景应用为重点，以"开源节流、健康资本、优良业绩人"为目标构建易华录企业数据管理智慧体。当期，易华录以"解决企业最基础、最迫切的痛点问题"为目标，进行数据治理，初步构建数据资源池，针对易华录数据湖建设管理运营、营销、回款、人力业务场景，进行业务梳理和数据治理，辅助企业实现基本的管理决策、业务协同需求。后期易华录将会继续进行建设。

2) 实施路径

本项目建设共 6 个月，首先，搭建数据治理体系，辅助易华录实现基本的管理决策、业务协同需求，反向驱动易华录逐步实现从重点业务到覆盖全业务的业务标准化、流程化、信息化。其次，在治理过程中逐步搭建数据管控体系，从制度、流程、规范、绩效等方面，来保障企业数据治理体系的落地实施、持续改进。同时，在建设过程中逐步探索易华录作为数据资产化服务提供商，在面向企业提供数据治理服务能力时的实践方法。项目建设内容：构建易华录数据资源池、形成易华录数据资产目录、构建易华录企业驾驶舱。具体如下：

步骤一：业务数据现状及需求摸排。

步骤二：基于前期摸排调研的结果，按照易华录企业认可的各业务领域的治理紧急程度，优先对重点业务领域的相关数据进行梳理，完成业务元数据、技术元数据的定义和一系列规范设计后，将业务数据统一汇聚、标准化处理后，构建主题库、专题库、指标库，最终形成完备的数据资源池。

步骤三：将汇聚、整合后的数据资产定期更新、注册入库，最终通过数据资产目录发布标准化的数据资产，统一提供给数据服务，让数据资产方便用户搜索和浏览，易于理解和解读。

步骤四：构建易华录企业驾驶舱，实现高优先级的指标需求。对重点业务领域的部分重要指标数据进行梳理，完成指标的标准定义，通过系统工具实现数据指标开发的相关工作，通过可视化看板呈现给用户。

3) 建设内容

综合考虑易华录现有的几十个线上系统和大量的线下数据、非结构化数据，通过数据接入工具，对数据进行清洗和转换，从而形成原始库。在原始库的基础上，结合定义好的元数据标准和建模规范形成标准库，按照业务关注重新组织数据，构建主题库和指标库，通过可视化工具呈现给企业管理者、业务人员或其他有数据需求的用户，同时面向其他上层应用提供数据服务接口以支持业务协同。易华录企业数据治理总体架构如例图 9-2 所示。易华录企业数据资产化服务基于大数据架构构建统一数据资源池，建设数据资源管理体系及工具平台，实施数据治理服务，助力企业实现数字化转型。

建设大数据平台、数据治理平台、数据驾驶舱与数据治理服务，为易华录数据资产化提供服务。基于 Hive（数据仓库工具）、MPP（大规模并行处理）架构构建统一的数据资源池，实现数据资源可管、可控、和安全、易用，同时兼顾海量数据处理、分析需求以及业务系统即时访问数据的诉求。通过采集汇聚、集成接入等技术手段将分布在各个业务系统、网络环境中的数据进行抽取并集中存储到原始库，原始库为下游数据加工、处理流程提供数据原材料。基于数据治理标准将原始库中的数据通过清洗、转换输出到标准库，通过对标准库数据的开发分析构建主题库、专题库，通过基于业务场景的关系建模、维度建模、指标建模等支撑数据使用需求，大数据服务平台对外可通过数据库表、文件下载、API(应用程序编程接口) 调用、消息队列等方式将数据开放给上层的应用系统。

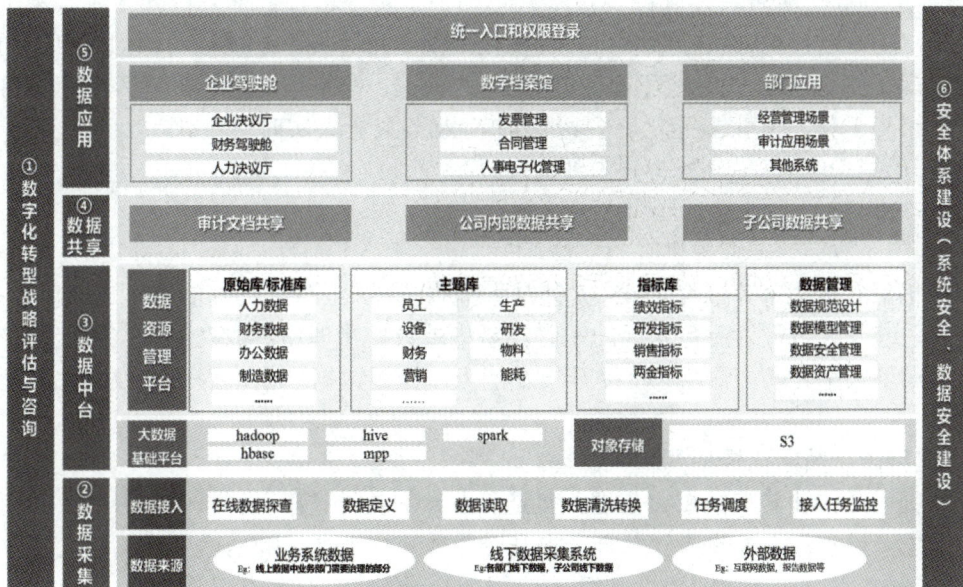

例图 9-2 易华录企业数据治理总体架构

4. 实施效果及价值

1) 经济效益

(1) 实现成本控制。

① 流程优化，节约人力。通过人力组织机构调整、优化再造服务流程、完成服务标准等举措，提高人力资源运营效率，更好服务业务单元；面对复杂的人员结构/分工/考核体系，从人力资源配置效率/人力成本/人力资源运营效率等维度，建立对应分析模型方法，多维分析，直观呈现，为决策提供有力支撑。

② 供应链全流程管理，实现物料采购成本控制。整个供应链数据共享与可视化，实现从订单确认到对账开票整个流程端到端一体化；同时采购在线化，实现库存共享，降低采购成本。

③ 项目全流程管理，及时决策管控成本。项目全流程可视化，从商机获取到回款，全流程跟踪，及时决策进行成本管控。

(2) 实现获客增收。

① 打通回款节点，及时高效实现回款自动化。在回款业务线，根据业务信息，在客户回款后，企业通过智能收款认领系统，同步银行流水，系统可智能匹配客户、合同、项目等业务信息，部分未匹配成功的收款由人工认领，实时高效地完成回款自动化确认。

② 数据及时传输，营销工作高效运转。利用数字化技术重新对信息流、资金流和采购等信息进行整合，帮助企业实现全域营销资源的共享，助力品牌企业营销的数字化转型升级，从而驱动整个企业营销工作更加高效地运转。

(3) 驾驶舱，实现高层高效决策。

① 提供自上而下的决策支持能力。能够为企业的决策者、各级管理者及业务负责人提供全业务数据视图以及全公司的管理视图。

② 高层领导实时查看，辅助决策，避免损失。实现运行数据可自动采集，易于掌握运营状况。企业运行实时状态数字化、可视化，便于相关员工采取行动，同时可以通过移动终端远程了解运营信息，进行管理。企业数字化转型，企业会更加灵活敏捷、更加开放，会组织扁平化，文化多元化。各级管理者/业务负责人实时可视化，及时决策，提高工作效率。

2) 社会效益

(1) 为国企数字化转型提供有力支撑。

国内仍然有很大部分国有企业，尤其是大型传统行业国企，基础信息化建设仍未完成，多年陈旧系统，甚至成为业务发展的掣肘。易华录数据治理项目成功后，将逐步推广，为其他企业提供数字化转型服务；将提升技术能力，挖掘数据价值，为国企数字化转型提供有力支撑。

(2) 支持国企数字化转型的重大部署。

支持国企数字化转型的重大部署，打造行业数字化转型示范样板，提升数字化率，通过数字化技术和业务需求的深度融合，提升企业数字化水平，降本增效，提高人均效能。

(3) 推动"生态化"产业转型升级。

通过数字化转型，推进自身数字化能力，夯实产业整体合作水平。带动相关产业链中的中小企业加快数字化转型发展，是易华录作为央企的使命与担当。

5. 下一步计划

数据驱动业务，基于企业全域数据和业务，完善数据资源池和指标体系建设，建立数据管理框架，发布数据管理政策，持续完善信息化系统与数据平台工具，反向驱动易华录企业内部逐步实现从重点业务到覆盖全业务的标准化、流程化、信息化。

企业数据资产价值化、数据应用。建设多领域业务应用，实现业务运营数字化、业务决策智能化、运营管理一体化、用户多样化服务敏捷化、产业体系生态化，达到"开源节流、健康资本、优良业绩"的终极目标。推广易华录数据资产化业务。

案例 10   经营分析与智慧决策系统助推钢铁企业数字化转型

—— 傲林科技有限公司

1. 项目背景

华东地区某大型钢铁企业一直本着精益化管理理念，来实现生产效率的最大化，其吨钢利润位于国内钢铁行业的领先地位。多年以来，该企业积累了很多宝贵的管理经验。但如何实施数字化转型、利用数据实现实时全局决策、把看不见摸不着的优秀管理思想和方法变成可看可学可复制的标准化模块，以应对数字化时代的挑战，成为该钢企当前急需解决的问题。

2. 需求与挑战

1) 项目需求

(1) 实时把控运营状况并做出科学决策。该钢企希望通过数字化转型，能即时观测和掌握当前供产销和财务各环节业务运营情况，进而能够根据钢企当前的运行状况，适时调整生产运营策略；同时，通过数据分析，追溯钢企生产、运营、管理过程中发生的问题，进而确定问题的成因、影响及责任；进一步提升该钢企对整个钢铁行业的洞察能力，从中挖掘行业新的商机，并在钢企内形成基于数据分析而作出科学预测和明智决策的机制。

(2) 固化优秀管理方法并全面推广。通过实施数字化转型，借助 AI 和大数据分析等先进技术，将该钢企在采购、生产、销售、库存、财务等环节的优秀经验通过模型和代码固化 (如合理的原料及成品库存水位计算、成本计算、大宗采购计算等)，让其精益化管理模式得到传承和推广。

2) 项目挑战

(1) 打通全局数据。该钢企之前开展了大量的信息化建设工作，已建成从底层 PLC 到中层 MES 到上层 ERP 等在内的多个信息系统。但这些系统之间无法互联互通，形成了多个数据孤岛，导致钢企决策者在日常决策中需要技术部门开展额外工作，才能获取决策所需的数据。为了优化工作，急需打破数据孤岛，形成基于全局数据进行科学决策的机制。

数据质量差。虽然该钢企通过多年的信息化系统积累了大量的经营数据，但是数据质量不高。具体体现在：数据自采率低，数据完整性差，数据关联性弱，数据散落在全集团范围内，数据没有形成统一规范、格式和含义，数据口径不一致等。

数据利用率低。依靠人工基于个人经验开展数据分析；无法做到根据经营数据及时反馈调整生产计划；对沉淀的历史数据的使用率较低；大量的历史数据未能对该钢企的智能化分析形成支撑。

3. 实施方案

1) 实施目标

该钢企把数字化转型的具体目标确定为：

一是实现基于全局数据的决策。通过打破现有系统之间的数据孤岛，消除部门信息不对称，实现实时全局决策优化。

二是构建科学的数字管理体系。固化宝贵人工经验，将人工经验变成企业资产，构建基于数据的管理体系，实现从"人治"到"法治"的革新。

三是进一步提升企业软实力。提炼该钢企精益管理能力模型，实现企业自身降本增效，以及对成员单位的管理输出。

2) 实施路径

傲林科技通过深入分析该钢企的生产运营状况，选择大数据作为突破口，为该钢企构建了"经营分析与智慧决策支持系统"，帮助该钢企提升整体数字化水平，实现管理透明化，实现降本增效。

项目通过以下三个主要步骤来实施：

一是夯实现有信息化基础。通过对现有 ERP 等信息系统的集成共享，提升数据采集量、数据准确度和数据质量。

二是训练并优化模型。通过梳理业务流程，把人工经验、历史数据、实时数据、预测数据进行智能分析和模型训练，输出为直接指导各业务环节的优化模型。

三是围绕具体业务应用开展落地实施。围绕钢企"产供销"经营铁三角，导入优化模型，在采购管理、库存优化、产销平衡、成本分析、资金优化等多个领域，全面实现数字化转型。

3) 实施内容

(1) 系统架构。

钢铁企业传统信息化支持系统分为 4 层，其中 L1 层为设备控制层，L2 层为过程控制层，L3 是以 MES 为代表的车间级制造执行系统，L4 是以 ERP 为代表的企业级资源计划系统及企业管理系统。傲林科技为该钢企在传统的自动化与信息化系统之上，构建了 L5 层（数据湖、数据治理、BI）及 L6 层（以数据为基础开展量化分析与辅助决策），某钢企经营分析与智慧决策支持系统如例图 10-1 所示。

(2) 主要功能。

① L5 层——数据湖。数据湖主要解决如何集中式管理与处理横跨该钢企多个信息化业务系统的海量数据问题。由于钢铁行业生产制造过程复杂，涉及的专用信息软件及系统众多，因此对差异化系统的多源异构原始数据的存储、处理及分析是需要解决的重点问题。傲林科技构建的数据湖，能够打通各个业务系统（如 ERP、MES) 获得原始数据，同时可以进行数据存储、清洗。针对不同的计算处理需要，傲林数据湖集成了实时、批量数据处理引擎，覆盖数据全生命周期应用场景。

② L5 层——数据治理。数据治理旨在提高企业数据质量，为企业管理者辅助决策提供高质量的数据源。为了提供优质的数据，针对钢铁行业的数据应用需要，傲林科技的数据治理引入了主数据管理、元数据管理、主题数据管理、报表生成工具、业务视图管理以

及数据质量监控等子系统。

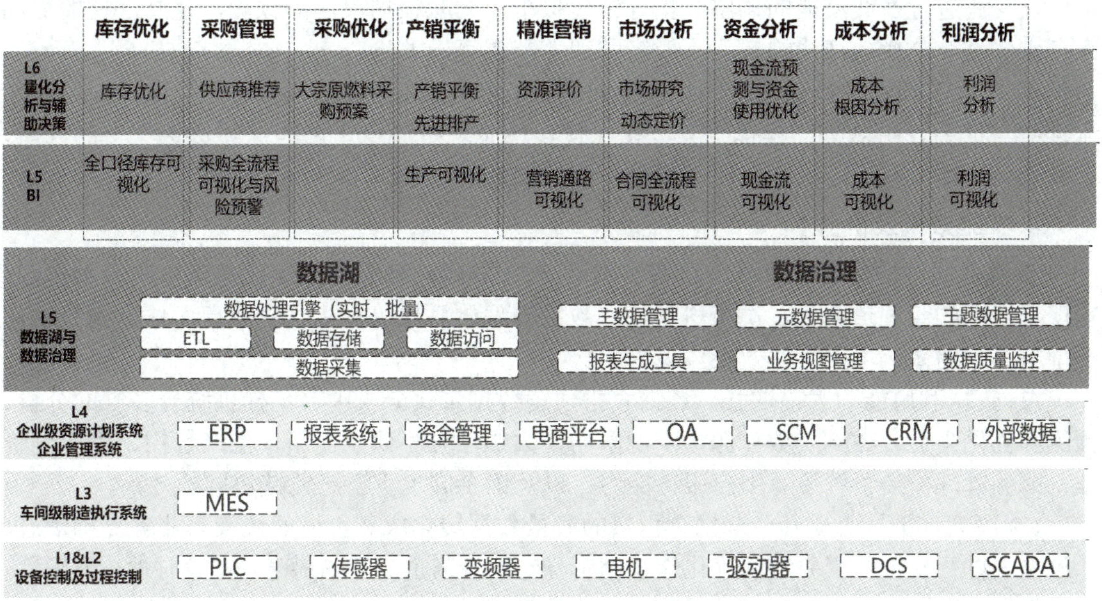

	库存优化	采购管理	采购优化	产销平衡	精准营销	市场分析	资金分析	成本分析	利润分析
L6 量化分析与辅助决策	库存优化	供应商推荐	大宗原燃料采购预案	产销平衡先进排产	资源评价	市场研究动态定价	现金流预测与资金使用优化	成本根因分析	利润分析
L5 BI	全口径库存可视化	采购全流程可视化与风险预警		生产可视化	营销通路可视化	合同全流程可视化	现金流可视化	成本可视化	利润可视化

L5 数据湖与数据治理	数据湖		数据治理	

数据湖：数据处理引擎（实时、批量）；ETL；数据存储；数据访问；数据采集

数据治理：主数据管理；元数据管理；主题数据管理；报表生成工具；业务视图管理；数据质量监控

L4
企业级资源计划系统
企业管理系统：ERP　报表系统　资金管理　电商平台　OA　SCM　CRM　外部数据

L3
车间级制造执行系统：MES

L1&L2
设备控制及过程控制：PLC　传感器　变频器　电机　驱动器　DCS　SCADA

例图 10-1　某钢企经营分析与智慧决策支持系统

③ L5 层——BI。以场景化的方式向该钢企核心管理者提供采购、生产、销售、库存和财务的可视化。区别于传统的 L5BI，本项目主要有以下不同：

在数据维度上，本项目将企业内部数据与外部供应链数据、产业周期数据、宏观经济数据，竞争环境数据等进行全方位构建，并加入时间维度，形成立体的多维数据模型。

在分析深度上，本项目不仅呈现基本报表和指标化信息（百分比、饼形图、柱状图等），还直接给出风险事件的提醒、商业洞察以及相关指标预测。

在数据呈现上，本项目完全站在客户角度，充分考虑不同的使用角色在不同的场景下需要进行哪些数据分析，并以场景化的方式呈现，不仅做到数据呈现的"千人千面"，还增加了交互的友好性，同时提供个性化配置功能。

④ L6 层——量化分析与辅助决策。将各个部门的运营经验和关键业务节点通过人工智能技术建立数字模型，同时通过知识图谱将不同模型联系成企业整体多维度业务模型，让每一个职能部门的数据在企业的全局视角发挥作用，形成全局优化。通过不断迭代的模型训练，提供辅助决策的量化分析和最优方案，形成精益管理。

以下为几个量化分析模型的举例：

a. 库存优化。以数字孪生和量化分析技术为基础，进行原材料库、成品库、在制品库的库存精准预测、采购及生产辅助建议，解决库存预测问题。通过为该钢企提供智能采购预案模拟和生产配方预案模拟，提升内部"供产销"协同效率。

b. 供应商推荐。钢企采购部门每月要将大宗原燃料按照量分配给合作供应商。通过供应商历史供货数量、质量、价格、及时率等数据，每月智能推荐合适供应商。

c. 大宗原燃料采购预案。利用深度神经网络等技术，穷举所有铁矿石品种组合及其他大宗原料组合，并选出满足炼铁炼钢工艺元素总量需求且性价比最高的品种组合，推荐大宗原燃料采购预案。

　　d. 产销平衡。打破先行"以销定产"的模式，以产线的单元建模，根据产品的市场价格及利润进行产线产能的调整，指导销售接单，同时根据市场的预测，建立合理的成品库存水位，充分释放产线的产能，最终做到生产效率最大化。

　　e. 现金流预测与资金使用优化。面向企业 CFO(首席财务官) 或财务总监，提供现金流预测与资金使用规划的模拟工具，在保持该钢企现金流量平衡和保障资金收支的同时，提高资金使用效率，降低资金使用成本。

4. 实施效果及价值

　　该钢企通过构建"经营分析与智慧决策支持系统"，使企业数字化整体水平得到提高，实现了预期的管理透明化、决策科学化、数字管理体系化等目标。企业真切体会到数字化转型的降本增效。项目具体效果体现为：

　　(1) 数据利用能力大幅增强。该钢企搭建了数据量化分析中台，提供统一多维的分析、预测和优化平台，做到一数一源，一源多用，大幅增强了研发创新、生产管控、供应链管理、财务管理、经营管控、用户服务能力，以及钢企同上下游产业链协同的效率。

　　(2) 决策水平显著提升。该钢企积累的海量数据转化成高价值的决策与业务支持信息，通过系统进行模拟仿真并给出优化建议，显著提高该钢企决策的科学性、及时性、准确性。目前该钢企在库存管理、铁矿石采购、生产线调度等方面已经建立了近百个场景化、智能化的模型。

　　(3) 生产运营降本增效。通过库存优化和采购优化模型，降低安全库存天数和库存资金占用；通过在销售环节建立客户精准画像，进行销售预测和市场预测分析，深度挖掘客户价值，开展精准营销；通过在财务环节构建现金流分析与资金优化、成本分析模型，降低资金成本，提升资金周转率。

5. 下一步计划

　　该钢企计划后续利用新一代信息技术持续提升企业经营效益，进一步保持数字化转型的先发优势，具体开展以下三方面工作。

　　(1) 进一步提升现有功能的应用水平。通过大数据的进一步积累及模型的持续训练，使得该钢企应用效果进一步提高，比如运营成本进一步降低，资金周转率进一步提升等。

　　(2) 进一步固化管理经验。针对该钢企研发、采购、生产、销售、财务等业务流程，继续提炼更多场景化、智能化的管理决策模型。

　　(3) 进一步拓展产业链协同应用。围绕产业协同场景及上下游合作伙伴合作需求，进一步扩展相关系统功能，并实现系统能力的对外输出。

案例 11　公交行业数字化转型方案实践

—— 苏州苏迪智能系统有限公司

苏州苏迪智能系统有限公司 (以下简称"苏迪") 公交行业数字化转型解决方案聚焦传统公交行业，通过车载融合业务网关使公交车内各业务设备间实现互联并向业务设备提供高精度定位和 5G 通信服务。该方案首次在行业实现了车载业务系统的网络化重构，并引入公交业务数据服务中台，有效解决了公交行业普遍存在的子系统烟囱化、数据质量低，实时安全监管弱等问题。同时，依托"网关 + 数据中台"的"软硬结合"模式将 5G、高精度定位、AI 和大数据等新一代 ICT(信息与通信技术) 与传统公交行业 OT(管理交通运营技术) 深度融合，助力公交行业客户数据治理能力有效提升并走上数据驱动的数字化转型之路。该方案已在苏州、无锡等多地规模商用，其价值得到了业界高度认可。

1. 项目背景

随着国家新基建政策的出台以及运营商 5G 网络的逐步完善，加之 AI、大数据等技术和方案的不断成熟，我国在推进以车路协同为特点的下一代智能交通系统以及借助交通带动整个智慧城市协同发展层面具备了很好的政策和技术基础。

苏迪成立至今始终聚焦交通行业，2015 年进入公交领域并专注公交行业信息化能力提升，致力于提供新一代的公交信息系统解决方案，以克服行业当前难题并适应车联网和未来自动驾驶演进需求，助力公交行业向数字化转型。2019 年，作为"精准公交"场景的主要车端技术方案商，苏迪参与了我国首个国家级车联网先导区—无锡车联网先导区城市级示范项目建设。期间，苏迪从城市级车联网应用及发展角度出发，在与华为等生态合作伙伴的探讨过程中逐渐认识到公交融合业务网关解决方案在 5G 车路协同、智慧城市建设配合等层面的独特价值，进而明确了通过该方案助力公交企业数字化转型的系统思路。

2. 需求与挑战

1) 外部需求

据交通运输部网站最新的《2021 年交通运输行业发展统计公报》显示，我国城市公共电汽车的保有量为 70.9 万辆 (纯电车辆占比 59.1%)，运营总里程为 159.4 万公里，公交服务量占整个国民出行服务量的 49%(约 500 亿人次)，传统公交仍然是关系民生的关键出行方式。因此提升公交行业的服务质量和效率，有效降低公交运营安全隐患，杜绝恶性公交事故具有重要意义。近几年，公交运营的安全要求不断加码，服务提质增效逐渐成为公交和城市管理者的共识。

"十四五"和"二〇三五远景目标"明确提出要加快数字化发展，建设数字中国，"以数字化转型整体驱动生产方式、生活方式和治理方式变革"。当前，新能源战略的实施，5G、AI 等新技术的应用推进，都在加速公交行业向电动化、智能化和网联化方向发展，数字政府和智慧城市建设的稳步推进也向公交行业提出了对公交数据和数字化能力的新要求。

2) 内部因素

一方面，公交属于传统行业，地域分割明显，市场颗粒度较细，涉及的运营环节复杂，技术专用化，很难用统一的模式和解决方案应对复杂多样的行业需求，这就导致行业解决方案的成本偏高或者需求应对不足；另一方面，公交属于关系民生的服务行业，安全和服务质量始终是管理者优先关注的，相较于其他行业，其信息化建设并不落后，关键问题是信息系统的架构已无法适应 5G、车联网、大数据等新技术的导入，车端烟囱式、孤岛化的信息系统无法获取更高质量的数据，难以支持对安全和效率、服务质量等的管理要求。此外，由于公交行业特殊性，沟通界面复杂，决策因素多，行业自身缺乏技术控制力，经过多年的"自然发展"，其信息系统普遍存在协议私有、接口不标准等现象，既限制了公交信息系统的质量提升，使数字化转型举步维艰，同时也存在被"非标设备卡脖子"的现象，干扰公交企业正常业务的运营，有的甚至造成严重的安全隐患。

3. 实施方案

1) 目标

紧扣数字中国时代大背景，协助公交客户梳理内部关键问题和外部核心需求，借助5G、AI 和大数据等新一轮 ICT 技术以及传统行业数字化转型方法论，结合 IoT 和产业互联思维对公交信息系统进行顶层设计，找到数字化转型的突破口和支撑点，从数据治理开始，直击公交行业当前痛点，再到数据中台建设，构建场景化解决方案，直至助力公交客户走上数字化转型之路，实现自我演进式的智慧新公交。

2) 实施路径

公交企业的数字化转型不仅仅是 5G、AI 等先进技术的简单应用，而是企业从战略高度谋定，一步步坚实走向美好愿景的蝶变过程。数字化是手段，如何"转"才是关键，这里存在一个自上而下的设计过程及一个自下而上的数据治理和价值挖掘过程。

公交企业首先需要从战略高度充分认知并达成共识，明确数字化转型愿景，以及在能力、业务、组织、理念和生态等各个维度所需达成的目标。在此基础上，围绕企业自身和公交行业面临的关键问题和需求，在企业内外部展开充分讨论和评估，找寻适合自身的解决思路和方案，同时充分了解该思路和方案对能力、组织、技术和管理等的要求，做好相应的保障准备，这是一个自上而下的设计过程。在执行过程中，以苏迪过去五年协助公交企业的数字化转型经验来看，企业需要牢牢把握"数字化"的时代特征，转变观念，始终把数字化能力建设放在首位，明确数据要素在企业转型过程中的核心地位，遵循"数字化改造—平台化建设场景化服务"分步推进策略，充分挖掘数据中的价值要素，进而驱动企业在能力、业务和组织等各个维度的迭代发展，同时逐步树立数字化发展理念，最终达成数字化转型愿景。

(1) 数字化改造。解决车内设备统一接入问题 (通信和定位)，降低设备干扰；全面动员，围绕制约公交运营的难题深入讨论，找到技术侧和数据端的对应症结；全面对接车载设备和子系统，优化通信协议，全面提升数据维度和数据质量。

(2) 平台化建设。构建衔接车辆实时数据和应用平台的数据能力中台，支撑车载信息系统监管，并向应用平台提供原子数据能力，为实现大数据综合保障运营、精细化管控关键应用提供支撑；在迭代演进过程中，针对运营关键问题和需求开发相应的数据审计模型和原子能力，保障应用平台的敏捷开发需要。

(3) 场景化服务。全面对接智慧城市智能交通系统，实现创新化服务场景；支持 V2X 车路协同，通过精确的运调数据动态申请路权和信号优先权，提升公交运营效率；结合辅助驾驶、自动驾驶、云运调保障等，提升运营安全性并降低运、管、维成本，实现对公交业务全链路的服务保障等。

3) 实施内容

苏迪凭借对公交业务及其信息系统的认知，通过融合业务网关解决方案及相关数据服务，已助力多个行业客户走向或者已经走在了数字化转型道路上。融合网关解决方案及数据服务涉及对公交行业客户现有信息系统的问题梳理和策略商讨，协助客户制定数字化转型愿景和目标；借助融合网关实现车内业务设备互联互通，共享高精度定位和高质量通信，提升数据质量，也为治理能力提升提供技术保障；构建公交业务数据中台，提供公交业务管理的能力模型和原子数据，为上层安全、运营管理、监管等应用提供数据支撑。此外，为更好吸纳外部生态资源参与公交数字化转型服务，构建开放的应用生态，苏迪在业务数据中台之上提供了基于公交业务抽象的统一数据服务接口 (DSAPI)，方便与各类智慧公交应用服务对接，也能更好助力公交融入智慧城市大平台。公交融合网关解决方案应用系统框架如例图 11-1 所示。

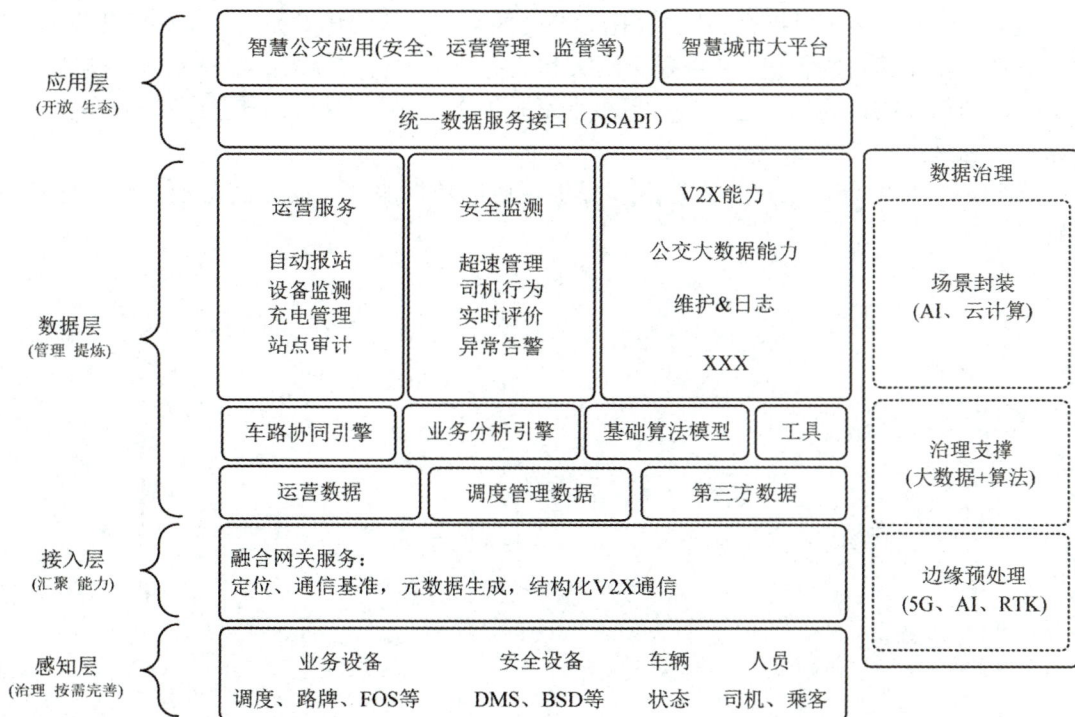

例图 11-1　公交融合网关解决方案应用系统框架

4. 实施效果及价值

2018 年，第一代 4G 公交融合网关规模商用，解决网络统一接入和设备间干扰问题，实现车端业务设备互联互通，有效提升数据质量和设备在线诊断能力；通过三年多的迭代演进，苏迪助力多个客户打通传统 OT 和 5G、AI、高精度定位等 ICT 技术的界面，基于物联网思路重构了公交车载信息系统，高质量完成数据治理，形成连接人、车、场、站的综合数据底座，为公交场景化服务提供能力保障，确保客户数字化转型走上快车道。融合网关解决方案及数据服务在商业模式、方案设计和生态构建上都进行了大胆创新，以匹配数字时代助力传统行业数字化转型所需，其价值也显而易见：

(1) 促进公交驾乘安全。整车状态和故障实时监测，对司机超速、运营规范、设备故障、隐患等给出实时评估，预判潜在风险。

(2) 提升管理维护质量和效率。统一通信、定位和时间，数据质量大幅提升，公交运营的全要素数字化和网络化，精细化管理结合远程审计实现较传统公交运营管理的升维。

(3) 降低综合运营成本。一张卡，一个定位，能力共享；人员、车辆和平台联动，实现实时故障预测，OTA 远程升级。

(4) 助力实现"数据驱动"式管理。实现公交信息系统的物联网化改造，数据质量匹配运营管理要求，人员能力和组织围绕信息系统优化分配；开放对接和融入车路协同、数字政府等平台。

5. 下一步计划

苏迪在助力公交企业进行数字化转型的过程中深刻体会到，数字化转型是一个持续迭代的过程，站在过去几年的经验以及与客户共同成长认知的基础上，应充分认识到当前方案和服务中还有很多可以提升的地方，比如公交的数字化运营场景如何与车联网建设匹配，以更好地发挥车路协同价值；在以融合网关和业务数据中台支撑下的信息系统架构下，推动数据、通信和接口的标准化，吸引更多上下游生态伙伴共同投入公交行业的数字化转型中来显得意义重大。

苏迪将一如既往，聚焦公交行业，提供优质的数据服务，助力客户走上数字化转型之路。

案例 12　某国有骨干航空集团数据资产管理系统应对监管挑战

—— 普元信息技术股份有限公司

1. 项目背景

该航空集团公司是中国三大国有骨干航空运输集团之一，是首家在纽约、香港、上海三地上市的中国航企，每年为全球超过 1.3 亿旅客提供服务，旅客运输量位列全球前十。

近年来，国内金融、证券、保险、政府等行业纷纷出台数据监管和数据治理相关条例，一方面是监管企事业单位合规运营，另一方面通过数据治理提升数据质量，挖掘数据价值，为大量的大数据分析类应用打好数据基础。

欧盟的《通用数据保护条例 (General Data Protection Regulation)》在欧盟成员国内正式生效，给跨国运营企业带来非常大的压力。该航企从顶层设计入手，推进法治建设，把法律保障嵌入互联网化进程的各个环节之中，出台了相关意见，立足国际标准，参考借鉴合作伙伴达美航空、法荷航等国际航空公司的经验和做法，从平台、系统、产品、服务等多维度着手，基于"业务的增加值和提升客户体验"需求，引入适合自身实际的新技术，从数据、算法到全面数字化转型，持续开展业务流程的梳理升级和标准规范的优化完善。

在此背景下，该航空集团公司客户需要解决的主要挑战如下：

(1) 数据使用无标准。

收集一些和客户出行相关的数据时有什么数据可用？这些数据是否符合航企跨国运营要求？哪些是涉密涉敏数据？安全等级是什么？公司的数据体系是什么？有没有标准？各系统中的数据是否需要治理？存在哪些质量问题？能否遵从流程办事？

(2) 数据来源难追溯。

哪些报表用了这些客户数据？销售数字是怎么计算出来的？这些数据从哪来的？能否直观分析哪些数据分析采用了什么样的数据？

(3) 数据变更无管理。

如果更改这张表，将会发生什么？行业数据标准调整会影响哪些数据，哪些业务？谁用了我的数据？如果国家标准调整 (如会计科目调整)，会影响哪些业务？发现数据问题，尤其是跨部门使用的数据问题时，由什么部门机构来推动问题解决？

为了解决以上问题，该航空集团公司启动数据资产管理进程，制定资产管理发展规划，分阶段建设资产平台，有规划、有步骤地提升数据质量与数据治理水平，实现该集团数据资产数字化管理、数据资产分类分级管理和数据标准与质量一体化，助力合规运营。

2. 需求与挑战

普元信息科技有限公司基于元数据管理软件、数据标准管理软件和质量管理平台软件等形成解决方案，为客户建设数据资产管理系统，包括：

基于元数据管理软件，帮助客户管理企业数据资产，监控和分析数据流转关系，洞悉历史数据和新生数据之间的关联，分析数据的血缘关系和使用影响。

基于数据标准管理软件，帮助客户建立统一的企业数据标准，并与元数据相关联，基于标准建立数据统一的规范化使用流程，通过标准和元数据的标签体系分类管理数据，保障数据使用安全，管控数据使用风险。

基于数据质量管理平台软件，依据数据标准以及业务规则关联元数据，检核数据质量，反馈数据资产质量问题，并跟踪整改情况，帮助客户解决行业数据监管运营合规问题，提升数据质量。

3. 实施方案

该系统从三个方面体现了数据治理领域的创新之处，包括：

(1) 数据资产数字化管理。

对于数据标准、元数据、数据质量规则、数据标签等内容，全部采用数字化管理并建立它们之间的关联关系，支持航企从风险、安全、隐私保护、数据服务和业务指标等多种维度管理数据资产，挖掘数据价值。

(2) 数据资产分类分级管理。

使用大数据技术分析元数据资产，对于资产描述信息分词，建立索引并自动聚类，并以此为基础形成数据资产分级和分类标签，支撑标签化、多维度数据资产管理体系。

(3) 数据标准与质量一体化。

建立数据化标准体系，包括码表标准、分类标准、信息项标准、指标标准以及数据内容标准等，并根据数据标准生成数据质量检查规则，自动关联数据标准与数据质量检查规则，形成标准质量一体化体系。

4. 实施效果及价值

数据资产管理系统为客户带来了诸多价值，包括：

(1) 建立基础数据标准 24 类，共 5000 多个，包括机场代码、航空公司代码、机型代码等指标标准，以及利润指标、收入指标、生产运行指标、考核类指标、营销专项等业务指标，并关联标准与元数据中的库表、字段，梳理客户、员工、位置等 13 个主题域，形成核心数据资产。

(2) 建立从数据标准到元数据的企业数据地图，掌握每一项数据的来龙去脉。其中，在梳理 125 个核心系统的过程中，通过数据标签标识了上百处跨国运营敏感数据，并基于元数据链路分析，成功获取这些敏感数据的传播路径，掌握了涉密涉敏数据的分布和使用情况。

(3) 建立企业级数据变更协同工作机制，共制定协作流程 21 条，规范数据治理活动。

(4) 建立基于数据标准的数据质量自动检查机制以及基于业务的数据质量检查体系，采用航班航距、航班座位数检查、起降费标准等 20 个数据检核方法进行数据质量校验，提升数据质量，为大数据平台提供基础保障。

5. 下一步计划

通过数据模型建立数据资产目录，将数据资产可视化，便于数据消费者查找数据、理解数据、使用数据。

案例 13 让营销用好数据，星环大数据助力广东中烟营销数字化

—— 星环科技

广东中烟工业有限责任公司（以下简称"广东中烟"）重视大数据应用的开发，重视挖掘数据的价值，积极探索大数据分析在烟草营销领域的应用之道，尝试将大数据分析应用于烟草营销数据分析、消费者需求洞察等方面，并将数据分析用于指导新产品的设计。

星环科技与广东中烟合作，通过数据中心平台的建设，全面整合企业内部数据资源以及外部市场信息，形成全供应链的数据视图，实现"数据整合、信息共享、智能决策"。

1. 项目背景

随着国家烟草专卖局市场化改革的不断深入，以及社会经济环境的变化和控烟局势的日益严峻，为了在逆境中谋求发展，各工业公司都在不断探索科技和品牌的创新之路。

广东中烟成立于 2003 年 5 月，是中国烟草总公司的直属子公司，下辖广州卷烟厂、韶关卷烟厂、梅州卷烟厂和湛江卷烟厂四个卷烟厂。主要从事卷烟的生产、销售。公司拥有的"双喜"牌卷烟创建于 1906 年，是中国烟草行业百年民族品牌之一。目前，公司注册资本约 143 亿元，总资产约 467 亿元，员工 5000 多人。

目前，双喜品牌在产规格主要包括双喜（硬经典）、双喜（硬经典 1906)、双喜（百年经典）、双喜（经典工坊）、双喜（百年红）、双喜（珍藏）、双喜（国喜细支）、双喜（大国喜）、双喜（硬红五叶神）、双喜（硬紫红玫王）等。

公司自成立以来，不断深化改革，以提高企业实力和竞争力为目标，实施名牌带动战略，通过品牌的发展带动企业的发展，成功实施了全省卷烟工业的联合重组，成为全国烟草行业重点骨干企业之一。

2009 年，公司与广西中烟工业有限责任公司相互持股，开创了行业内跨省联合的先河。2010 年，"双喜"品牌与深圳烟草工业有限公司的"好日子"品牌整合，"好日子"成为"双喜"品牌的系列产品。2011 年，"双喜"品牌与上海烟草集团"红双喜"品牌整合为"双喜•红双喜"品牌，2014 年，"双喜•红双喜"品牌生产规模达到 426 万箱。

公司一直精心开拓国际市场，拥有柬埔寨威尼顿集团有限公司和金叶卷烟厂（澳门）有限公司等卷烟企业。其中，柬埔寨威尼顿集团有限公司在开拓国际市场方面成绩斐然，被国家烟草专卖局誉为中国烟草走出去的一面旗帜。

面对日新月异的消费环境，如何将大数据技术融入到烟草行业中，并且通过对行业生产、营销、物流等各环节大数据的采集、挖掘分析、研究利用，为消费者提供更贴近市场的产品和服务，广东中烟在营销数字化方面进行了积极的探索。

2. 需求与挑战

为响应行业市场化改革工作的要求，加强市场洞察分析，广东中烟提出开展零售户订单下行分析项目。主要目标包括：

(1) 构建先进可扩展的数据分析基础平台。建立与国家烟草专卖局以及企业系统之间的数据交换和更新维护机制，具备与行业其他下行数据的相互融合能力，提供外部市场数据的采集工具，支持终端查访，同时将外部数据进行结构化处理。完成营销相关数据的保存、加工、处理、备份和挖掘等数据处理工作，实现各系统之间的数据交互和共享，以及基础数据的标准化、一致化，保证相关数据的及时更新和安全管理。

(2) 构建营销大数据分析平台。结合行业零售户订单下行数据，全面整合企业内外部数据资源，运用大数据分析模型与方法，进行卷烟市场研究及策略制定。实施包括市场销售趋势分析、卷烟产品发展分析、卷烟研发数据支持、建立卷烟投放策略模型、根据产品培育的不同阶段实现精准投放、创建客户画像等专题。

(3) 构建数据分析自助服务。通过搭建自助数据分析平台，用户可以自主地对品牌、市场等相关数据进行任意组合的分析研究，并通过与现有移动端整合，为市场一线人员提供市场销售数据，支撑精准营销；同时按照公司的技术标准，通过数据表导出、数据文件接口、REST API(基于表述性状态转移的应用程序接口)等方式提供数据服务，供公司其他信息系统使用。

(4) 构建营销关键指标体系。从公司战略出发，建立市场营销中心的 KPI 指标体系，包括市场三维五率关键指标及其他指标，并通过关键指标的分析，指导销售区域货源投放，为终端促销、市场维护、工商协同提供重要依据和信息支撑。

(5) 构建营销数据分析体系。为广东中烟领导层、营销中心、其他业务部门提供全方位的营销数据分析服务。

3. 实施方案

广东中烟营销零售户订单数据下行分析项目遵循广东中烟数据中心整体架构，在统一的规范与原则下建设，具体架构如例图 13-1 所示。

1) 营销数据资源管理

通过项目建设，全面整理公司及行业下行品牌数据、销售数据及市场营销等相关数据，包括并不限于"一号、二号工程"数据、卷烟交易平台数据、物流在途数据，ERP 及市场采集数据等，并通过数据的标准化和安全保障措施，提升整体的数据质量，保障营销数据的完整性、一致性，为营销数据分析应用提供支撑。

2) 数据交换

按照国家烟草专卖局颁发的下行数据管理规定，规范企业数据交换机制，建立与国家烟草专卖局数据交换和更新维护机制，实现数据分析平台与各应用系统之间的数据交互和共享。

3) 数据分析应用

基于星环 TDH 一站式大数据平台构建广东中烟数据中心平台，并根据企业发展的需要，对从多数据源抽取的营销数据进行统计分析，为广东中烟领导层、营销中心、其他业务部门提供全方位的营销数据分析服务，为企业决策提供信息支持，如终端推广支持、卷烟销售监控等。

　　星环科技提供的"人工智能＋大数据＋云'ABC'"技术融合的一站式综合平台，降低了开发、管理难度，更加符合未来趋势，在整个产业链中占据更重要地位。

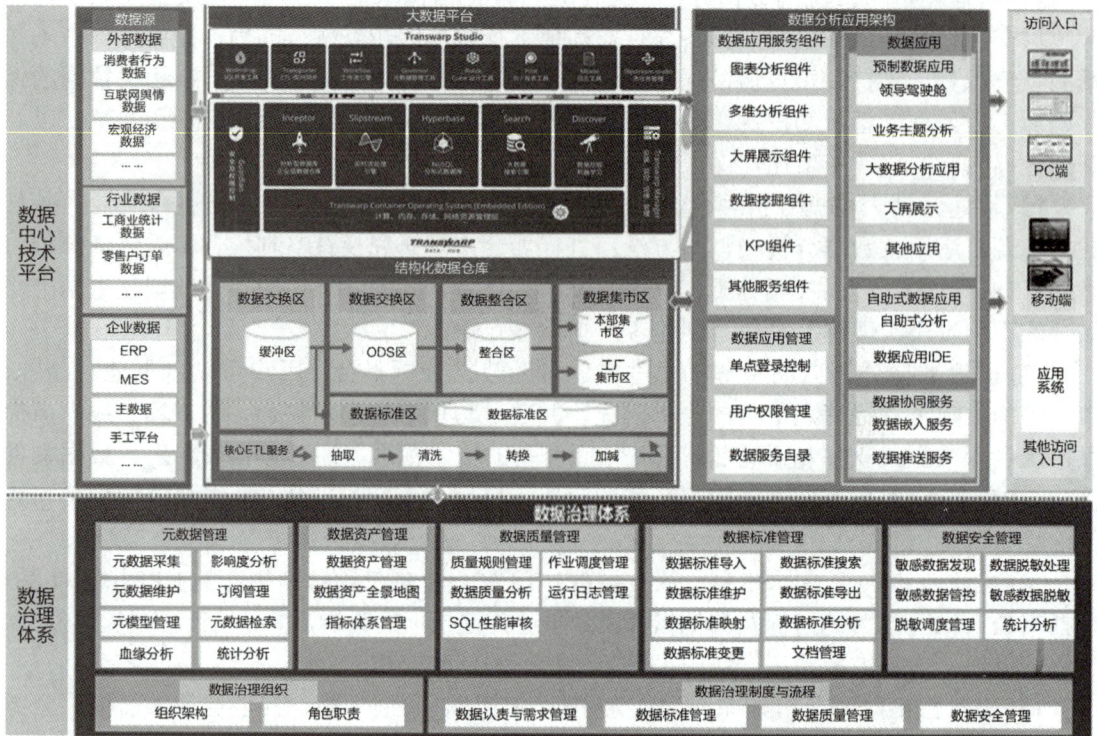

例图 13-1　广东中烟数据中心整体架构

　　4) 大数据开发利用

　　结合行业零售户订单数据，运用大数据分析模型与方法进行卷烟市场研究，为策略制定提供支持。

　　开展市场销售趋势分析、卷烟产品发展分析、卷烟研发数据支持、投放策略评价，了解竞争对手与品牌的优劣势。

　　构建消费者画像，为预测营销需求、实现精准营销、支撑后端供应链协同打下基础。

　　5) 构建数据服务

　　搭建自助数据分析平台，能够支持异构数据源的分析，为市场营销相关人员对品牌、市场数据进行自主的分析研究提供支持。

　　定期开展数据分析、数据建模、数据应用等方面的培训，使相关人员具备数据挖掘、多维分析和初步建模的能力。

　　4. 实施效果及价值

　　广东中烟通过数据中心平台的建设，全面整合企业内部数据资源以及外部市场信息，形成全供应链的数据视图，实现了"数据整合、信息共享、智能决策"。

　　按照统一的数据标准规范，将分散在不同场景的实时数据集成起来，实现信息共享，满足企业协同管控需求。该项目整合了包括消费者行为数据、互联网舆情数据、宏观经济数据等外部数据，零售户订单数据、工商业统计数据等行业数据，以及 ERP、MES、主数据、手工平台等企业数据，为企业数据管理和大数据应用打下坚实的基础。

星环 TDH 一站式大数据平台，汇聚 TB 级别零售户订单数据，建设营销零售户订单下行分析应用，初步构建卓越营销的"感知"分析体系，满足客户多元化、复杂化的需求，支撑广东中烟营销工作从原有的"经验导向"方式向"数据驱动"方式转变。

5. 下一步计划

广东中烟在零售户订单下行分析项目之后，计划将大数据应用拓展到其他更多的领域，充分挖掘大数据的价值，让数据能为企业的生产、研发、营销等赋能，为企业未来发展出力。

案例 14　亳州城市大脑

——科大国创软件股份有限公司

1. 项目背景

人口城市化进程快速发展，带来了人口管理、交通拥堵、环境保护、安全等诸多问题。这些问题是每个城市管理者必须面对，并需要统筹规划的。城市发展中的困境需要"智慧城市"等新的手段来解决。智慧城市是在现有城市信息化的基础上，实现城市管理更安全、更高效、随时响应和智能化。亳州智慧城市建设是数字经济发展的主要抓手，是推进城市可持续发展的重要创新模式。为深入贯彻国家数字经济发展战略及安徽省委、省政府加快建设"数字江淮"决策部署，破解亳州市信息化项目建设存在的"闲、散、缺、破"难题，亳州市启动城市大脑建设项目。城市大脑的建设离不开人工智能技术，利用人工智能技术可以很好地为业务应用和智慧场景提供智能服务。

2. 需求与挑战

1) 外部因素（产业发展）

数字化转型是引领未来战略性技术和经济发展的新引擎，作为新一轮产业变革的核心驱动力，数字化正在以前所未有的速度发展成为企业竞争的新焦点。政府部门也面临着数字化转型发展所带来的重大战略机遇，为构筑企业数字化转型发展的先发优势，加快建设创新型科技强企，近年来，政府部门关于数字化转型的策略不断升级，有效推动了数字化转型的稳步发展。

从数字化转型领域发展趋势来讲，最主要的几个应用技术的发展，比如自然语言处理技术、图像视频处理技术、社会网络分析技术、计算机视觉技术、大数据可视化分析技术及机器学习等技术，使得全量全过程数字化转型成为可能，为提升企业数字化转型效率奠定了良好的根基。

2) 内部因素

近几年安徽省相继出台《安徽省智慧城市建设指南》和《关于加快建设"数字江淮"的指导意见》，着力打造"数字经济、数字政府、数字社会"三位一体的数据引领型发展模式，努力让数字经济成为全省经济主导，并指导组织实施新型智慧城市建设行动，建设城市公共信息平台，推进城市感知网络建设，实现城市综合管理数字化。亳州智慧城市建设是数字经济发展的主要抓手，是推进城市可持续发展的重要创新模式。

3) 其他因素

人工智能的硬件设施和底层技术已经融入到云、网、边、端等智慧城市的各层级，作为基础能力渗透到了新型智慧城市建设的方方面面。近两年科技部相继建设了15个国家新一代人工智能开放创新平台，推动人工智能与智慧城市建设的结合更加聚集于应用场景的开发，促进人工智能核心研发能力和服务能力进一步落地。人工智能与云计算、大数据结合，融入到城市管理、智慧交通、惠民服务、智慧安防、智能制造等各类领域，不断开发城市大脑、自动驾驶、智能语音、人脸识别、智能机器人等各类智慧应用场景。

但仅具备AI能力是不够的，基于需求类似和重复投资、建设推广，创新生态网络等要求，迫切需要建立一个中心化的AI云平台，快速智能支持内外部业务的变化，灵活组合形成能力互联网模式渗透，通过多租户微服务技术、Devops环境快速试错，形成产品化发展。

AI平台是社会治理系统的底层支撑平台，是围绕城市特点打造具有自身特色的人工智能平台。AI平台用专家经验带头，汇聚群智，形成生态化发展，实现赛道智能超越。主要建设内容包括人工智能通用能力平台、治理分析模型、治理训练标注和治理知识库建设等，这些内容为智慧建设提供人工智能技术支撑。

3. 实施方案

1) 目标

以建设新型智慧城市为目标，围绕城市治理、便民利民、产业经济三大方向，整合已建重点信息化系统数据资源，构建城市管理资源高度整合、"海陆空"多维度立体覆盖、信息系统高度集成、部门联勤联动高度协同、上下贯通指挥高度统一的城市运行中枢系统，全面提高已有系统使用率，逐步推出新的应用场景，开创社会治理新格局。

亳州城市大脑基础平台和支撑体系有效运转，实现城市治理、惠民服务、创新产业等基于智能计算和数据驱动的创新应用。亳州城市大脑被打造成为城市智能运行服务和数据智能创新平台，成为亳州数字经济发展的新引擎，推动亳州新旧动能转换，形成亳州城市治理、公共服务、产业转型发展的"亳州模式"，促进亳州成为新型智慧城市标杆城市、数字经济发展的排头兵。

2) 实施路径

打造泛在高效的基础网络。加快构建高速、移动、安全、泛在的新一代信息基础设施，推进信息网络技术广泛运用，形成万物互联、人机交互、天地一体的网络空间，推动物联网、云计算和人工智能等技术向各行业全面融合渗透，为万物互联、融合创新、智能协同、安全可控的新一代信息技术产业体系提供支撑。

(1) 构建城市物联感知网络。搭建城市物联感知数据的采集分析、数据汇聚、预测预警和可视化系统，通过提供物联设备管理、物联联接管理、异构网络融合、感知数据处理等服务，实现实时监测、决策分析服务支持，全面掌握城市运行情况，为万物互联、人机交互、天地一体的城市网络空间注入新的智慧。

(2) 建设亳州城市大脑。在目前城市已有成果的基础上，采用云计算、大数据、人工智能等新兴信息技术手段，集城市大数据运营、城市规划、综合管理、应急协同指挥等功能于一体，打造亳州城市大脑，支撑城市运行管理、政务参观体验、部门协调联动、城市预测仿真、现场应急指挥和重大活动保障等。

(3) 建设"两地三中心"灾备模式。构建同城双中心加异地灾备中心的"两地三中心"

的灾备模式,同城双中心可在同城建立两个独立承担关键系统运行的数据中心,同城双中心具备基本等同的业务处理能力并通过高速链路实时同步数据,在日常情况下可同时分担业务及管理系统的运行,并可切换运行;在灾难情况下可在基本不丢失数据的情况下进行灾备应急切换,保持业务连续运行。而异地灾备中心可在异地城市建立一个备份的灾备中心,用于同城双中心的数据备份,当同城双中心因为自然灾害等而发生故障时,异地灾备中心可以用备份数据进行业务恢复。

3) 实施内容

为满足对于智能化城市治理的需求,建设了城市级人工智能引擎,整体框架图如例图14-1 所示,为城市大脑提供基础人工智能能力。人工智能引擎以有效服务为目的、以场景为驱动、以 AI 能力为核心、以算法为基础、以平台为依托。人工智能引擎提供人工智能建模服务、AI 能力承载服务、能力的统一管控,为各项城市治理的创新应用提供 AI 服务。

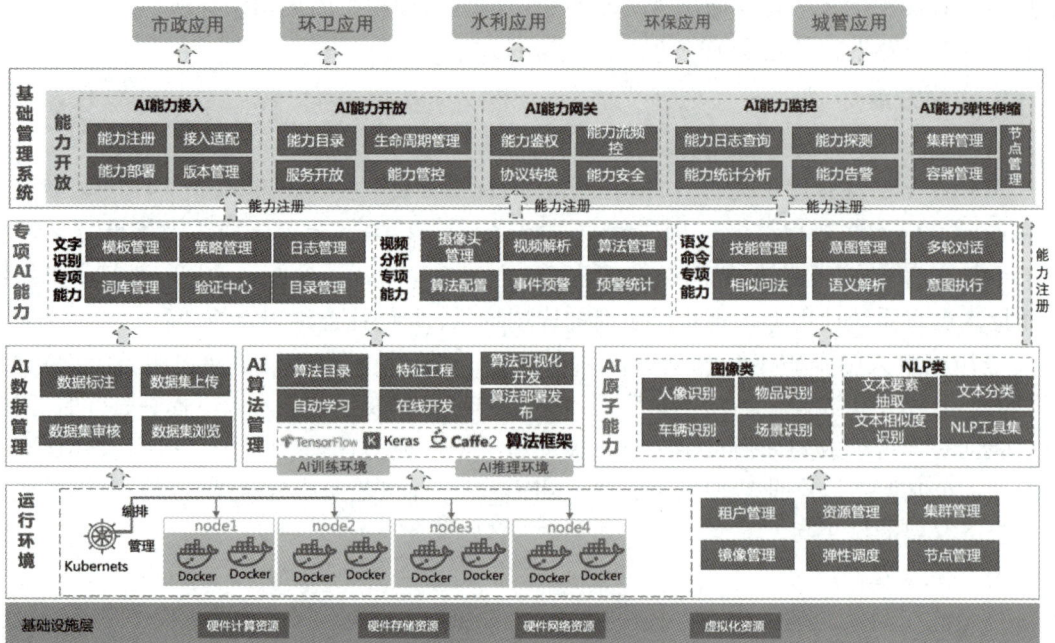

例图 14-1　城市级人工智能引擎整体框架图

(1) AI 数据管理对城市治理相关的原始数据进行加工、标注,将数据集构建为 AI 算法模型,以训练提供数据支撑。

(2) AI 算法管理实现对算法的在线开发、统一管理和开放。

(3) AI 能力开放模块提供能力接入、能力开放、能力网关、能力监控和能力弹性伸缩等功能,实现 AI 能力的共享开放。

亳州城市大脑具备如下核心技术:

(1) OCR 识别技术。光学字符识别 (Optical Character Recognition, OCR) 是指对文本资料的图像文件进行分析识别处理,获取文字及版面信息的过程。通常,图像信息通过扫描仪、照相机、电子传真软件等设备获取并存储在图像文件中,然后 OCR 识别技术读取、分析图像文件并通过字符识别提取出其中的字符串。

(2) 统一资源管理。统一资源管理能够实现 CPU、内存、GPU、存储等硬件资源的统一管理、统一调度和虚拟化，为模型的开发、训练和部署提供稳定隔离的资源服务。

(3) 训练数据集管理。支持多场景、多领域、多类型的数据覆盖。多种 AI 场景：支持包括计算机视觉、自然语言处理和音视频场景。适配多领域：支持网络设备检查、智慧城市、医疗摄像和精准营销等多个领域。多种数据类型：包括图片、文本、声音和视频等。

(4) AutoML。AutoML 即自动化机器学习 (Auto Machine Learning，AutoML)，主要的作用是实现算法开发与训练流程的自动化，节省时间成本，降低专业门槛。

(5) 统一模型能力。平台能够将基于 Python 开发的算法模型部署在平台提供的部署环境中，并且提供 REST 风格的 API 接口供用户访问。无论是通过基于平台在线开发的算法模型，还是本地已经开发好的算法模型，都可以部署到平台中形成模型能力。

(6) 可扩展的 AI 能力开放。AI 能力开放中心软硬件均具备可扩展性，能够适应不断增加的业务和处理的不断变化信息，同时平台也具备横向扩展架构，并通过横向扩展性保障系统的高可靠性。AI 能力开放中心的横向扩展架构具体体现在能够动态地、均衡地将任务分配给多个处理主机节点，同时能够主动发现处理主机节点故障，自动进行任务迁移，保障了数据的完整性和准确性。

AI 能力开放中心部署采用集群方式，集群支持线性横向扩展，当 AI 能力开放中心达到性能瓶颈时，只需要增加部署节点，即可实现转发能力的线性扩展。

4. 实施效果及价值

亳州城市大脑实现城市治理、惠民服务、创新产业等基于智能计算和数据驱动的创新应用。亳州城市大脑是城市智能运行服务和数据智能创新平台，成为亳州数字经济发展的新引擎，推动亳州新旧动能转换，形成亳州城市治理、公共服务、产业转型发展的"亳州模式"，促进亳州成为新型智慧城市标杆城市、数字经济发展的排头兵。

(1) 城市信息资源实现统筹共享。

以亳州城市大脑作为主抓手，形成全市统一的数据资源体系。建成较为完备的公共基础数据库、专题数据库和业务共享库，非涉密业务数据资源在部门间实现统一共享交换，各部门数据共享的范围边界和使用方式得以明确。利用区块链数据的可信性来实现数据共享，借助区块链的加密来保障数据的隐私安全，从而实现数据的全面归集，做到权责分离，允许政府部门对访问方和访问数据进行自主授权，实现数据加密可控、实时共享。真正形成公共数据资源开放共享的制度体系，带动社会公众开展大数据增值性、公益性开发和创新应用。

(2) 城市公共管理的协同性、有效性显著提升。

全市主要场所视频监控覆盖率、社会视频监控资源整合率显著提高，政府投资的非涉密视频监控资源实现部门间共享。智慧政务取得突破，信息化助力政府改革创新的效应不断凸显，电子政务建设管理模式进步显著。建成全市环境、水务监测网络体系，使城市治理精准高效。

(3) 城市智能重点应用效能突显。

智慧生活初具雏形，信息化应用有效促进信息消费，基于网络的智能化医疗、教育、交通、康养等公共服务基本涵盖城镇全体市民。智慧社区取得新突破，实现了平安社区、和谐社区，市民获得感和幸福感显著增强。智慧城管不断深化，基于空、天、地一体化的城市综合管理平台基本覆盖全市域。

(4) 新一代智慧产业助力经济升级增效。

以旅游业为优势产业，进行统一规划布局、公共服务优化、综合统筹管理、整体营销推广，促进旅游业从单一景点景区建设管理向综合目的地服务转变，从门票经济向产业经济转变，从粗放低效方式向精细高效方式转变，从封闭的旅游自循环向开放的"旅游+"转变，从企业单打独享向社会共建共享转变，努力实现旅游业现代化、集约化、品质化。促进传统产业提档升级，孵化一批新产业、新业态；发挥信息化对农业提质增效的支撑和促进作用，建成精准农业管理体系；依托"互联网+"、大数据等，构建有利于大众创业、万众创新的蓬勃发展的配套服务支撑，实现创新支持创业、创业带动就业的良性互动发展。

5. 下一步计划

亳州城市大脑下一步计划建设的主要内容如下：

(1) 基础能力。

亳州城市大脑的基础能力主要包括 AI 能力开放、AI 算法管理、AI 数据集管理。其中 AI 能力开放主要是通过 AI 能力的接入、开放、网关、监控和弹性伸缩向业务系统提供 AI 能力；AI 算法管理主要包括算法目录管理、算法可视化开发、算法模型开发、算法部署发布、算法在线等。

(2) 专项能力。

亳州城市大脑的专项能力主要包括文字识别专项能力、视频分析专项能力、语义命令专项能力和 AI 原子能力。其中，文字识别专项能力主要是利用 OCR 识别技术，快速实现非结构化表格及证件文档的个性化模块识别；视频分析专项能力主要是对接入的视频数据进行智能分析，分析出问题事件并对产生的事件及时告警；语义命令专项能力通过配置多个意图来智能识别语义，进而调用产品各种服务；AI 原子能力包括了图像类和 NLP(Natural larguage Processing，自然语言处理) 类的原子能力，利用图像类原子能力对海量视频进行结构化提取，对人、车、场景、物识别分离，利用 NLP 类原子能力针对城市治理事件中的多个应用场景，实现相关业务的语义理解。

亳州城市大脑将持续推动大数据、云计算、人工智能、物联网等新技术的研究和变革，借助大数据、云计算、人工智能等技术解决亳州市各级部门人效低等难点问题，帮助亳州市政府部门实现数智化转型。亳州城市大脑最终的战略目标是建设成为支撑行业智能化可持续发展的基础设施。

亳州城市大脑将持续把新一代信息技术充分运用在各行各业之中，持续支撑下一代创新行业数智化的高级形态，实现信息化、数字化与智能化深度融合，有助于解决传统业务场景难点问题，提高各领域数字化水平。

案例 15　数字化转型在一站式智慧家装中的应用

——贝壳找房（北京）科技有限公司

家装服务行业存在流程复杂、信息不透明、用户满意度低等痛点，贝壳找房（北京）科技有限公司（以下简称"贝壳找房"）为加快推动家装服务行业的数字化改造，提升用户消费体验及满意度，建设了一站式智慧家装服务平台——"被窝家装"，提供从设计、施工、主辅材到售后等一站式品质家装服务。

"被窝家装"一站式智慧家装服务平台（以下简称"被窝家装平台"）利用大数据、云计算、VR、AI 和 IoT 等新技术，构建了"数据与技术驱动的线上运营网络"和"以社区为中心的线下门店网络"两张网，通过信息透明化、服务可视化以及家装业务流程的数字化、标准化改造，搭建起了家装行业新型基础设施，为用户提供"以标准精工实现个性设计"的多元化家装解决方案。

1. 项目背景

贝壳找房定位于科技驱动的新居住服务平台，于 2018 年 4 月正式上线，业务涵盖二手房、新房、租房、装修和社区服务等众多类目。贝壳找房通过开放数据资源和技术能力，聚合和赋能全行业的服务者，打造产业互联网下的新居住品质服务生态，致力于为全国家庭的品质居住提供全方位服务连接。

2020 年中央正式提出"数字化新基建"战略，用数字技术全方位改造传统行业成为大势所趋。我们看到，家装服务数字化开拓了消费场景，提振了消费需求，提升了抗风险能力；数字化技术不断优化服务体验，提升了服务效率；数字化手段有效推动了家装服务行业的产业进化，加速产业线上线下的进一步融合和数字化转型。

2. 需求与挑战

1) 外部因素

随着数字技术的深入应用，加快传统产业数字化转型，已经成为当前深化供给侧结构性改革、推动经济高质量发展的重要一环。数字化正逐渐渗透衣食住行等日常生活领域，同时随着城镇居民居住条件改善，品质、多元、分级的服务需求亟待被满足，倒逼供给侧借助数字化实现升级。可以说家装服务行业的数字化，是需求变化、供给升级、技术进步与政策促进多个因素推动的结果。

2) 内部因素

长期以来，中国家装市场存在产业链极其冗长，各环节整合难度大，价格透明度低，服务参差不齐，沟通成本高和效率低下等诸多痛点。推动家装服务行业信息透明化、服务可视化、业务流程数字化，已成为家装行业转型升级的内在需求。

3. 实施方案

1) 目标

贝壳找房搭建的被窝家装平台，致力于运用大数据、VR、AI、AR 等新技术，对传统家装服务行业的各个流程进行数字化改造，打造从设计、主辅材采购、现场施工、售后质检等一站式品质家装服务，解决家装服务业流程复杂、信息不透明等痛点，推动家装服务业的数字化改造升级，全面提升用户家装服务的消费体验。

2) 实施内容

平台主要通过智能硬件、视频理解、视频融合及 RFID(射频识别技术) 辅材的落地应用，提高用户对于家装服务的感知能力；通过中台智能排砖及智能布线功能建设，保证施工过程的顺畅；通过空鼓检测、水压检测、防水检测、甲醛检测、钢筋探测、AR 质检等手段保证家装服务质量，整体架构如例图 15-1 所示。

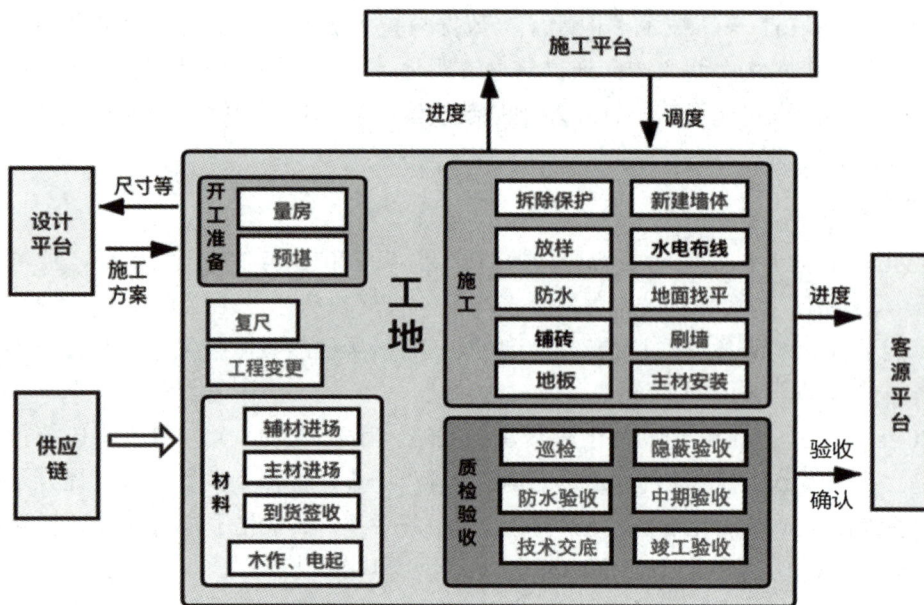

例图 15-1　平台整体架构

(1) 激光量房。

被窝家装平台利用贝壳自主研发的 VR 激光采集设备伽罗华，实现由云端算法自动生成的满足设计师精度要求的毛坯房、简装房 CAD 数据的功能，同时提供现场记录业务反馈信息、遗留家具及其他信息标注的功能，解决了传统设计师上门量房一次量不准、量不全的问题，降低了人工量房门槛和成本，减少了手工量房操作的方差，并通过结构数据提取提升空间理解的 AI 能力，形成量房数据闭环，量房过程如例图 15-2 所示。

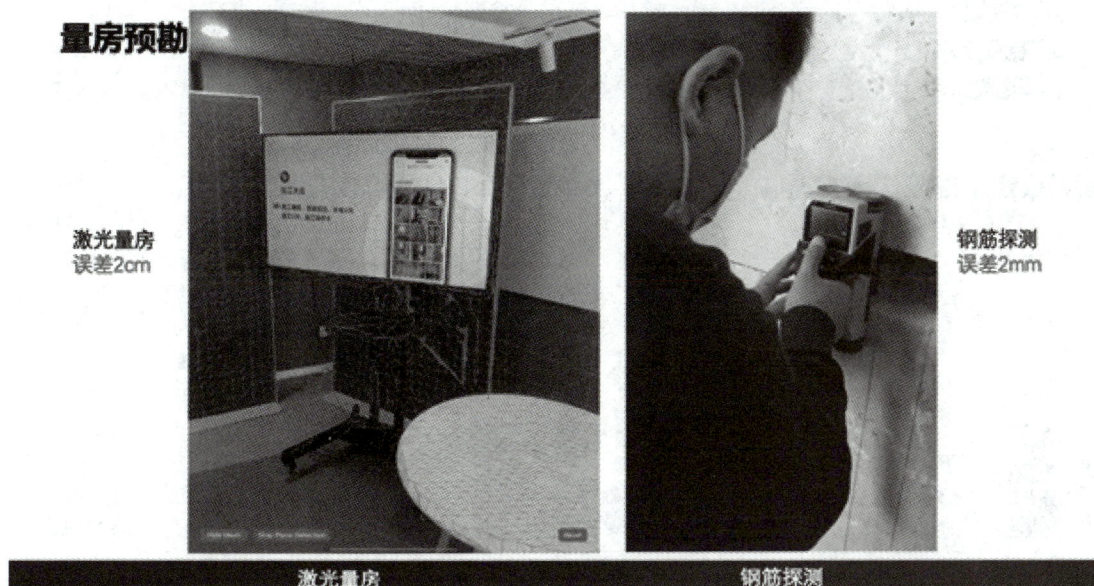

例图 15-2　量房预勘过程图

(2) 装修方案在线设计与需求确认。

被窝家装平台通过 BIM (建筑信息模型) 1.0 建设，能够实现可视化选材设计、自动算量、报价、自动出施工图、智能排砖、自动水电布线等功能。用户与设计师通过 BIM 1.0，可以在 UE (用户体验设计) 4 界面，进行装修方案的交互与确认，用户通过界面交互，能真实感知房屋装修后的效果。

(3) 施工过程数字化管理。

业主常因工作忙碌无法对于施工过程全程管理，被窝家装平台可以通过无感知工人打卡系统、零打扰工地监控系统和无干预工地巡检系统进行工地安全管理、作业过程管理和每日质量管理，其中无感知工人打卡系统可以实现对入场家装工人的入场管理和工人施工动作识别，实现家装现场的安全管理；零打扰工地监控系统可以在不影响施工作业的情况下，全屋覆盖监控，实现对家装现场作业过程管理；无干预工地巡检系统会在每日施工结束后，对当天工作内容进行巡检和记录，实现对家装现场每日质量管理。

3) 实施情况

被窝家装平台目前完成的建设包含：

(1) 一个基础数据库。

项目建设包含普通房源及信息化房源等在内的数据库。基于数据库标的数据量大、数据类型众多的现状，公司技术团队分步实施，完成了基础数据库搭建。主要数据内容维度包含空间、户型、模型库以及房屋所在区域租金、房型、面积、地段、楼层、小区配套、教育和商业全景等。

(2) 五个基础服务平台。

五个基础服务平台主要包含客源平台、设计平台、施工平台、供应链平台和业务平台，平台的架构如例图 15-3 所示。

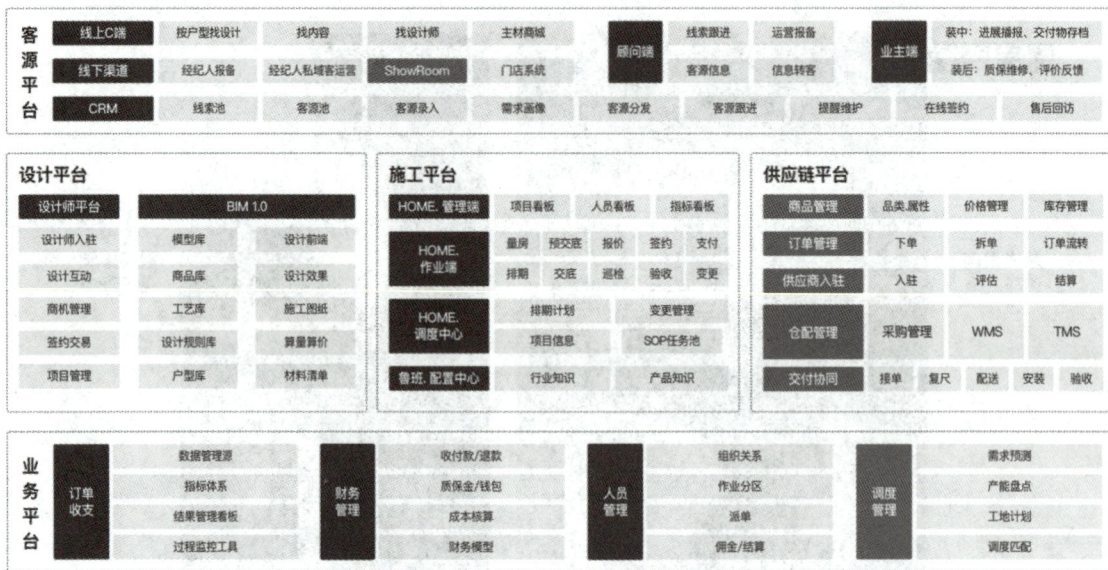

例图 15-3　五个基础服务平台架构

(3) 三个核心功能系统。

① 交付功能系统。装修本质是多角色协作交付的过程，其中前端销售、交付产能和供应链履约等构成了一个冗长的依赖链条，这就需要解决精准预测与一致协同问题。被窝家装平台通过牵引业务流程的线上化，为多角色高效协作以及规模化精细管理提供了信息化基础；同时打破组织前后端的信息孤岛，让销售预测、交付产能与材料供应形成高效的协同基础；通过不断对流程标准、行业知识的固化与数据沉淀，提高系统在组织协同、资源调度、预测分析、辅助决策等方面的能力，以保障全局的最优化与确定性。

② 标准化作业系统。被窝家装平台通过全流程的线上化服务＋线下专业施工服务，消除了传统装修行业施工交付无标准、信息不透明和增项多等诸多弊病，并且利用大数据、VR 等互联网新技术，打造了如 VR 看门店、工地时时看、户型方案库、AI 设计、自动化报价、水电 VR 和激光量房等创新型场景应用，为用户提供安心、省心、放心的家装服务消费体验。

③ 可视化系统。流程的数字化改造，目前已覆盖从"到店前—到店—认购—量房—预交底—签约—开工—技术交底—拆除—隐蔽工程验收—技术交底—基装验收—主材安装—竣工"等全流程数十个节点，并已实现线上化、可视化，让业主可以时时查看新家进展，并且保证业主可每日准点收到来自服务者的播报内容。

4. 实施效果及价值

被窝家装平台，既是房地产交易服务后的自然延伸，也是贝壳新家装业务的一个尝试，具有良好的经济和社会效益。

1) 经济效益

被窝家装平台以"标准化施工"作为保障，通过线上线下相融合的方式，吸引优质家装品牌和个人设计师入驻，为用户提供"以标准精工实现个性设计"的多元化家装解决方案，产生很好的经济效益。2020 年度被窝家装平台签约工长 404 人，注册工人 5204 人，营收数亿元。未来伴随中国家装市场的持续增长，被窝家装平台将在继续为公司创造经济效益的同时，面向全国 3 亿社区家庭提供更高品质的信息消费体验。

2) 社会效益

被窝家装平台利用大数据、云计算、VR、AI 和 IoT 等数字化新技术，构建了"数据与技术驱动的线上运营网络"和"以社区为中心的线下门店网络"两张网，通过信息透明化、服务可视化以及家装业务流程的数字化、标准化改造，搭建起了家装行业新型基础设施，进而推动中国家装服务行业流程的标准化和信息的透明化，全面提升用户消费体验；同时，本项目打通了购房、设计、装修等上下游产业链，实现了互联网、建筑、家居、设计等跨界融合创新，对于构建完整的居住服务生态链起到巨大的促进作用，引领装修行业上下游产业链实现数字化转型升级。

5. 下一步计划

被窝家装平台下一步将重点围绕五大基础服务平台及三大核心功能持续完善升级，运用 VR、AI、AR、大数据等新技术，实现智慧家装，真正做到家装服务可控，推动家装服务现场的数据化建设，带动家装服务行业信息消费升级，并逐步实现以下三个阶段：

第一阶段：实现大规模可视化设备铺设落地，提升项目整体感知力；家装现场摄像头的业务融入，为 B、C 两端提供创新性服务。

第二阶段：探索业务场景的创新应用，打造从可视到可控的家装服务现场。

第三阶段：建设智慧家装，实现家装服务现场数据化建设，探索场景数字化重塑。

案例 16　企业中台助力国网辽宁省电力有限公司数字化转型

——国网辽宁省电力有限公司

1. 项目背景

全球正在经历以数字智能为代表的第四次工业革命，并着力推进能源革命、加快数字化发展，在此背景下，传统企业迎来数字化转型的浪潮。根据业界研究，企业数字化转型在要素驱动、流程变革、价值创造三方面都呈现出新的趋势。

面对企业数字化转型的三大趋势，业界普遍应用共享理念，实施中台战略，强化数据驱动决策、推动全流程变革。从管理和技术两方面加速企业数字化转型发展：从技术上，构建企业中台架构，使前台变活、变薄，推进稳态业务沉淀、敏态业务快速响应；从管理上，创新管理模式、培育新业态，打造数字生态。

2. 需求与挑战

各行各业在推进数字化转型中面临着多方面痛点，突出表现在内部支撑稳定有序与前方市场变化无序的冲突、稳定后台与灵活前台的冲突、系统集成关系复杂与系统有序整合需求的冲突、各专业间存在壁垒与业务协同需求的冲突。这些痛点延缓了企业数字化转型的进程，需要利用新手段从战略、组织、文化、管控、运营等多方面进行调整，企业中台正好能够解决。

内部支撑稳定有序与前方市场变化无序的冲突：场景化、碎片化的用户需求越来越明显，前方市场变化迅速。企业内部稳定有序，无法支撑前沿业务快速响应、灵活运转的需求。

稳定后台与灵活前台的冲突：前端应用需要灵活敏捷构建、低成本试错、快速迭代创新。后台对接企业内部，需要扎实稳定，但改动成本大，无法及时支撑前台应用。

系统集成关系复杂与系统有序整合需求的冲突：系统集成关系复杂、耦合性大，缺乏共性业务能力的固化沉淀。传统架构下系统服役到期只能推倒重建，无法以组件化形式让业务端即取即用。

各专业间存在壁垒与业务协同需求的冲突：部门间信息传递不畅、业务间数据传递不及时，导致数据利用率不高、缺乏融通共享。各系统无法贯通，业务共享不足，使得端到端业务无法实时协同。

3. 实施方案

1) 目标

建立"企业全局复用、服务标准稳态、数据融合共享"的企业中台，构建能源互联网信息支撑体系核心基础设施，统驭公司强大的后台资源，通过提炼构建公共资源共享能力，打破"烟囱式"系统架构和消除"数据孤岛"，形成"活前台、大中台、强后台"架构体系，实现能力跨专业复用、数据全局共享，支持前端应用快速灵活搭建，支撑业务快速发展、敏捷迭代、按需调整。企业中台是数字化技术成果的汇聚地，是公司创新业务模式的催化剂，是公司数字战略升级、组织升级、流程升级、技术升级的重要抓手。

2) 实施原则

企业级复用原则：通过共享服务，提供可重用能力，实现资源复用、应用复用，满足业务或数据共享复用，实现公司各条线、各业务服务调用。

稳态业务沉淀原则：将公司相对成熟的稳态业务沉淀至企业中台，形成可复用的稳态服务能力，提高企业中台共享服务的复用度与稳定度，提升企业中台价值。

共性业务服务原则：中台具备共性业务逻辑解耦、业务数据隔离等特点，业务中台具备沉淀基础、共性业务服务能力，数据中台具备沉淀数据存储、分析等共性数据服务能力；技术中台具备沉淀共性技术支撑能力。

3) 实施内容

(1) 总体架构。

依据"模型统一、资源汇聚、同源维护、共建共享"原则，按需逐步迭代拓展中台建设范围，持续推进架构迭代演进，实现主要业务领域应用服务与技术能力全面沉淀，业务应用敏捷迭代能力大幅提升，赋能公司电网生产、客户服务、经营管理业务创新发展。

业务中台：定位于将公司核心业务中需要跨专业复用的资源和能力整合为企业级共享服务，消除业务断点、避免重复维护，主要侧重于支撑前端业务处理。实现企业核心业务能力沉淀，提供统一的企业级共享服务。

数据中台：定位于将公司各专业、各单位数据汇聚、整合为企业级数据服务，提供便捷应用能力，满足跨专业数据需求，主要侧重于支撑数据分析应用。实现各类型数据资源全量纳管、处理分析，推动数据业务化。

技术中台：定位于为公司各业务提供"架构统一、技术先进、服务智能"企业级基础公共服务能力。实现企业数字化应用的快速建设，提供统一、易用的能力接口。

(2) 业务中台构建。

公司业务中台由客户服务业务中台、电网资源业务中台、财务管理业务中台和项目管理业务中台组成，如例图 16-1 所示。将公司客户服务、电网生产、规划计划、经营管理等相关传统业务系统中的共性业务，沉淀形成企业级共享能力中心，支撑前端应用构建。后期将持续扩充、迭代、完善。

(3) 数据中台构建。

数据中台汇聚分散在各专业系统的孤立、异构的原始业务数据，按照统一模型进行清洗、转换、整合，实现数据标准化、集成化、标签化统一存储，提供数据资源、数据分析和数据标签等共享服务，打破专业壁垒，提升数据便捷应用能力，增加数据价值体现，如例图 16-2 所示。

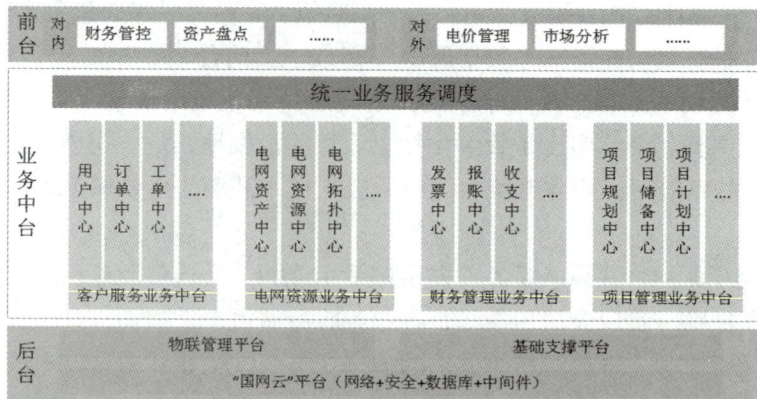

例图 16-1　业务中台架构

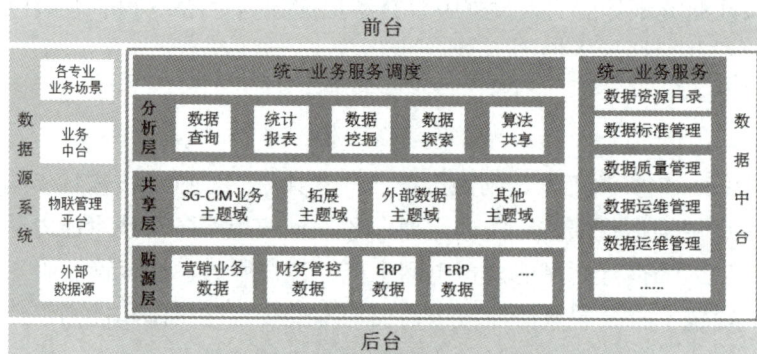

例图 16-2　数据中台架构

(4) 技术中台构建。

技术中台通过对技术能力持续的平台化沉淀，将公司的技术能力与业务能力分离，为企业数字化应用的快速建设提供"架构统一、技术先进、服务智能"的能力接口，以服务化方式赋能业务中台、数据中台和前台应用，实现强力支撑。技术中台包括统一视频平台、移动门户平台、统一权限平台、人工智能平台、国网链平台等技术平台，如例图 16-3 所示。

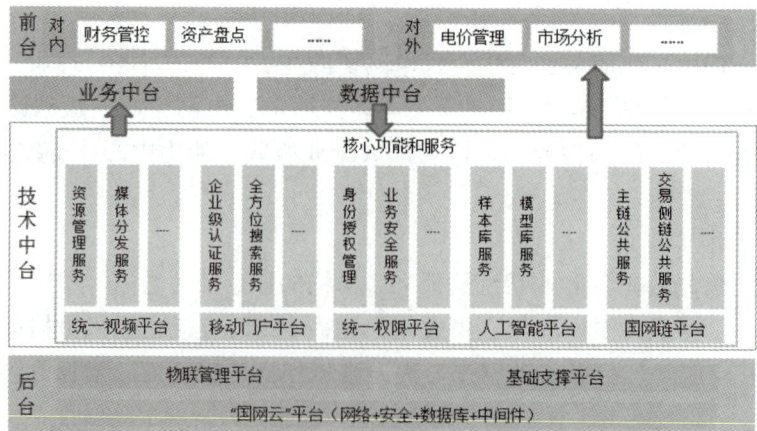

例图 16-3　技术中台架构

4. 实施效果及价值

1) 业务中台成效

(1) 客户服务业务中台。

通过聚合客户资源，为电商、电动汽车、英大金融进行引流，形成网络效益、激活客户价值、发挥平台优势、赋能产业生态。

客户服务业务中台提供公共、成熟、稳定的客户侧共享服务，支持快速、灵活搭建客户服务应用，支撑电力营销业务和产品快速发展、敏捷迭代、按需调整。后续将通过夯实中台基础能力、拓展中台服务营销数字化转型能力、加强中台能力开放等方式，结合相关业务，持续支撑能源互联网营销服务系统、电力交易、新能源云等建设。

(2) 电网资源业务中台。

基于企业级信息模型，整合汇聚设备、营销、调度等专业共计 223 类电网设备的资源、资产、图形、拓扑、空间位置、测点信息等基础数据，实现覆盖"发—输—变—配—用—新"的"电网一张图"的统一管理和同源维护，支撑"业务一条线"应用快速、灵活构建，为企业级高级应用和精准决策分析提供准确的数据支撑。

基于"电网一张图"，沉淀精准、科学、高效的电网设备管理共性业务服务，赋能业务应用更强的灵活度和更低的变更成本。同时，基于统一的业务服务，支持地市用户自主研发特色应用，满足省、市、县三级差异化管理需求，聚焦业务本身，加速应用创新，使业务提质增效。

基于一套服务、一套数据库表，支撑设备管理移动作业、方案辅助编制、营销业扩接入等功能应用，解决营配调不同专业间图模业务流程孤立运行、自转问题，彻底实现营配调贯通，大幅提升基础数据质量，提高了业扩、设备异动等作业效率。

电网资源业务中台模式推动了电网资源共性业务能力沉淀，实现设备台账、运检工作管理、缺陷故障管理等业务需求高效复用，大幅提升企业级应用构建效率和响应速度。未来将结合业务需求进一步关联厂家、设备运检等数据，支撑综合智慧能源服务、新能源云等企业级应用建设，提供电网资源"一站式"服务。

(3) 财务管理业务中台。

聚焦企业级价值管理，凝聚预算、核算、资金、税务等专业领域对业务管控要求，依托中台构建财务数字化能力，释放数据能量、赋能业务管理，贯通业务流程，实现业务流、数据流和价值流的三流合一，全面促进业财一体化融合。

基于中台先进技术架构，形成业务在线广泛链接能力，不断扩展公司信息圈、资金圈和客户圈，带动与政府、金融机构、供应商、客户、终端消费者间的频繁互动，激发协同效应，实现价值共赢。

(4) 项目管理业务中台。

初步建成横向扁平协同、纵向垂直贯通的项目中台架构，打造新兴业务服务孵化平台，研发完成电网核备、资产有效性、项目关联论证、需求在线生成等创新服务，构建公司项目管理生态圈，建设政府监管、政务协作、信息披露、企业协作和行业动态等生态服务，满足输配电价监审和投资监管要求，提高内部管理效率，为各类业务服务、为各级管理赋能。

2) 数据中台成效

数据中台接入汇聚公司多专业、多部门业务数据，形成公司级数据分析应用基础。一方面加强源头数据治理力度，开展数据全链条、各环节质量监控，形成数据全生命周期管控模式；另一方面，围绕重点业务场景，按需开展数据质量监测和核查，"以用促治、以用促管"，推动数据治理闭环管理。

通过数据能力沉淀和服务共享开放，一方面提升了对前端业务的响应能力，实现了以客户为中心的快速迭代与产品升级；另一方面能够根据中台海量数据，不断创新各类数据产品，挖掘新型商业机会。

有效降低基层一线数据应用门槛，破解传统数据开发经常需要从头干起、数据分析需要直接面对原始数据等难题，满足基层员工多样化数据应用需求，激发基层数据应用创新活力。

推动公司数据研发机制、服务模式、运营机制创新，构建"加速数据资源产生业务价值的服务工厂"，促进数据产品迭代优化和敏捷创新，主动释放数据丰富价值，加快培育增长新动能。

3) 技术中台成效

(1) 统一视频平台。

以现场视频终端为要素，运用平台的设备接入及资源管理等能力，实现视频信息的统一汇集，支撑多业务共享应用，支持安监、设备、调度等跨专业集中监控及录像查看等应用，配置相应的视频轮巡方案，建立联动机制，实现现场业务场景即时可视化穿透。

统一视频平台作为视频公共服务能力支撑平台，通过标准化接口，向各业务应用提供视频图像数据的调阅、下载、定制化处理、分析功能，同时支持 OCX(Obgect Linking and Embedding(OLE)Control EXtension，对象类别扩充组件) 控件集成、定制化接口开发、平台组件内嵌等集成方式，支撑监控视频应用、音视频互动、定制化功能应用等场景。

平台提供的智能分析、资源管理等服务能力，与业务流程无缝结合，实现云端、边端及云边分析任务的灵活配置与协同管理，可有效支撑安监、设备、输电等业务部门设备智能巡检、作业现场安全管理、物资智能监造、发展项目里程碑完成情况自动确认等业务场景应用，实现业务的数据驱动与技术赋能。

(2) 移动门户平台。

以公司移动门户作为移动应用统一入口，各类移动应用通过门户集中上架管理，实现流量集中聚合；构建公司移动应用的统一安全防护体系，在终端、网络、接入等层面采用差异化防护策略，有效降低移动应用安全风险。

为公司各专业、各单位提供统一移动门户个性化子门户定制能力，满足"千人千面、一人多面"的需求。在遵循统一的界面架构的基础上，可自主灵活配置应用功能、新闻宣传、界面图形和色彩搭配，使员工更有归属感、获得感。

构建统一移动应用开发平台，为公司各专业、各单位移动应用开发者提供服务，实现支撑多个开发团队、多个开发人员在线的云端开发、打包、联调测试一体化公共开发环境，同时支撑 H5 应用、小程序等多种开发方式，并支持互联网第三方生态下移动应用的引入。

(3) 统一权限平台。

以统一权限平台为核心的两级数字身份体系，实现了信息系统账号统一、组织共享、访问入口统一、门户单点登录等，解决了用户使用不便、管理与防护分散等问题，支撑业务全面集成、用户全员覆盖，基本消除公司内网业务"信息孤岛"。

统一应用授权包括统一管理工作台、授权服务、鉴权服务和安全审计等基础服务，实现各类应用授权管理模式的标准化与用户权限申请自助化，避免应用系统重复建设权限管理功能、多头运维、权限不合规等问题，同时提升业务应用账号权限的安全防护水平。

统一权限平台为员工、外部人员提供从入职（驻场）到离开的全生命周期管理与服务，解决了信息系统账号申请困难、密码维护复杂、权限申请周期长、离职后账号不自动停用等问题，降低信息系统使用门槛，提升用户体验。

(4) 人工智能平台。

人工智能平台汇聚公司典型样本，构建样本资源服务目录，实现样本资源共建共享，为人工智能模型训练提供样本资源；汇聚公司特色模型，构建模型资源服务目录，实现模型资源共建共享，对接业务应用，提升人工智能模型实用化水平。

人工智能平台是公司人工智能模型开发训练、部署发布、运行的支撑平台，定位于提供模型训练、运行环境及算力支持。模型训练方面提供模型开发、模型训练、模型评估、训练服务和算法管理等能力，模型运行服务方面提供模型导入、模型校验、模型部署、模型服务、服务发布和边缘部署等能力。基于人工智能平台的服务能力，支撑电力调度、运检、安监、营销和企业管理等人工智能应用落地。

人工智能平台提供样本归集、模型训练、模型评估到部署应用全流程服务，通过云模式、边模式、端模式等三种应用模式，实现与业务应用无缝结合，有效支撑安监、设备、营销、调度等业务部门设备智能巡检、作业现场安全管理、智能客服、电网调度和企业经营管理等业务场景应用，提升电网业务智能化水平。

(5) 国网链平台。

依托国网链平台，通过与天平链、央企联盟链、星火链网的对接，实现对电网上下游企业、多方机构及社会公众的多元信息统一汇集，支持电网及上下游企业、外部机构间的信息可信共享与协同共用。

国网链作为公司级区块链公共服务平台，底层链提供区块的构建与同步、共识算法、智能合约以及隐私保护等区块链基础功能，平台管理层提供用户权限管理、通道管理、运行管理、智能合约管理等区块链的管理服务，业务应用层主要负责为业务应用提供支撑功能，主要包括交易类、存证类、数据共享类，针对不同业务应用上链需求提供相应共性服务。

平台利用区块链分布式存储、数据不可篡改等技术特性，通过与电网业务深度融合，实现跨层级、跨行业的数据交互与信息共享，可有效支撑调度、电力交易中心等业务部门开展基于区块链技术的数字化工作票、分布式电力交易等业务数字化建设，推动新技术在电网领域的创新应用，赋能国网数字新基建。

5. 下一步计划

企业中台作为公司新型数字基础设施的核心建设任务，是构筑电网生产运行、经营管理、客户服务数字化应用，打造能源互联网数字化创新服务支撑体系的关键支撑；也是实现公司核心资源共享化、服务化的重要载体。展望未来，国网辽宁省电力有限公司将加速推进中台应用，全面建成公司企业级能力共享平台。

至"十四五"末，公司全面建成企业中台，企业中台公共服务共享使用率达到100%。打造业务中台，实现共性业务能力跨专业沉淀复用和交叉赋能；打造数据中台，提升数据全局纳管能力、共享服务能力和创新应用能力，推动数据业务化；打造技术中台，提供"统一、易用、强健"的技术服务能力。进一步加强与能源电力企业、互联网企业、科研机构、装备制造企业、高校等单位的合作，广泛吸纳和应用业界先进成果，持续促进中台理念体系的完善，全面支撑公司数字化转型，推进公司更高质量发展，助力"具有中国特色的全球领先的能源互联网企业"战略落地。

案例 17　鹏博士数智云 "国资央企绿色账户大数据管理平台"

—— 鹏博士数智云集团有限公司

1. 项目背景

1) 行业情况

"碳达峰、碳中和"是党中央、国务院高度关注的战略性工作，事关我国经济社会发展全局。实现减污降碳协同效应，是党中央对污染防治攻坚战和"碳达峰、碳中和"工作的新要求，也是总要求。

2) 客户背景

国资委给中国节能发来《关于建设生态环保资源大数据服务平台有关意见的复函》，原则同意并支持中国节能建设生态环保资源大数据平台。"双碳"目标提出后，经向国资委汇报，中国节能拟以推动国资央企绿色发展、加快"碳中和"进程作为目标，以建设"绿色账户"作为建设生态环保资源大数据服务平台的切入点和主要模式，全面建立综合中央企业环境合规管理、减污降碳协同增效、"碳中和"目标推进、生态环境资源价值实现等管理内涵的数字化、智慧化平台。

2. 需求与挑战

2021 年 12 月，国资委发布《关于推进中央企业高质量发展做好碳达峰碳中和工作的指导意见》，指出要把"碳达峰、碳中和"纳入国资央企发展全局，加快中央企业绿色低碳转型和高质量发展。国资央企作为我国经济重要的组成部分，其绿色发展质量将影响我国"碳中和"进程。

3. 实施方案

1) 预期目标

打造国资委推动国资央企落实"碳达峰、碳中和"战略部署、全面加强环境污染风险防控的管理支撑平台。打造国资央企深化绿色低碳转型、探索生态资源价值实现的能力支撑平台。

2) 实现路径

建设绿色账户系统，将以"碳中和"为核心主线，以数据为驱动，可统筹环境风险防范、产业结构调整、能源结构优化、资源利用效率提升、绿色低碳技术攻关应用等工作的总体督导和管控，全面服务于国资委对国资央企体系绿色发展、"碳中和"目标达成的顶层规划、统筹谋划、科学决策、精准施策以及"碳中和"调度指挥、绿色发展指标考核评价等工作。

通过建设绿色账户，利用信息技术手段，全面融合能源、产业、生态资源数据，可实现环境风险预警、生态资源盘点、减污减碳协同、碳排放监测、去碳潜力分析、"碳中和"关键指标监测、"碳中和"路径动态模拟、碳核证、碳定价分析、碳交易的一体化管控，为企业提供绿色发展潜力分析、目标制定、路径规划、资金调配等智慧化服务，科学支撑企业"碳中和"进程。

3) 实施方案及实现的主要功能

打造引领国资央企绿色发展的全层级、全过程、全链条的管理平台，建设包括"两门户、三中台、五应用"在内的绿色账户大数据管理平台；做到数据管理统筹、工具模型统筹、信息服务统筹、目标行动统筹"四个统筹"，实现"资源 - 能源 - 环境 - 生态"协同管理和"减污 - 降碳"协同推进等"两个协同"，达到底数清晰化、管理精细化、措施精准化、决策科学化的"四化"提升，以数字化推动绿色化转型，为深入打好污染防治攻坚战、推进"碳达峰、碳中和"工作、助力生态文明建设实现新进步提供系统化服务和科学高效支持。

国资央企绿色账户大数据管理平台建设项目开发建设内容包括三大中台、五大应用与全景展示、两类门户 (国资委管理端和企业端双门户)。三大中台包括数据中台、业务中台和技术中台，由鹏博士融合云的计算、存储、中间件以及数据库的产品结合而成。五大应用搭建在鹏博士融合云平台之上，包括环境账户管理，碳账户管理，生态账户管理，绿色账户管理和绿色服务支撑，利用融合云良好的稳定性，高效地支撑应用的运行。两类门户也架设在融合云平台的资源之上，包括了国资委管理端门户和企业端的门户。

鹏博士数智云·融合云管理服务可以覆盖公有云、私有云、融合云等部署场景。一是支持多种云环境资源的统一纳管运维，多云环境中虚拟化、私有云、公有云、容器云等多种的管理门户及其分散多样性给 IT 管理带来与日俱增的压力，鹏博士数智云·融合云管理服务可以实现多云统一接入及对多云资源按组织、业务等维度进行统计分析，大大降低了管理的复杂度。二是支持多种云环境资源统一交付，企业业务开发测试和投产时，需要在线快速获取和部署测试及生产环境。融合云管理服务可以按请求和分配策略部署到虚拟化、私有云、公有云中，可以缩短获取环境的时间，提升部署质量效率。三是支持多种云费用统一管理，多云环境下，由于基础设施的分散和多样性，给费用管理带来了巨大的难度和复杂性。云管理服务可以统一整合多个云平台及账号，优化费用使用方式。融合云平台架构图如例图 17-1 所示。

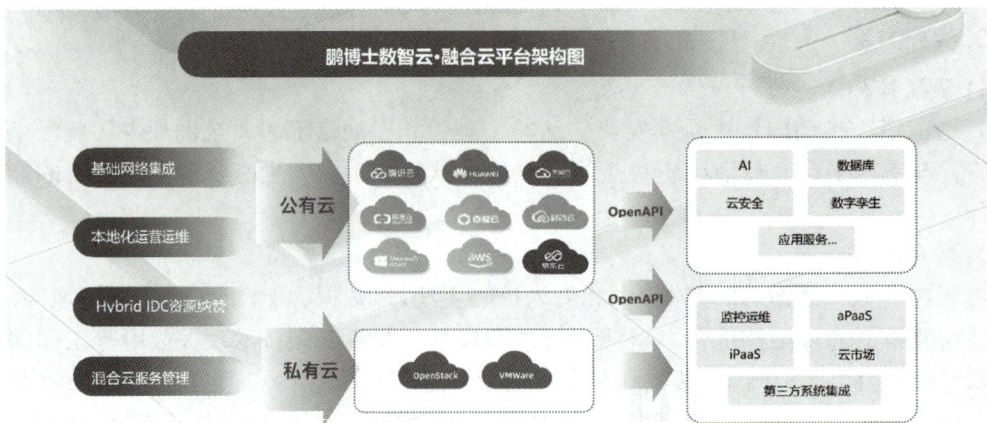

例图 17-1　融合云平台架构图

并且鹏博士数智云·融合云管理服务可以为企业用云提供迁移、建设、运营等阶段丰富高效的规划管理和实施服务。当前，鹏博士数智云·融合云管理领域服务的发展能够覆盖多样化的业务场景、理论体系相对完善，可以有效降低企业各阶段用云门槛、提供专业的工具产品为企业转型提供有力支撑。未来，在云优化治理领域的成长中，鹏博士数智云·融合云管理服务将拓展更加多样化的服务内容。

4. 实施效果及价值

鹏博士数智云·融合云从云资源的选型、架构的设计、成本可视、成本管理到整体优化帮助企业降本增效。鹏博士数智云·融合云所提供的云成本优化专家与企业组织融合保障企业的云成本周期管理的有效运作。建立责任分摊制，深入云成本分析。建立财务运营理念，进行预算管理。考虑企业的长期因素、稳定性以及业务规划，持续在成本、质量和速度之间权衡，不断优化云资源及其采购方式。

鹏博士数智云·融合云帮助企业结合原有的安全策略，构建起符合企业未来五年发展战略的安全合规体系，更新了基于业务数字化阶段，企业安全支撑所需的角色、责任、流程、制度，并为企业提供了安全产品、安全意识的输送，提升企业整体的安全管理水平。

融合云助力企业探索以信息、数字技术推动管理提升、工艺提升、技术进步、能源资源高效利用的新型低碳化产业路径，引领建立所在行业的绿色发展指标体系，推动产业"碳达峰、碳中和"目标的实现；

帮助企业在实现减污降碳协同增效的同时，充分挖掘利用自身生态环境资源要素，创新探索价值转化机制和路径，培育绿色发展新动能；

通过数据融合、洞察和挖掘，在赋能自身高质量发展的同时，逐步积累自身数据要素资产，形成企业数据资产和数据收益的新增长极。

5. 下一步计划

中长期将逐步提升绿色咨询服务、数据融合及开发服务、数据接口服务等数据服务；远期将拓展创新业务的深度和广度，构建以合资公司为绿色发展大数据服务产业引领，专精特新企业为技术支撑的平台化合作生态。

案例 18　数字环卫全流程管理智能体

——湖南艾依灵科技有限公司

1. 项目背景

据中研产业研究院公布的《2022-2027年中国环卫行业市场深度调研及投资策略预测报告》显示，推动环卫数字化建设，可实现整个环卫产业的智慧化升级，让产业发展上升到一个新的台阶。环卫数字化的主要功能是降低生产成本和提高产品收益，同时操作管理也更加方便，以适应大环境的变化。例如，通过远程管控降低人工费，通过优化运营条件和专家维保降低能耗，通过平台建设推动专业化分工缓解恶性竞争。

环卫作为居民生活刚性需求，市场空间未来会随着居民生活水平提高而不断扩容。近年来我国环卫服务市场规模不断扩大，2017至2020年，我国环卫服务市场规模由710亿元迅速增至1868亿元，期间年复合增长率为38.05%。根据各券商测算，2025年其均值将达到3568.5亿元，以5%的数字化渗透率来看，环卫数字化市场将达到200亿元以上。

行业总体规模的扩大，一方面来源于城镇化率提高及乡镇一级公共环境改善，另一方面也来源于清运量的增加。环卫数字化符合国家的环境建设要求，能够实现资源的循环利用，提高政府环卫部门的管理效率，增加环卫企业的经济效益，最终促进环卫全行业的可持续发展。

2. 需求与挑战

在推进城市环卫数字化的过程中，存在管理体制有缺陷、人员管理不规范、部分区域机械化率偏低和环卫作业存在盲点等问题。通过生态人居环境管理运作涉及的道路清扫保洁、垃圾收转运、公厕管理维护、生态巡查和园林市政养护等管理工作，希望实现城乡创新管理，以及实现管理的标准化、精细化和规范化。

项目涉及的环卫领域在发展过程中存在着一系列问题亟待解决。如在环卫产业智能化、平台化发展过程中，缺乏有效顶层规划，导致重复性建设；社会信息孤岛现象严重，融合共享步履维艰，造成数据资源浪费；缺乏完整、科学的标准体系与适宜的运行管理模式等，其中需重点关注的问题是信息数据的采集与传输，因此需逐步提升生活垃圾收集车辆装备、中转设施、资源化利用设施、末端处置设施的技术水平和科技含量，对垃圾分类运输车辆作业信息、行驶轨迹进行实时监控，加强生活垃圾分类运输过程监管。与此同时，作为城市治理重要一环的环卫行业，我国环卫数字化建设的统一标准还有待完善，各地建设水平参差不齐，并且"一网统管"行业标准尚不明确。所以推动行业人工智能水平的提升和实现"一张网"布局，对促进行业过程管控和生产安全，保障环卫数字化的落地与应用具有必要性。

3. 实施方案

1) 方案概述

数字环卫全流程管理智能体项目面向政府和环卫公司两大客户主体，针对目前城市管理中人员考评难、车辆监管难、设施管理难和数据汇总难四大问题，打造了一套"物联感知终端设备 +5G 边缘计算终端＋环卫全流程管理智能体"的整体解决方案，提供一站式服务。

充分利用物联终端（如自研边缘计算终端、传感器、智能水电表和监控等），打造多连接的移动物联生态网，整合环卫人、车、物、事的环卫作业业务链，形成环卫数字化、智能化、网格化和精细化的大数据云平台，建设智慧环卫一体化管理超级大脑。以科技手段创新环卫工作管理机制，进一步提高环卫作业效率，降低环卫运营管理成本，加强环卫作业安全保障，推动环卫品质大幅提升。

2) 建设目标

数字环卫全流程管理智能体项目旨在建立广泛的设备联接，汇总挖掘城市环卫服务数据，为城市提供坚实的数字化管理基础，服务为民。

(1) 数据精准可视。

旨在通过建设环卫数字化管理超级大脑，实现环卫管理"一张图"的美好愿景，环卫数据以图表等形式直观、科学、全面地展现在城市管理人员面前，并实现数据上传成功率达 99% 以上，实现环卫数字可视化、精准化的基本目标。

(2) 提高管理效能。

利用整理、汇总后的环卫数据，通过科学的分析，夯实环卫公司、政府人员的数据基础，利用精细化的服务，达到提高管理效能的目标。

(3) 泛在联接。

利用多种通信手段，联接业务场景中的终端设备，建立物与物之间的连接，打造移动物联生态网，打造泛在连接的城市环保业务圈。

(4) 服务为民。

科技赋能生活。系统将公众和政府环卫部门有效地结合在一起，搭建起沟通的桥梁，服务为民，共建美好家园。

3) 框架体系

数字环卫全流程管理智能体整体构架分成"五横三纵"，"五横"包含基础设施层、网络连接层、数据信息层、应用支撑层和业务展示层；"三纵"包含信息安全保障体系、运营维护管理体系和政策法规准入体系。数字环卫全流程管理智能体为区市容环卫维护中心、指挥调度中心及授权委托的社会化第三方环卫承包公司提供数据管理与服务支持。本建设项目逻辑架构如例图 18-1 所示。

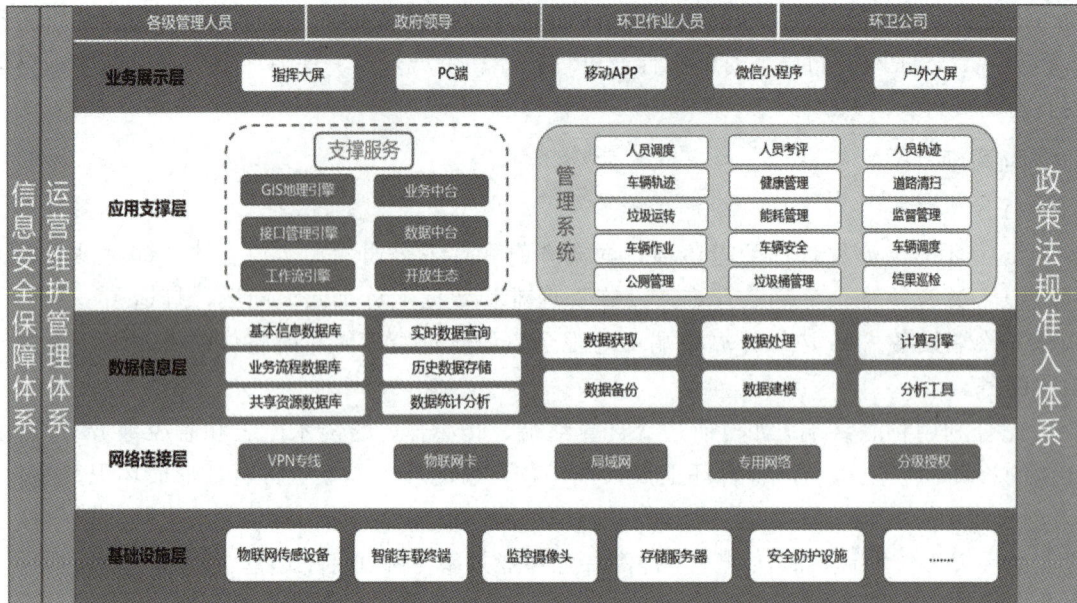

例图 18-1   数字环卫全流程管理智能体逻辑架构图

(1) 基础设施层。

基础设施层是指管理平台建设所需的全部硬件设施和感知设备，包含监控摄像头、物联网传感设备、智能车载终端、存储服务器、安全防护设施及所有的建设辅材等。基础设施层是建设智慧环卫管理平台的底层基石，为其提供运作载体和数据来源支撑。

(2) 网络连接层。

网络连接层是为本地有效数据和政务外网等互联网信息资源提供与平台之间的网络连接服务，保障环卫业务数据能实际传输到平台进行运用。该层充分运用数据信息层所分析的有效数据，依据不同的工作流程，搭建不同的连接体系，通过局域网或专用网络汇聚信息来满足平台应用的各种信息服务需求。

(3) 数据信息层。

数据信息层是基于大数据分析技术和数据挖掘技术，整合多方数据资源，构建数据获取、建模、分析的平台层。通过系统查询管理软件、存储备份管理软件等操作软件来完成环卫监测有关数据信息的统一存储、统一分析和统一运用，为上层平台运用提供数据分析支撑。主要包含基本信息数据库、业务流程数据库、共享资源数据库及数据统计分析等各部件，实现数据查询和统计分析的功能。

(4) 应用支撑层。

应用支撑层处在数据信息层与业务展示层中间，包含业务中台、数据中台、工作流引擎、GIS 地理引擎和接口管理引擎等。通过运用互联网系列技术实现不同的虚拟业务管理模型，如车辆管理系统、巡检管理系统、视频监控管理系统、垃圾运转管理系统和案件办理系统等，对环卫业务各流程提供全方位支撑。

(5) 业务展示层。

业务展示层是根据用户实际需求以数据台账、图形标签、交互表格等可视化的形式呈现出来，展示载体包括指挥大屏、PC 端、移动 APP 等，方便用户从不同的通道连接本智慧环卫系统并展开有关管理权限的实际操作，实现在线查询、监控管理、业务调度和案件处理等功能，为具体业务提供支持。

4) 实现路径

在项目推进实施的过程中，遵循如例图 18-2 所示的实现路径：

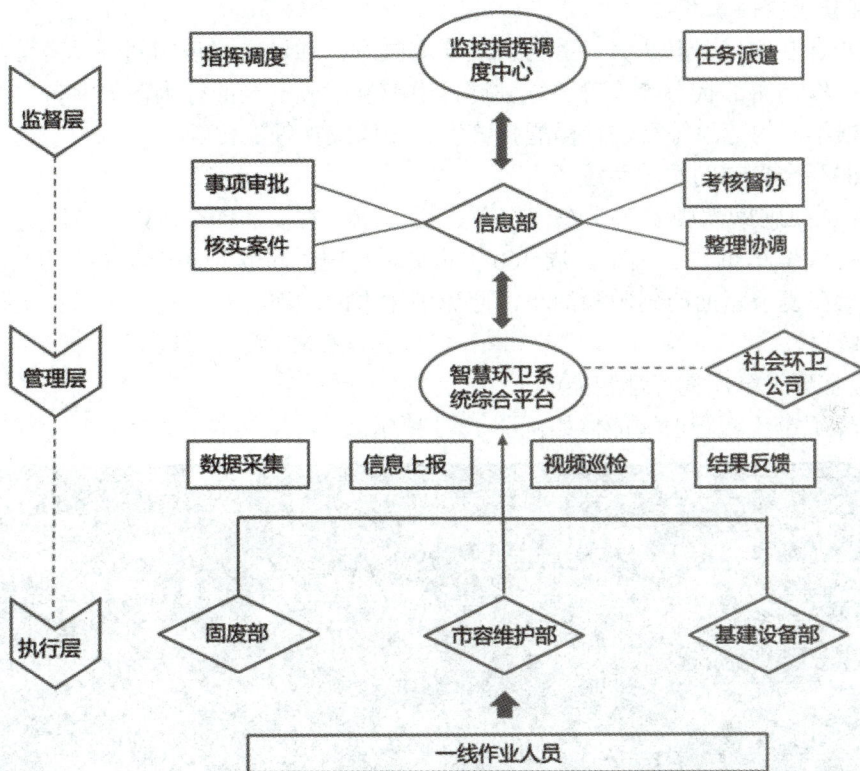

例图 18-2　环卫系统实现路径

(1) 三位一体。

系统统一汇集环卫中心监督人员、环卫公司管理人员、环卫作业一线人员，建设三位一体的用户管理机制。

(2) 纵横交贯。

系统横向覆盖道路保洁、垃圾收运、公厕管理、机械化作业等各条环卫业务链，纵向贯穿监督、管理、执行三个环节，实现环卫业务一体化全流程管理。

(3) 智能调度。

环卫作业过程中的车辆、人员、排班都由指挥调度中心统一调度。系统会根据实际作业情况以及卫情案件发生的情况，实现智能、科学的调度管理。

5) 实现功能

自研优质车载智能主机终端，其具有业内领先的"三合一"核心板，实现视频编解码、AI 算法和移动通信三大功能。数据均通过感知设备传输到智能主机上，主机带有终端边缘算法，在车辆上即可完成对驾驶行为、作业质量的解析，再将数据传输至云端，使数据更加精确可靠。

(1) ADAS 高级辅助驾驶系统。

高级驾驶辅助系统是通过先进的计算机视觉技术，在第一时间对车外的车道线、行人、活体、机动车及非机动车进行辨识、跟踪，并在出现异常情况时及时提醒驾驶员，从而能够让驾驶员在最快的时间察觉可能发生的危险，提高车辆安全性的主动安全技术。

(2) 驾驶员监控系统。

驾驶员监控系统是基于人工智能深度学习技术，通过准确识别驾驶员身份、驾驶员当前的行为动作、面部状态等，对于行驶过程中影响驾驶安全的行为，如疲劳、打电话及分神等，根据不同的危险等级进行提醒、警告、图像或视频上传等。

(3) 360°全景辅助驾驶系统。

360°全景辅助驾驶系统是在汽车前、后、左、右安装四个180°摄像头的图像处理系统，通过大屏车机显示汽车四周360°的实时状况，可实现车辆监控、显示行车盲点，有助驾驶员在复杂路面的驾驶和泊车，避免剐碰事故，而且录像功能可以记录行车过程中的视频图像。

(4) 数字环卫全流程管理智能体。

数字环卫全流程管理智能体如例图18-3所示。

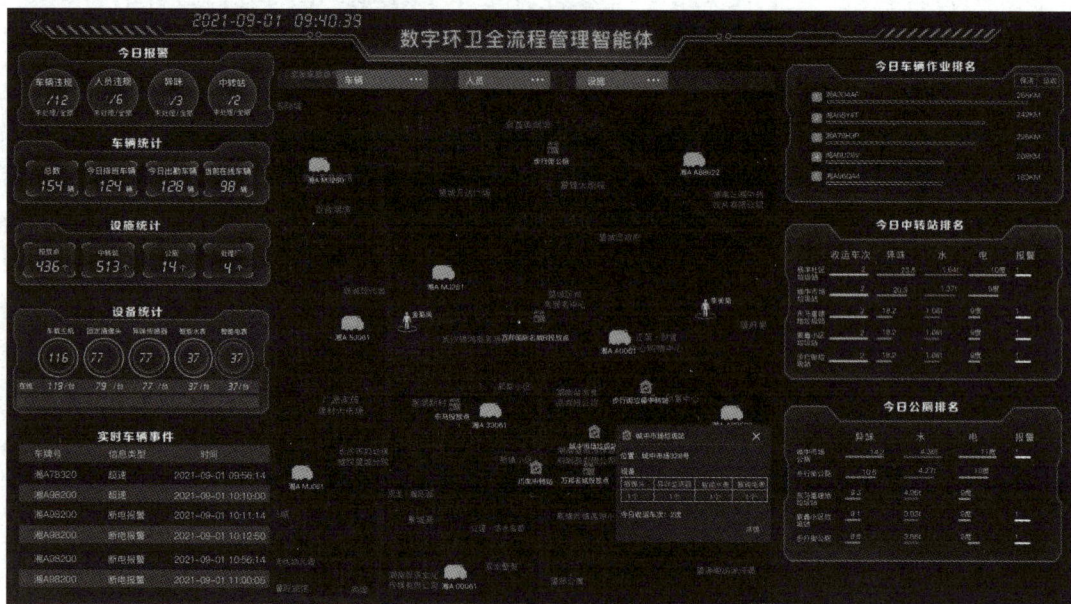

例图 18-3   数字环卫全流程管理智能体

① 实时监控：全程实时收集驾驶过程中人、车、路相关数据。

② 事故取证：驾驶过程实时录像，支持历史轨迹查询和视频回放。

③ 报警管理：平台收集设备所发送的所有驾驶员异常、车辆油耗异常数据等，进行实时警报跟踪和汇总。

④ 日常管理：管理人员在指挥中心通过大屏指挥系统，可以满足对区域内环卫作业的可视化指挥调度、人员/车辆自动化监督管理、事件精细化管理和大数据分析研判等应用功能的需求，构建了环卫保洁精细化管理新模式，实现了对人、车、物、事、财的全覆盖、智慧化和动态化管理。

⑤ 作业车辆监控：实时视频监控清运工作人员的作业状态、作业质量和垃圾清运现场情况，对清理后的结果进行录像存储、感应拍照，回放工作场景，避免工作人员清运垃圾后，现场不干净、走过场等现象的发生。通过全时段的监控，对驾驶员、清运车辆、作业区域的真实工作情况进行记录，便于对其工作考核。

⑥ 环卫人员管理：解决人员调度不及时，考勤管理不到位的问题。可在系统设定作业区域，当人员在作业时间内走出规定区域，平台会自动报警，指挥调度人员会在第一时间发现并掌握具体实情，及时巡查工作人员的在岗情况。情节严重的，指挥调度人员会及时报相关科室和领导，杜绝工作人员缺岗失位、工作散漫等现象的发生。

⑦ 大数据分析：可综合全部环卫相关信息，实现智能调度、合理利用资源，实现闭环式管理；大数据分析板块可对数据信息进行统一整合、清洗、存储、调用，完善信息数据管理和共享能力，为环境质量的改善及政府制定管理政策提供参考和数据支撑。

⑧ 开放式系统生态：作为环境卫生领域综合性业务管理、监管平台，对作业过程中的人、车、事、物进行可视化的监管，预留出面向市级平台的接口、对接第三方平台的接口以及其他物联网终端设备的接口，实现市政业务数据信息大融合，避免重复建设。

系统采用物联网、云计算、大数据、移动互联网和空间地理信息集成等新一代信息技术，把各种硬件设备应用到环卫管控对象中，通过环卫云技术将环卫领域物联网整合起来。同时借助移动互联网技术，将人类社会与环卫业务系统紧密联系起来，以更加精细和智能的方式实现环境管理和决策的智慧化。

通过智慧环卫云平台实现对环卫工作中的人、车、物、事的综合管理；助力环卫决策、指挥，绘制环卫"一张图"，让管理人员直观掌握城市环卫资源分布、环卫工作情况，数字环卫全流程场景图如例图18-4所示。

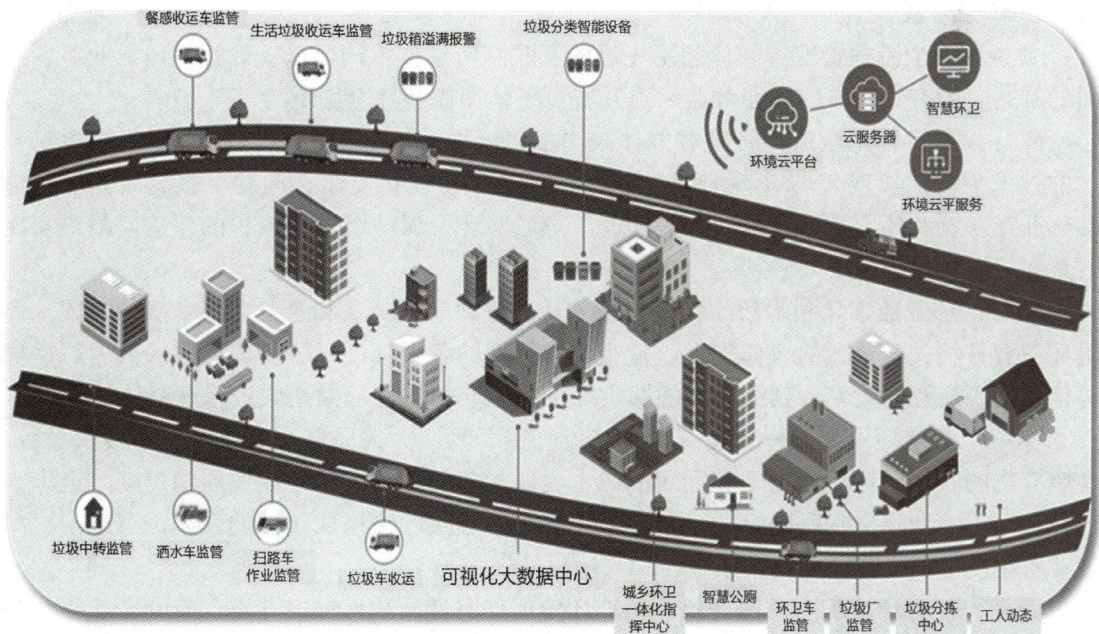

例图18-4　数字环卫全流程场景示意图

4. 实施效果及价值

1) 产业经济效应

环卫产业上游通过汽车底盘制造、钢铁、传感器、通用设备和软件产品服务等与制造业、信息传输、软件和信息技术服务业等关联，从垃圾的产生的角度来讲，又与农林牧渔业、制造业、交通运输业和建筑业等各行各业密切相关，下游因垃圾处置与利用而产生的水、电能、天然气、有机肥、建筑材料和生物柴油等产品又分别与农林牧渔业、制造业、交通运输业和建筑业等关联。

随着环卫产业"智能＋"、数字化的发展，必然会对上游装备（如对传感器、无人驾驶垃圾收运车、垃圾处理机器人、无人驾驶飞机等）提出更高的要求。同样在垃圾分类政策的大力推动和环卫平台化的普及下，将大大提高垃圾分类、收运与处置效率，更多垃圾进入资源化利用处理厂，产生了更多的能源、有机肥等，从而影响农林牧渔业及其他产业等。

因此，在搭建智慧环卫产业互联网平台时需要考虑与农林牧渔业、制造业、交通运输业和建筑业等产业平台的系统兼容问题，减少国家在产业平台方面的重复性建设工作，并满足产业融合的需要。

未来通过在环卫产业领域构建端、管、云的技术体系，逐步实现以数据为抓手，以环卫产业互联网平台为工具，将环卫产业生态中的资源充分利用起来，实现环卫生态中的主要环节、场景间的互通和联动，以提升环卫运营管理质量、提高企业运营效益、满足环卫行业发展需要并实现多方共赢，最终推动整个环卫行业的可持续快速发展。

另外老龄化趋势的加重导致一直以来以老龄人口为主要劳动力的环卫市场的劳动力短缺压力越来越大。开展智慧环卫可以提高环卫机械化水平，减少对人力的依赖，这既是劳动力市场紧缺的现实所需，也是城市环卫水平发展的要求。

2) 社会效益

数字环卫全流程管理智能体利用先进的互联网信息技术，可以有效解决环卫业务各方面的难题，能产生明显的社会效益，提升城市整体面貌和综合影响力。

第一，数字环卫全流程管理智能体采用了"云平台＋移动互联网＋智能终端"三合一的技术手段，实现人员/车辆自动监管、作业结果可视化监察、问题上报高效处理、自动化业绩考核和环卫数据分析研判等功能，形成对环卫保洁管理全流程的覆盖，最终实现智慧环卫一体化管理。

第二，环卫数字化利用新一代信息技术，改进政府、公众和企业之间交互的方式，促进环卫业务相关各单元的协作配合，使得城市管理的各个部门、各管理层次的人力、财物等信息资源交互的效率得到提高，能够实现资源整合和优化，提高城市管理整体效能。

第三，数字环卫全流程管理智能体建设打造了为广大人民群众利益服务的技术平台，使废弃物的收集、运输、处理和利用的成本更低、效益更高。从行业发展的角度，组织第三方在环卫产业建立物联网管控平台，将不同平台链接起来构成统一的系统，有助于提高行业管理质量，提升企业运营效益。

第四，促进环境管理方法升级、培养和发展战略性新式环保产业链，有利于建立全员参与的城市环卫管理机制，通过环卫热线、微信平台等渠道，让社会公众有城市环卫管理事务的参与权、知情权和监督权，便于社会公众督促城市环卫管理责任部门认真履职，促进了城市环卫管理长效机制的形成。

3) 案例运营价值

(1) 以定位技术为核心，构建数字环卫全流程管理智能体。

支持采用中国自主研发的全球卫星定位技术和通用的 GPS 技术、RFID 射频识别技术、GPRS 通讯技术、GIS 地理信息系统和计算机网络通信与数据处理技术，在无线通信平台上研发出适用于多种环卫的车辆、人员跟踪管理及监控系统，高度集成多种技术，提高指挥调度能力。技术在智慧环卫项目的应用，是积极响应国家号召、大力推广应用的具体体现。

(2) 管理指挥调度可视化，提供全局化、直观化的管理视野。

基于电子地图的可视化指挥调度模式和手段，为管理者提供全局化、直观化的管理视野，管理者可以随时查看管理信息，全面掌握可能出现的问题。该模式查询及调度资源快捷灵活且方法、模式多样，实现管理部门与作业人员的实时互动，最大限度地提高了日常管理效率和垃圾转运处理能力。

(3) 精细化管理有效地节省管理、办公经费。

传统的粗放式管理存在诸多的监管盲点，例如车辆不按规定路段、时间转运，中转处置应急情况车辆滞留，垃圾量数据统计经常存在偏差等，通过系统运用，环卫管理走向了精细化，监管更加准确、核算更加精确，为车辆及人员的考核提供了依据。

(4) 高集成、低耦合，平台具备高度扩展性。

采用开放的架构设计，具备高度的扩展性。在环卫部门业务诉求的不断更新发展下，平台能够进行性能与业务的平滑扩展，避免因为平台的局限性而导致重复投资与建设。

(5) 提升监管层次，提高监管效率。

通过数据实时采集、传输及二次分析，对环卫业务状况进行全方位的、动态的、可视化的监控，从而大大减少监管人员的工作量；利用平台可以快捷地进行日常工作的处理与查询，在地图上直观定位和反映，生成各类统计报表和专题地图，避免查阅计算的烦琐，提升监管的层次，提高监管的效率。

(6) 缩短问题解决周期，提升作业安全指数。

通过现场化、动态化监管，对生活垃圾收集、运输、中转和处置环节的安全隐患第一时间发现、预警并处理解决，大大提高安全作业指数。在发生紧急事故时，可通过平台快速查阅信息，自动生成相应处置方案，减少因为出现作业安全问题造成的经济损失。

(7) 创新环卫管理理念，树立环卫部门新形象。

树立了环卫管理部门的新形象，让传统环卫管理模式彻底成为了历史；创新了环卫管理新理念，为环卫部门管理提供了新的思路。业务上创造了横向、纵向两种环卫信息化集成模式，技术上创造了新型技术手段，并与环卫管理达到了较好的融合。

(8) 提高政府管理能力，实现现代化环卫。

把先进的物联网、5G、智能视频、GIS 等技术运用到环卫管理工作中，使得城市环卫管理模式正式迈入"现代化环卫"管理队列中，环卫各方面的管理手段都得到本质提升。政府的管理能力提高，为居民提供了更好的社会服务。

5. 下一步计划

为推动环卫数字化更广阔地发展，湖南艾依灵科技有限公司 (以下简称"艾依灵科技")

将依照企业数字化转型重点任务，作出以下实施计划：

1) 构建系统解决方案

艾依灵科技将采用系统性解决方案，助力全域数字化转型，实现要素之间的同频共振。构建系统性解决方案，在战略方面，数字化转型是国家战略，艾依灵科技将从战略高度深刻理解数字化转型；在文化方面，艾依灵科技将健康的数字文化放在重要位置，而不是长期计划、创造协作的工作空间；在数据方面，数字化转型需要从数据采集、治理、挖掘、分析和智能应用等方面全面部署，实现数据的打通与共享；在技术方面，充分发挥"云大物移智链"等数字技术的先导作用，实现技术间的组合效应；在服务方面，打通信息孤岛，实现信息系统之间、企业各部门之间及企业与生态链之间的数字业务服务能力。

2) 打造数据治理体系

数据治理体系建设是一项长期且复杂的系统性工程，随着环卫数字化业务的增长，海量、多源异构数据给数据存储、管理和应用提出了新的要求。艾依灵科技将构建完整的数据治理体系，更好地保障环卫数字化转型工作的开展，从而充分发挥数据资产的价值，统筹制定艾依灵科技环卫元数据、主数据、参考数据、业务数据和指标数据等数据标准，奠定数字化建设基础，基于统一的数据标准，开展企业数据治理工作，形成数据驱动业务的能力。

3) 重视数字人才培养，建设融合型人才团队

具备数字化技能的专业领域人才是拥有数据化思维，有能力对多样化的海量数据进行管理和使用，进而在特定领域转化成为有价值的信息和知识，实现数据资产价值的跨领域专业型人才。面对数字化转型带来的人才需求，艾依灵科技将考虑打造高素质的数字化团队，从传统形式向数字化转型的创新形式变革升级，进行数字化转型人才培养，具体如下：一是以目标为导向，针对性培养人才，形成基于职业发展的数字化转型培养体系；二是参与全流程实践，打造融合型团队，将数字技能融入到环卫业务运营、技术创新、数据管理和资源保障等；三是通过与中南大学、同济大学等学校合作，持续人才输出，打造数字化新学科。

案例 19   浙江省某三甲医院智能 DRGs 系统

——国信中健数字科技有限公司

1. 项目背景

当前，医院管理面临着严峻的挑战，从政策上看，DRGs(Diagnosis Related Groups，疾病诊断相关分组)付费改革正加速落地，传统的医保端采取以"按项目付费"为主的支付方式，容易造成过度检查、过度治疗、过度开药等问题，以 DRGs 支付方式为代表的医改旨在实现医疗效果和医疗成本之间的精准平衡，在保障医疗质量的前提下达到合理的医保控费。而从医院自身管理层面出发，DRGs 可以实现病种精细化管理，帮助医院实现服务能力、服务效率和安全质量等多个方面的优化升级。

(1) 医院营收模式重大改变，从项目导向变成疾病导向，即收入与疾病相关，与项目无关。医院成本控制模式重大改变，原来的营收模式变成医院主要成本源头。

(2) 业财整合的重要性、必要性更加突出，医院成本与医疗行为密切相关，必须与临床路径紧密结合，努力达到成本与质量的最佳平衡。

(3) 各项财务职能的重要性重新定位，预算管理的重要性从理论、政策层面将在医院管理层面得到体现。

(4) 医院绩效管理与分配政策必须做出重大调整。

(5) 对管理综合素质和要求能力更加凸显，DRGs 是个复杂系统，涉及医疗、医保、病案、财务、医院管理和统计等多个业务部门。

2. 需求与挑战

通过医院智能 DRGs 系统的建设运行，实现从诊断到治疗全流程过程监管医疗费用与医疗质量，达到医疗资源利用标准化，从而有效提高医疗质量和降低医疗服务费用。

3. 实施方案

DRGs 是一种按照治疗过程一致性和资源消耗一致性原则将急性住院病例分类和分组的方法。通过特定的疾病和治疗过程确定各病例的 DRGs 分组，并根据 DRGs 组别制定医保费用支付标准，不再按照病人在院的实际花费付费，引导各医院减少不必要的治疗和服务项目，缩短住院天数，达到优化医疗资源、控制医保费用之目的。同时，各医院也可根据 DRGs 组别确定各病例的标准工作量，以此作为科室部门及人员的工作量考核依据，彻底改变以收入为基础的工作量考核方法，弥补收入核算、RBRVS(以资源为基础的相对价值比率)点值和医师费核算等传统工作量核算方法的不足。

医院智能 DRGs 系统综合兼顾了患者疾病的严重度和复杂性，以及药品、器械、医保基金等各类医疗资源的使用效率。建立了"以病人为中心"的患者病例与诊疗管理系统，以及科学精准的医疗费用监管体系，这对于医院战略规划、学科建设、医疗质量和成本控制、绩效考核及人才培养、减少患者看病支出负担等各方面都起到了至关重要的作用。DRGs\DIP(区域点数法总额预算和按病种分值付费)医疗服务监管平台如例图19-1 所示。

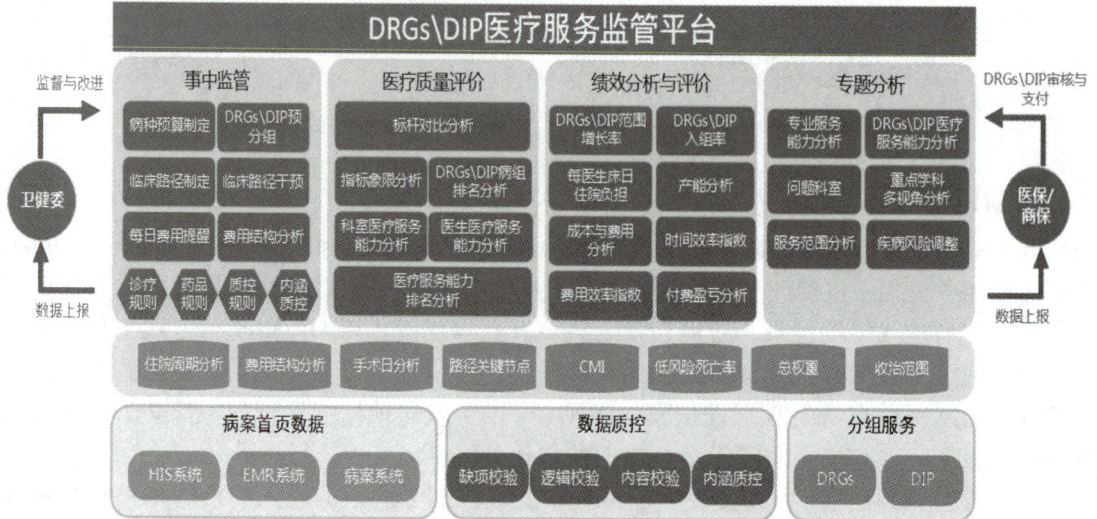

例图 19-1　DRGs\DIP 医疗服务监管平台

DRGs\DIP 医疗服务监管平台的主要功能如下：基于 AI 辅助诊断及诊断合理性分析；基于知识库治疗过程合规性审核；基于 AI 病例质量过程控制与审核；基于大数据模型病例质量与费用过程控制；院后医疗质量跟踪与服务；事前提示，事中预警，事后医疗质量与费用全程监管；支持按病种、按项目付费等多种医保支付方式进行控费；流程精细化管理与不断优化。

DRGs\DIP 医疗服务监管平台的突出亮点如下：

(1) 优化医疗成本控制。通过优化病种结构，加强成本管控，在严格保证医疗质量的前提下，通过对临床路径实施精细化、智能化医疗行为过程控制，规范病组诊疗行为，合理用药治疗、合理检验检查、合理控制医疗费用，降低患者和医保的费用支出压力。

(2) 优化院内 CMI(Case-Mix Index，病例组合指数)结构。优化三级公立医院的 CMI 结构，使得大型综合性医院能将更多的资源和人力放在危急重症、疑难杂症中，而不是被常见病、慢性病领域占据，对于分级诊疗体系的建设、推行具有重要意义。

(3) 提高医疗服务质量。加强对各病组住院流程环节控制，缩短病组平均住院日，提高病床周转率，通过临床路径来规范医疗行为，切实保障患者安全，从而显著提高了医疗服务质量。

(4) 提升医院管理水准。通过建立 DRGs 付费方式和医疗管理制度，医院的管理者更加重视规范医生的行为及绩效管理，在保障患者安全的前提下，避免医疗资源的低效和浪费。

4. 实施效果及价值

自 DRGs 审核系统上线以来，给医生们的工作提供了帮助，预分组模型直观表现了正确分组与预测盈亏，提高了医生们的工作效率。具体实施效果及价值如下：

(1) 减少了医生工作量，提高了医生工作效率。DRGs 审核系统病例分组情况如例图 19-2 所示。

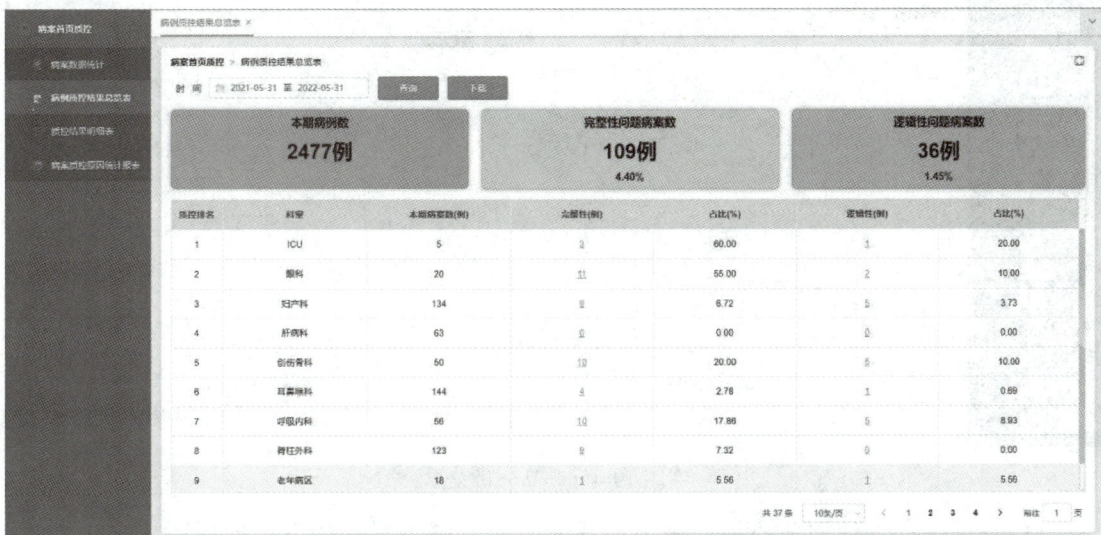

例图 19-2　DRGs 审核系统病例分组情况

(2) 通过系统分组器，提高医院分组质量，提升医院服务水平和服务收益。DRGs 临床统计提供了基本的工具，可以通过对病例的科学分组以及医疗数据的量化，从而提高不同地区、不同医院之间以及医院内部的医疗质量评价。DRGs 系统对病例进行科学分组如例图 19-3 所示。

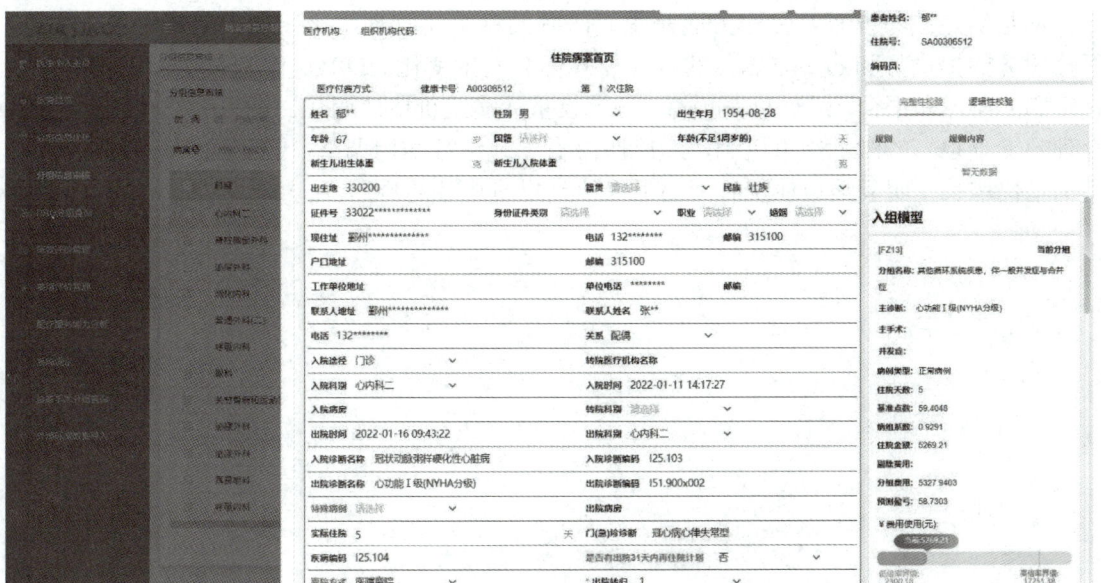

例图 19-3　DRGs 系统对病例进行科学分组

(3) 通过产品分析菜单，分析院级科室医疗能力，提高医院医疗质量，监督院内不足。DRGs 对医疗费用的控制，减轻了患者的就医负担，提高了医院服务效率与服务质量，使患者的就诊更加方便快捷，患者满意度也随之得到了显著提高。产品分析菜单如例图 19-4 所示。

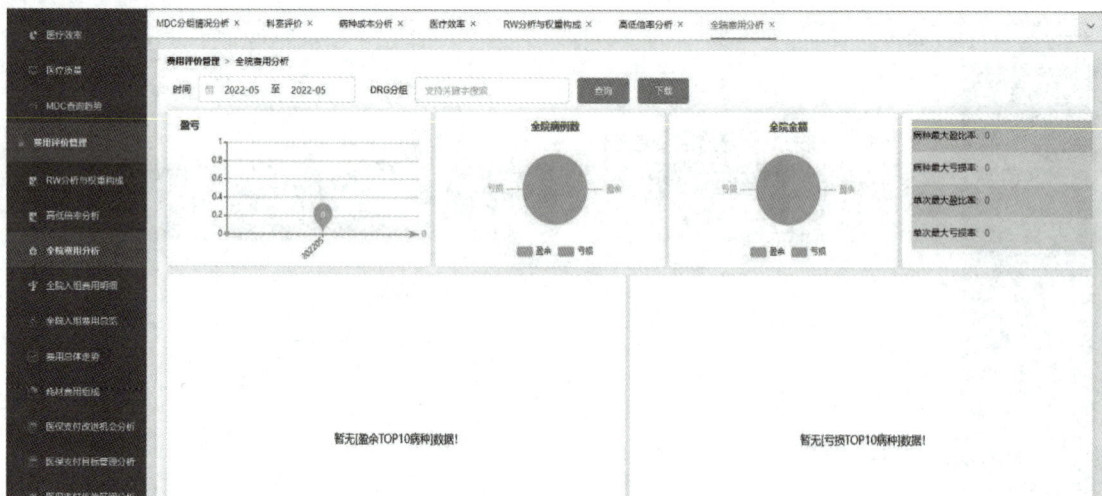

例图 19-4　产品分析菜单

(4) 通过医疗价值服务监控，来体现成本分析，减少医院扣款，控制医疗费用增长。一方面 DRGs 不再根据医院的投入，而是按照医院收治的病例及其诊断制定相应的补偿标准，使政府对医疗费用的控制更为直接有效。另一方面补偿标准的制定对医院起到了很好的约束作用，可以激励医院降低医疗成本，从而节约卫生资源。

5. 下一步计划

DRGs 与医院的绩效管理和医保支付高度相关，医院引入 DRGs 管理工具的驱动因素，一方面是满足政策要求，另一方面是提高医院的精细化管理水平。在 DRGs 付费方式下，医疗服务的提供方和购买方以往的管理模式都会发生变化。DRGs 作为医保和医院两方谈判沟通的渠道和平台，通过总额预算、测算权重让病组价格透明化。通过建立"结余留用、合理超支分担"的激励约束机制，激励医院自觉地进行结构调整、控制成本，有效控制费用的过快增长，明显缩短住院时间，最终达到提质增效的目的。

案例 20　电网企业基于"双碳"目标下数字化转型实践

—— 国网宁夏电力有限公司电力科学研究院

1. 项目背景

1) 落实国家"双碳"战略部署的内在需要

实现碳达峰、碳中和，是以习近平同志为核心的党中央统筹国内国际两个大局作出的重大战略决策，是着力解决资源环境约束突出问题、实现中华民族永续发展的必然选择，是构建人类命运共同体的庄严承诺。为落实"双碳"战略，中共中央、国务院先后印发《关于完整准确全面贯彻新发展理念做好碳达峰碳中和工作的意见》《国务院关于印发 2030 年前碳达峰行动方案的通知》，为完整、准确地落实"双碳"目标作出了统筹部署，并强调要"加强二氧化碳排放统计核算能力建设，提升信息化实测水平"；国家电网发挥"大国重器""顶梁柱"作用，率先发布并实施"双碳"行动方案，强调以电力数字化转型助力实现"双碳"目标。

国家电网作为电力行业的龙头企业，能够利用平台和枢纽优势，通过将能源大数据应用做深做实，不仅可以推动能源产业的进步，更能为碳核算、碳监测和碳排控制等提供"智慧之源"。近年来，国网宁夏电力有限公司电力科学研究院（以下简称"国网宁夏电科院"）在能源大数据挖掘与应用方面积累了技术优势，基于"双碳"目标场景，综合运用云平台、物联网、大数据等信息及通信技术，通过打造能耗数据汇聚通道，挖掘深层次数据价值，能够在碳监测、碳核算、减碳控碳和碳资产管理等方面发挥支撑作用，这是利用电网企业平台优势、数据优势助力基于"双碳"目标的数字化转型关键举措。

2) 推动区域能源清洁低碳发展的有力抓手

宁夏是国家选定的"西电东送"战略基地、新能源综合示范基地。近年来，宁夏加快推动能源绿色发展，2021 年，自治区发展改革委印发《宁夏回族自治区能耗双控三年行动计划 (2021-2023 年)》，提出实施高耗能行业结构调整行动、能源绿色发展行动，加大能耗双控力度，提升能源利用效率。2022 年，自治区党委和政府制定出台《关于完整准确全面贯彻新发展理念做好碳达峰碳中和工作的实施意见》，强调要着力打造清洁低碳、安全高效的能源体系，加快推进能源结构调整，大力发展可再生能源，高水平建设国家新能源综合示范区。

国网宁夏电科院作为宁夏电力工业的重要支柱，理应主动承担央企责任、电网使命，积极践行绿色低碳发展理念，围绕助力自治区"双控""双降"，发挥自身业务特色及资源优势，通过能源大数据中心汇聚能源、工业、交通等多领域数据，积极开发能源数据在"双碳"目标方面的数字化转型应用场景,一方面发挥电网企业在助力地区实现"双碳"目标方面的特色公共价值,另一方面助力公司挖掘数据经济价值,寻求新的产业机遇,打造"智慧能源生态圈"。

2. 需求与挑战

大数据作为重要的战略资源已经在全球范围内达成共识。为遵循国网公司提出的企业数字化转型及"数字电网"战略,国网宁夏电科院近年来建成了能源大数据中心,积累了具有体量大、类型多、价值高和速度快等典型大数据特征的运营数据。然而在能源数据汇聚及价值挖掘方面还面临挑战:一是需进一步打通数据壁垒,数据共享和价值创造,是电力大数据事业的根本目的,只有不断实现业务的数据化和数据的业务化,大力推进数据的汇聚、联通和标准化,才能实现电力生产、传输、存储、消费和交易全环节、全链条的数据融通和共享应用,才能真正发挥电力大数据的价值;二是需全面提升数据服务能力,构建基于数据科学、人工智能技术的电力大数据产品和服务体系,构建企业级核心技术应用,打造多样化的数据运营商业模式,服务政府、社会和客户,同时也为电力企业内部各层级单位和各项业务提供服务和支持;三是需加快构建大数据生态,充分发挥学会、协会和实验室等平台的作用,汇聚政府机构、产业链上下游企业和高校科研单位等主体,基于创新平台开展技术创新、产品创新和业务创新。因此推动数字化技术发展能够助力电力行业数字化转型,能在一定程度上解决信息孤岛问题,促进数据要素的价值挖掘,从而提升企业运营效率。挖掘灵活负荷参与电网互动的潜力,增强与其他产业系统的协同发展,搭建数据开放共享的电力产业生态,从而为实现"双碳"目标增添强大动力。

3. 实施方案

国网宁夏电科院深入贯彻落实国家及自治区"双碳"决策部署,以能源大数据助力"双碳"目标落实为引领,面向政府、社会和企业对"双碳"的服务需求,以辅助政府"双碳"科学决策、助力企业减排与能效提升、推动社会绿色低碳生活为工作目标,以"聚合数据价值—拓展应用场景—完善管理体系—催生智慧生态"为思路,按照"数智化管理、公益性服务、商业化运作"的运营模式,围绕"精准核碳、科学控碳、智慧减碳"的数字化转型方向,构建了基于"双碳"目标下电网数字化转型实践服务体系,即以"双碳"数智监测中心为"双碳"服务智慧大脑,以"电-能-碳"核算模型为辅助手段。一方面实现全区域、全行业的全景式碳排监测服务,助力实现科学指挥减碳;另一方面开发碳政策、碳资产管理、碳足迹跟踪、碳金融和电能碳协同等"双碳"服务 N 场景,助力实现智慧管碳。通过进一步完善"双碳"服务管理体系及价值共享的商业模式,实现"双碳"服务市场化、商业化、高效化运行,催生"双碳"产业生态圈,助力服务政府精准施策、服务企业节能降碳、服务大众绿色生活,电网数字化转型实践服务体系如例图 20-1 所示。

1) 加强顶层设计,精心布局基于"双碳"目标下电网数字化转型实践服务体系

(1) 深化跨界研究,确定"双碳"目标下电网数字化转型实践服务发展目标。

围绕助力自治区落实"双碳"目标,推动电网企业基于"双碳"目标下电网数字化转型实践,公司组织专项工作小组开展理论研究、行业内外案例研究及工作现状分析,充分学习和借鉴兄弟单位的典型经验、先进做法。基于宁夏地区"双碳"业务开展现状及发展

需求，考虑国网（宁夏电科院）在能源大数据中心建设方面的成熟经验，最终提出构建基于"双碳"目标下电网数字化转型实践服务体系，进一步明确体系建设内涵及目标，即以多元数据汇聚枢纽和"双碳"监测服务中心为驱动，构建"以电折碳、以能算碳"的碳排放核算方法，形成自治区碳排放核算标准规范；拓展碳政策、碳核算、碳管理、碳足迹和碳金融等应用场景建设，实现"智慧观碳、精准核碳、卓越管碳、数智控碳、科学用碳"，通过全景式的服务模式，推动电网企业数字化转型，全面满足政府精准施策、企业节能降耗和社会公众绿色低碳生活等需求。

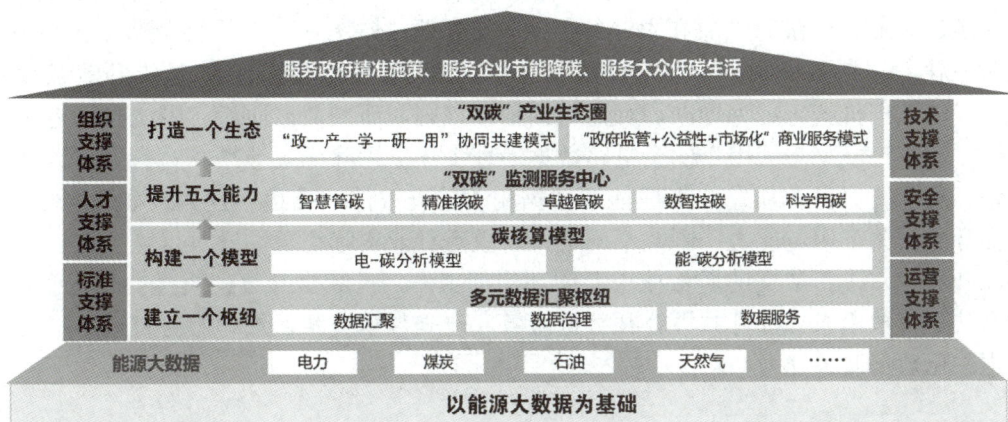

例图 20-1　基于"双碳"目标下电网数字化转型实践服务体系

(2) 面向多元需求，布局基于"双碳"目标下电网数字化转型业务体系。

聚焦辅助政府"双碳"科学决策、助力企业减排与能效提升、推动社会绿色低碳生活的"三大业务目标"，公司将电网企业平台优势及在能源大数据开发利用方面的技术优势进行整合，在政府指导、多方参与研究下，基于业务目标进一步解析面向"双碳"目标的数字化转型的业务框架。如例图 20-2 所示，构建形成包括"碳政策分析、碳排放监测、碳管理研究、碳足迹研究和碳金融研究"五大业务领域及"区域碳排放监测、产业碳排放监测、企业碳排放监测、园区碳排放监测和行业碳足迹研究"等十五项业务方向的大业务体系，为全面布局、推进"双碳"目标下电网数字化转型业服务提供了框架指引。

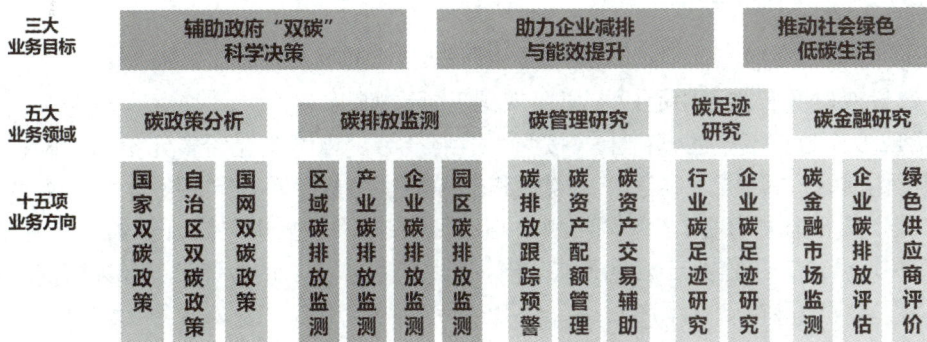

例图 20-2　"双碳"目标下电网数字化转型业务体系总体框架

2) 建设双碳数智监测中心，实现多元数据融通共享

(1) 全面汇聚多源能源数据，提升数据共享服务能力。

汇聚能源数据，是实现"双碳"监测服务的手段。国网宁夏电科院针对能源数据面临的"汇聚难、应用难、安全管控难"等难题，依托能源大数据中心，打通数据汇聚壁垒，推动多方能源数据融通共享。围绕支撑能耗"双控"，实现"双碳"目标，一是提升能源数据汇聚能力，以各类政府部门及重点能源企业为对象，全面汇聚工商、经济、环境数据及碳监测、碳排放数据，有效推动煤、油、气、电等能源数据跨界融合与共享应用，实现了包含能耗、新能源、水、气、气象、油、煤和政务等 10 余类的外部数据接入，滚动接入能源、工业、经济、气象和农业等多源外部数据 265 万条、电力高频数据 1.18 亿条，形成常态化数据接入机制，实现多元数据融合，如例图 20-3 所示。二是提升能源数据治理能力，以数据价值应用为导向，制定数据稽核规则，研判数据质量，围绕数据需求常态化开展"源端—模型—应用"的全链路数据治理工作，剔除无效数据，补齐关键数据，以用促治、稳步提升数据质量，形成能源数据相关管理办法，支撑构建"双碳"应用场景。三是提升数据共享服务能力，围绕不同地区、重点行业实际需求，针对重点领域"双碳"业务，开展"双碳"数据的质量核查及闭环治理工作，持续提升数据质量；面向通用应用及数据共享开放需求，提升共性公共数据服务，建立数据资源目录和服务目录，形成持久化、常态化数据服务能力。

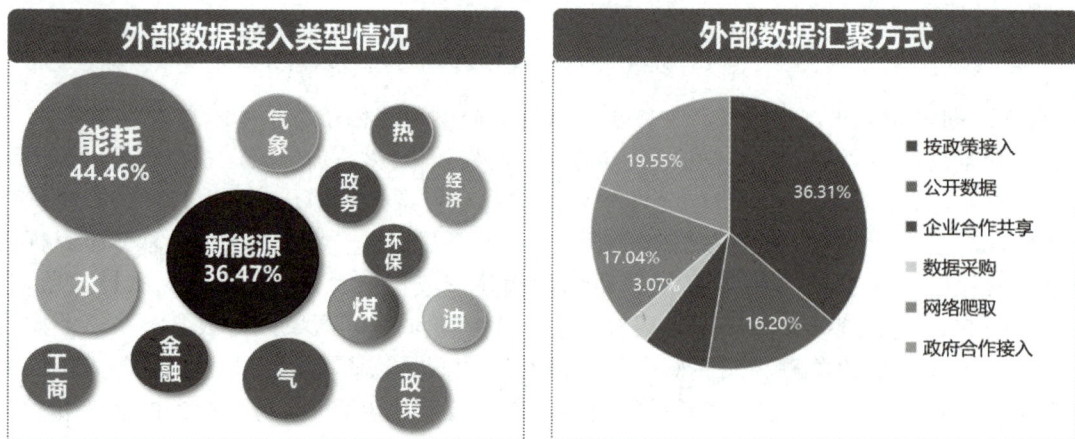

例图 20-3   多源能源数据接入

(2) 建设双碳数智监测中心，支撑"双碳"常态监测。

在实现多元数据汇聚的基础上，按照"政府统筹、电网主建、多元参与"的模式，国网宁夏电科院联合自治区"碳达峰、碳中和"领导小组成员单位及相关企业，在西北成立首家"双碳"数智监测中心 (简称"监测中心")，挂靠国网宁夏电科院开展监测平台的建设、技术支持和运营维护工作。一是明确监测中心服务功能。基于"双碳"服务需求分析，以提供智慧管碳、精准核碳、卓越管碳、数智控碳和科学用碳"五大服务"为目标，依托能源数据汇聚枢纽，打造"双碳"监测服务中心，全面建设碳政策、碳核算、碳管理、碳足迹和碳金融五大服务场景，研究孵化分地区、分行业的碳监测全景展示多项应用。二是创

新多元化运营模式。基于监测服务中心的应用场景，以用户运营为核心，产品和业务运营为保障，数据运营为支撑，创建了"数据运营＋平台运营＋产品开发＋产品推广"于一体的运营管理体系，基于用户类型及其行为的差异，提供个性化服务，提高用户对平台的信任和青睐。监测服务中心应用功能架构如例图 20-4 所示。

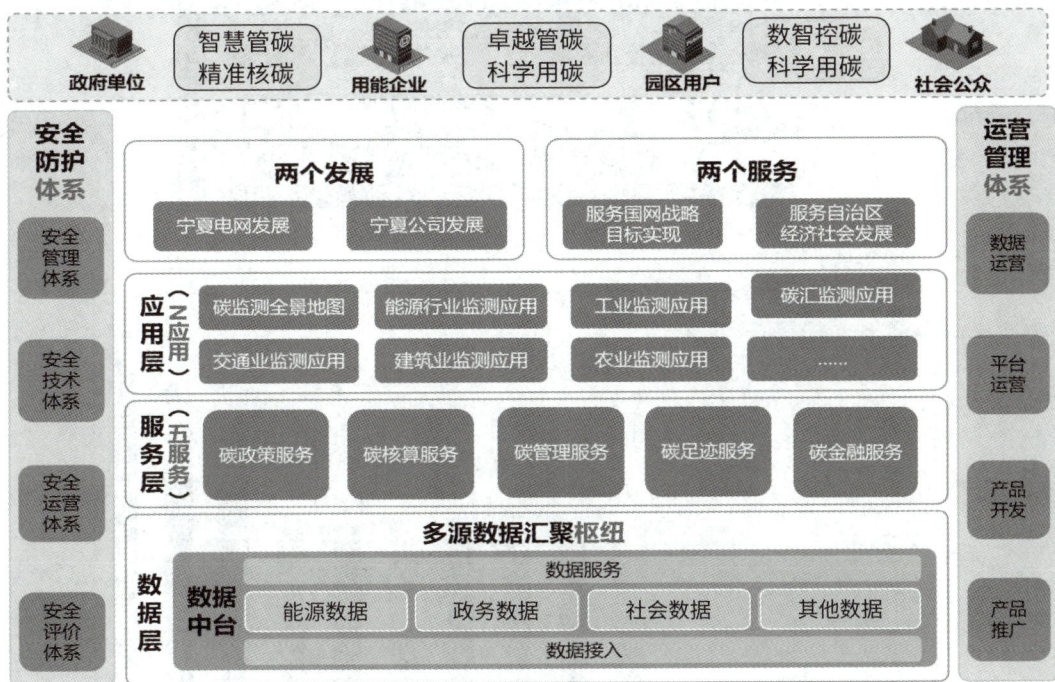

例图 20-4 "双碳"监测服务中心应用功能架构图

3) 创新研发碳核算模型，助力实现精准核碳控碳

围绕服务"双碳"场景，引入"电碳协同"理念，创新构建"电 - 碳"与"能 - 碳"两类、两个不同维度的"电 - 碳"碳排放核算模型，实现全区、五个地市、三大产业、六大领域、五大重点工业行业的碳排放量核算与预测，通过"用数据说话"，辅助实现碳排放的智能监测与量化分析。

(1) 首创"电 - 碳"分析模型，提高碳排测算精度。

建立"电 - 碳"分析模型。基于宁夏回族自治区五个地市、一个能源化工基地、六大重点排碳行业和 200 余家重点企业、20 余座火电厂电力信息数据，通过挖掘碳排放总量与电力数据长期均衡关系，使用 ARDL、S-Arima、Holt-winters(温斯特法) 等时序预测算法以及聚类分析、BP 神经网络等机器学习算法，研究构建了"电 - 碳"分析模型，如例图 20-5 所示。组织国内权威专家，对"电 - 碳"分析模型开展了两轮交叉验证，保障了模型的科学性、权威性，打造了"地区 + 行业 + 企业"一体化的电碳模型在线测算体系，实现年度 /月度碳排放量的测算。基于宁夏地区 2005 ～ 2019 年能源消耗数据和用电量数据，采用"电 - 碳分析模型"对能源碳排放量进行了测算，如例图 20-6 所示，测算结果与中国碳排放数据库中的测算结果平均误差为 0.9%，体现了"电 - 碳分析模型"的精准度，为实现常态化的碳排放监测及量化分析奠定基础。

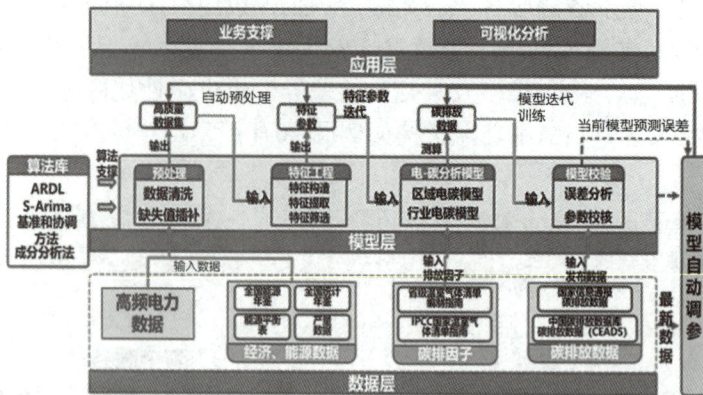

例图 20-5　电 - 碳分析模型

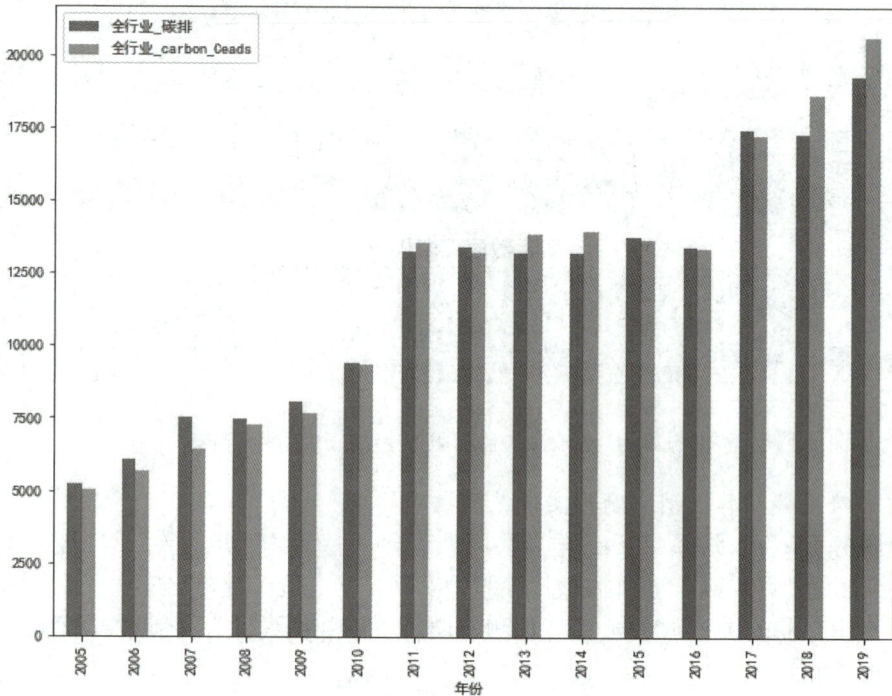

例图 20-6　电 - 碳分析模型测算图

(2) 开发"能 - 碳"分析模型，辅助优化碳排模型。

　　参考国际、国内现有碳排放核算方法，结合自治区各地区、各行业实际情况，研究构建利用详细能源数据 (包括工业过程、农业、林业和废弃物等领域) 测算碳排放的"能 - 碳分析模型"，如例图 20-7 所示。基于频度、结构一致的基础数据资源，形成多品种能源数据转换计算标准。运用关联分析、影响分析、因素分析、敏感性分析和可控性分析等方法，探究能源生产消费与碳排放之间的关系。基于能源流剖分碳轨迹，结合能源结构溯源分析，设计碳流追踪算法，形成动态碳排测算因子，精准化测算实时碳排强度。通过与"电 - 碳分析模型"测算结果比对验证，优化碳排放模型，辅助提升电 - 碳分析模型测算的准确性。

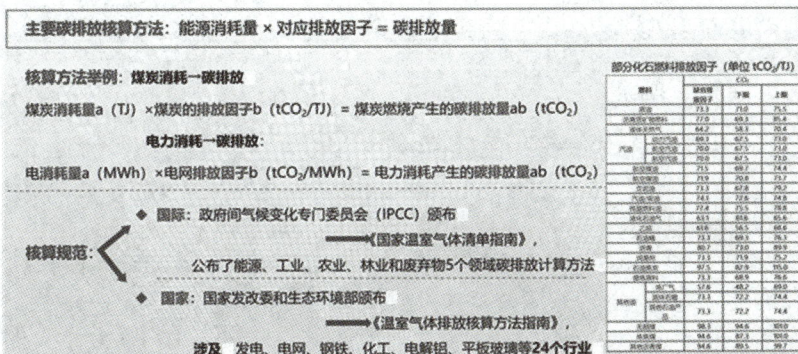

例图 20-7　能 - 碳分析模型

(3) 开展全业态碳排监测，助力实现智慧减碳。

依托"双碳"数智监测中心及"电 - 碳"分析模型，开发了碳全景监测预警地图，通过跟踪能源消耗、碳排放量变化、碳排放强度，即时生成碳排放热力图，实现了对宁夏五个地市，能源、工业等六个重点行业及企业碳排放数据的每日更新，逐步实现碳排放状况全景监测、全息感知，如例图 20-8、例图 20-9、例图 20-10 所示。一是区域碳排监测方面。在能源供给侧，通过分析区域内煤、油、气三类主要能源的生产供应数据，动态呈现区域能源供给总量、各类型能源占比及能源结构变化趋势；在能源消费侧，通过分析区域、重点行业、九家重点企业的能源消费结构、数量及占比等关键指标，动态呈现区域能源消费特征和趋势。二是行业碳排监测方面。利用重点用能行业煤、油、气、电力的消耗数据，搭建重点用能行业碳排放模型，监测重点用能行业能源消费结构，计算重点用能行业碳排放情况；开展重点用能行业碳排放量对比分析、趋势分析，辅助政府把握重点用能行业碳排放总量、碳排放发展趋势，服务政府完成产业结构调整。三是重点企业碳排监测方面。基于监测的能源及碳排放数据，开展重点能源企业用能结构分析、生产过程碳排放分析、企业能效分析、碳排放强度计算，构建能源企业碳排放强度及水平变化趋势，服务政府对重点能源企业的碳排放管理，辅助能源企业全面掌握自身的碳排放画像及优化空间。四是能耗双控监测服务。构建能耗双控应用场景，提供对区域供电形势评估、供电形势发展预测分析、双控对区域经济影响分析等分析预测功能。通过分析全区从装机、发电和用电各环节的供电情况，监测全区能耗双控三年计划考核指标完成情况，根据历史数据预测全区及各地市未来 12 个月的用电量及负荷负载率，有效支撑政府科学决策。

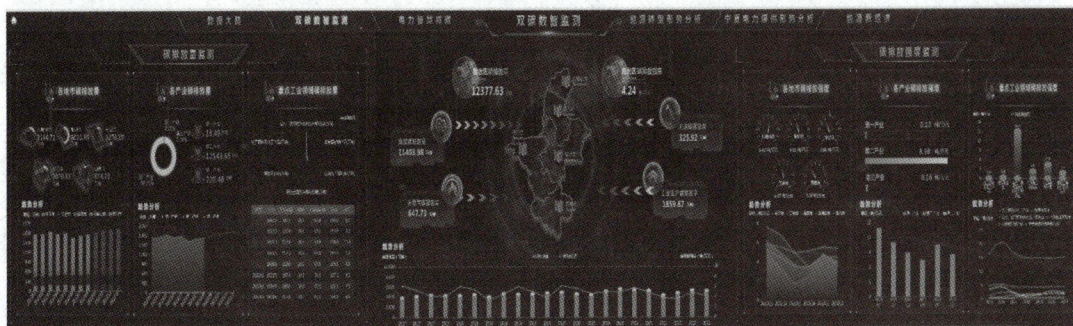

例图 20-8　自治区层面"双碳"数智监测场景

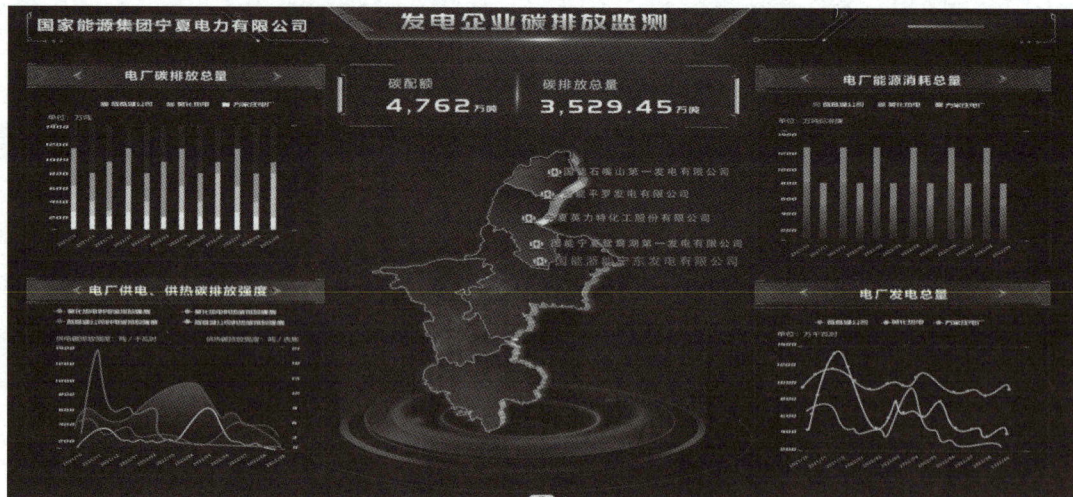

例图 20-9　发电企业碳排放热力图

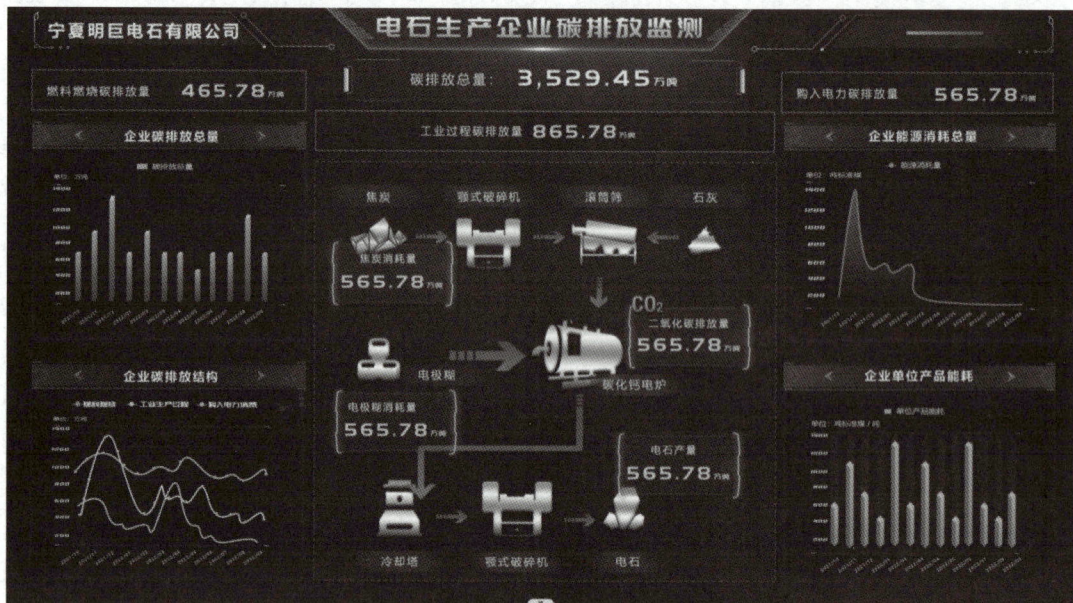

例图 20-10　电石企业碳排放热力图

4) 开发双碳服务 N 场景，助力实现智慧管碳

围绕服务政府治理决策、自治区经济绿色发展、能源行业上下游数字化转型等需求，依托"双碳"监测服务中心，提供碳政策、碳资产管理、碳足迹跟踪、碳金融和电 - 能 - 碳协同等服务，为公司、政府和用能企业等提供智慧减碳数据服务，助力实现智慧管碳。

(1) 开发碳政策知识图谱，实现智慧管碳。

依托"双碳"数智监测平台，构建众创空间，引入多方资源，通过碳政策挖掘分析，为政府、企业和社会公众提供"双碳"政策查询、专题分析和政策对标等决策参考服务。一是开发"双碳"政策文库。根据经济形势和碳政策动态，以智能检索为手段，及时、全面收录国际、国内"双碳"政策信息及专家观点，按来源、日期、关键词等信息分类归档，形成丰富、高效的"双碳"政策文库。二是开发"双碳"知识图谱，如例图 20-11 所示。借助知识图谱、自然语言处理、可视化展示等技术，从政策类型、政策层级、发布地区、发布年份、数据来源等维度构建"双碳"知识图谱，实现"双碳"政策对比，形成政策分析报告。三是提供"双碳"知识推送。提供"双碳"政策匹配、专题解读等订阅、推送服务，真正实现碳政策"找得到""看得懂""用得上"。平台上线至今，碳政策实现每日更新，累计访问用户 10 万人，专题解读订阅 300 余人，共发送 86 份政策动态报告。

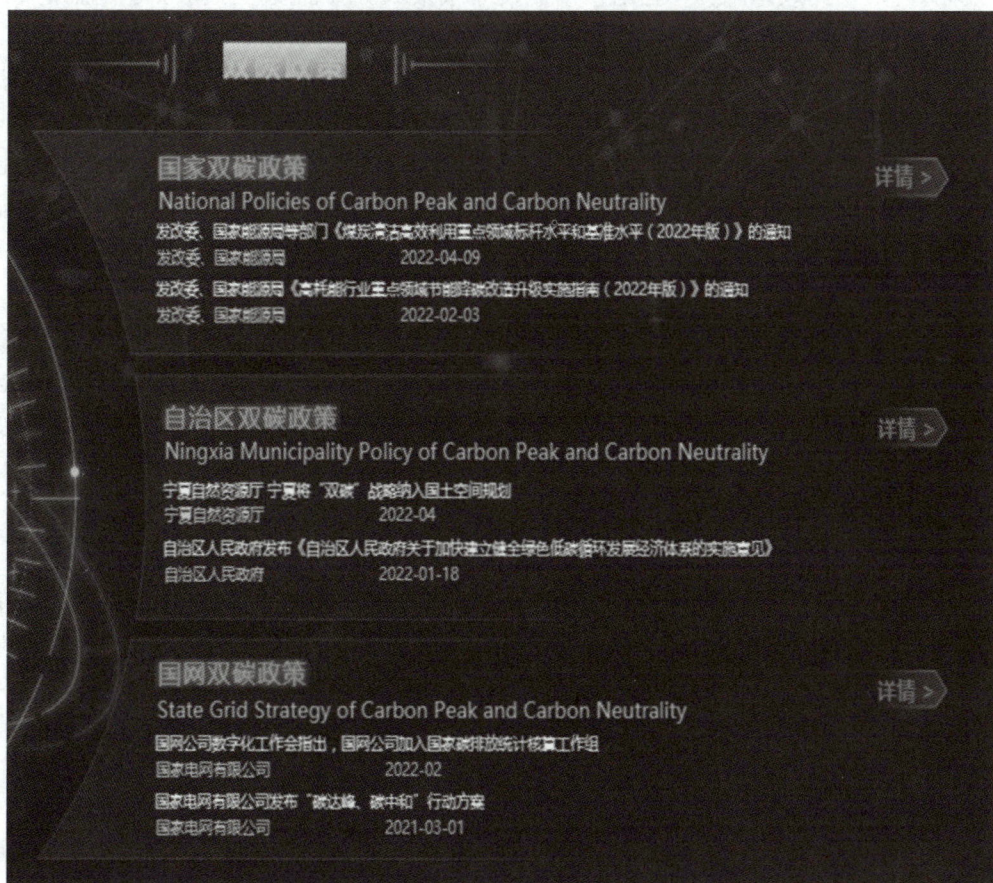

例图 20-11 "双碳"知识图谱

(2) 支撑碳资产全面管理，实现卓越管碳。

根据各时期碳排放规律和近期碳排放状况，基于碳排放趋势预测预警模型，分析全局、区域、行业和企业的碳排放趋势，全面提供碳资产管理服务，助力实现卓越管碳。一是碳排放跟踪预警。结合自治区高耗能行业中高排放企业的碳排放核算结果，追踪碳排放数据、碳汇数据，根据碳排放目标设置企业预警机制，通过设定红线、发送信息告警等方式为政府和重点控排企业提供预警服务，帮助企业自查减排进度，支撑政府监督管理。依托碳模型预估企业碳排放、碳汇数据在时序上的变化，评估其减排力度与手段的效能，帮助企业识别改进方向，为政府政策制定提供数据支持。二是碳资产配额管理。以国家和地方公布的配额分配方法为基础，用自治区碳减排总体目标作为碳配额总量，结合企业实际碳排放数据，搭建企业碳配额测算模型，辅助政府完成配额试算，确定企业碳配额。追踪碳配额与碳排放之间的差额变化，综合评估企业碳资产盈缺情况。定时汇总最新碳资产数据，向政府定时推送各地区、各行业和各企业碳资产盈缺情况，辅助政府决策。三是碳资产交易辅助。基于企业历史碳排放数据、碳价实时监测数据和行业闭环数据等，通过大数据分析技术，对碳资产交易履约成本、生产效益等进行测算，评估减排成本与生产利润的平衡关系，提供低成本履约方案及效益最大化建议。通过服务碳资产管理，推动全区 50 余家重点企业深入开展履约成本测算，自愿参与碳交易或采取减排手段，获得综合效益最大化。

(3) 厘清碳排放全程足迹，实现碳迹寻踪。

以自治区重点产品产业链上下游碳排放数据为核心，建立重点产品全生命周期流程图，提取关键碳排放因子，构建重点产品碳足迹模型。将产品从原材料到销毁回收各环节的形态及碳排放进行动态展示，对比分析行业内各重点企业产品碳排放的能效情况，助力政府产业结构宏观调控。基于企业生产活动产生的直接和间接碳排放数据，构建企业碳足迹监测分析模型，全景展示企业碳排放足迹。

(4) 服务碳金融市场管理，实现科学用碳。

重点监测碳金融市场价格风险、交易风险、国内外市场波动风险和供需风险等关键性指标，一体化、一站式展示碳金融市场各类风险指标。利用企业碳交易数据、绿证核减数据，建立具有公信力的企业碳信用模型，提供绿色供应商评价分析，助力政府分级分策管控企业碳排放，支撑金融机构持续推出碳金融产品，提高企业实时节能降碳技术改造的积极性，主动提升能效、碳效水平。

(5) 开展电 - 能 - 碳协同服务，支持绿色电网。

基于"电 - 能 - 碳"三元计算模型，搭建了收集电网运营辅助决策分析需求的功能，满足公司各级单位在线提报电网规划、电力调度、电力营销和综合能源服务等领域低碳要求。围绕电网规划和综合能源服务等领域低碳要求，利用长、短期碳排放和碳配额等数据，反向分析长、短期用电负荷情况，从碳排放"双控"角度为电网规划、综合能源服务等决策提供数据支撑，支撑自治区及公司的低碳绿色发展需要。

5) 建强"双碳"服务管理体系，推动电网数字化转型再升级

(1) 创优运营体系，支持电网数字化转型应用模式。

立足以碳排放监测为主的典型场景应用，以用户运营为核心，以产品和业务运营为保障，以数据运营为支撑，以平台安全规范运营为底线，全面打造运营体系，支撑多元服务应用模式。在用户运营方面，加强客户访问量，响应用户需求，强化用户留存，开展柔性化、多元化的服务支撑，优化用户体验；在产品和业务运营方面，发挥各类场景应用价值，提供数字化产品应用，推送监测分析报告，支撑政府部门科学决策；在数据运营方面，利用平台汇聚的各类能源、电力、经济等数据，拓展在不同场景下的应用分析，并确保数据应用标准统一、安全合规，使用便捷；在应急管理方面，建立运营保障机制和应急管理机制，在出现技术故障和突发事件时，确保有完善的应急策略，实现平台安全、稳定运营。

(2) 完善技术体系，支持系统科学建设。

"双碳"综合服务体系建设遵循公司架构中台化的总体技术路线，构建碳排放核算技术、数据管理服务技术和安全管理技术三大平台技术支撑体系，满足数据汇聚治理和平台

安全高效运营的需求。在碳排放核算技术方面，基于电力、经济和化石燃料等大数据资源，利用数据补全、深度学习、人工智能和大数据分析等技术，辅助核算模型构建和核算方法程序化；在数据管理服务技术方面，在多元数据融合、数据存储管理、数据挖掘分析和数据可视化展现等领域，应用数据采集技术、数据库技术和人工智能技术等，实现数据汇聚治理及规范使用；在安全管理技术方面，研究和应用隐私计算、区块链等相关技术，保障平台数据安全和运行安全。

(3) 健全标准体系，支撑规范高效服务。

以保障"双碳"综合服务体系统一合规建设和规范运营为目标，健全碳排放核算标准、数据管理标准、平台开发规范和服务应用规范等平台标准规范体系。在碳排放核算标准方面，参照国际、国内碳排放核算体系，形成基于能源数据核算碳排放的标准方法，研究电量和碳排放的关联关系，形成基于电力数据核算碳排放的标准方法，实现不同区域、行业碳排放核算的规范和统一；在数据管理标准方面，从数据模型、数据接入、数据质量、数据治理、数据全生命周期管理和数据管理评估等方面制定相关标准，推进数据管理工作有序开展；在平台开发规范方面，从平台设计、平台研发和平台安全技术等方面制定相应规范，指导平台开发相关工作；在服务应用规范方面，从服务应用设计、服务应用开发和服务应用运维等方面制定相关规范，推动平台服务应用的规范化。

(4) 匹配数据人才，支撑应用功能开发。

基于"双碳"目标下电网数字化转型实践体系建设过程，通过培训、调研学习、创新实践和经验分享等方法，逐渐加强相关人员在"双碳"业务、数据技术等方面的专业知识储备及专业技能，营造了人才发展的良好环境。依托与自治区工业和信息化厅的战略合作协议，建立双方人才交流培养协作机制，通过开展人才交流、培训、会议等形式的互动活动，共同培养了一批能够应对新变化、掌握新技术、拓展新业务的复合型人才。

6) 创新"双碳"服务商业模式，催生价值共享产业生态

(1) 开拓"政—产—学—研—用"协同共建模式。

积极对接地方政府，建立常态化沟通机制，加强政企合作，实现政企优势互补、资源共享、互利共赢。联合宁夏大学等高校、科研院所的专业力量，指导"电-碳"模型设计开发，保障模型科学性、权威性，提升监测结果精准度。对接园区和重点企业"双碳"监测需求，针对性地开发业务应用场景。将政府监管需求、科研院校成果转化需求与企业发展需求相结合，推动资源优势的协同与集成化，创新上、中、下游的对接与耦合，打造"双碳"领域"政—产—学—研—用"协同共建模式。探索成果共享推介机制，通过文字、图片、视频等方式将"双碳"服务模式、理念、技术和产品等成果多方位宣传推广。

(2) 打造"政府监管 + 公益性 + 市场化"商业服务模式。

以满足多元化应用需求为导向，创新打造"政府监管 + 公益性 + 市场化"的商业服务模式，高标准建设国家新能源综合示范区。聚合"双碳"价值链上下游，面向政府提供碳排放监测结果数据等监管信息，为政府科学设置"碳达峰、碳中和"年度指标和阶段性任务，为深化能耗"双控"三年行动提供决策依据。面向企业用户提供节能降碳等增值服务，引导企业加强节能降碳技术改造，推动能源资源节约集约。面向社会提供公益性碳排放监测研究成果，倡导绿色低碳生活，推进节约型机关、绿色社区、绿色校园建设。

4. 实施效果及价值

1) 服务大局，支撑"双碳"目标高质量落地

电网企业基于"双碳"目标下数字化转型实践体系的建设，是落实国家"双碳"战略部署、助力地区经济社会发展、承担央企责任、深化电力大数据应用的一项重要举措，意义重大，影响深远。以碳排放监测为核心，围绕碳政策分析、碳排放监测、碳管理研究、碳足迹研究和碳金融研究五大业务领域，共打造相关分析场景 15 个，形成专项分析报告 8 份，获得省部级以上领导批示 2 次，新华网、光明网、人民网等主流媒体宣传报道 10 余次。实现行业、重点企业、重点产品产业链各环节的碳排放情况精准测算，为各行业重点企业实现精准降碳提供参考依据。

2) 履职尽责，助力地区经济社会多重发展

以能源、工业、建筑等行业的 20 家规上企业为试点，构建企业专属电 - 碳分析模型，实现企业级碳排放总量与强度双控指标监测，按月向自治区发改委、工信厅提供企业碳排放监测分析报告，辅助制定节能减排策略，累计助力政府、企业、公众等主体减少碳排放量约 500 万吨。联合中国人民银行等金融机构推出绿色金融产品，将企业能效作为贷款授信和阶梯利率核准依据，向碳效水平良好的企业发放低息贷款。

3) 创新驱动，推动公司数据治理水平提升

以自治区发改委为统筹引领，联合了 20 余家有关部门及重点能源企业，全面接入各类型能源数据。目前已归集外部能源数据总量达 2 亿条，覆盖 1000 余家用能企业的能源供应、传输、消费等全链路数据，有力推动了数据资源互联互通，有效承载了碳排放监测服务业务全场景应用。此外，在体系建设过程中，基于国网云算力，探索大数据挖掘技术，推动了多元数据融合应用，研究碳计量、碳预测、碳核算分析、碳流分析、碳捕集封存与利用等相关技术，并通过 PC 端、大屏、移动端实现交互应用。探索研究基于密码学、联邦学习的安全技术，全面提升平台建设与运行水平。

5. 下一步计划

下一步，国网宁夏电科院将深刻领悟党的二十大报告的重要精神，紧密围绕自治区第十三次党代会精神，积极落实国网公司深化电力大数据应用的工作部署，加强前瞻性、先导性和探索性的电力大数据应用技术研究，着力提高电力大数据应用产品的"含新量"，用数字化赋能高质量发展，助推能源清洁低碳转型，推动全业务、全环节数字化转型，服务政府和行业治理。一方面是夯实电网数字化发展基础，以形成双碳数智分析监测能力为目标，一是加强政企协同，接入更深、更细的数据来源，打通双碳业务多源数据汇聚通道；二是扩展研究应用各行业、企业的双碳数据算法模型，实现用户侧碳排放计算；三是结合业务需求与形势变化，定制专项的监测分析场景和数据产品，初步开展碳资产管理等领域应用建设。另一方面积极拓展数字产业化，电力大数据是一座"富矿"，有巨大的价值挖掘潜力。未来，国网宁夏电科院将在大数据技术应用创新方面奋力攻坚、重点突破，用技术创新赋能政府、行业企业应用。聚焦工业运行分析、开发区监测、乡村振兴监测、高危企业监测和碳排放等方面，开发电力大数据产品，利用数字技术大力改造提升传统电网业务，促进生产提质、经营提效、服务提升，推进电网生产数字化。

案例21　红河卷烟厂数据标准化与智能应用规划建设

——美林数据技术股份有限公司

1. 项目背景

随着红云红河烟草（集团）有限责任公司红河卷烟厂（以下简称红河卷烟厂）易地技改项目的开展，新工厂在设备、生产工艺等方面全面升级，与之配套的信息化系统需要重新明确业务职能、功能边界以及接口要求，保证新工厂的顺利投产。

为了更好地实现系统协同，向着数字化转型的最终目标出发，新工厂需要开展数据标准化并加强基础数据管理工作，全面梳理企业数据资源分布、数据流向，制定全厂统一的数据标准，为企业资产数据的一致性、完整性、相关性和精确性提供支撑。同时，还需要分析工厂当前数据管理及应用现状，解决企业生产经营过程中的难点问题，实现红河卷烟厂数据资产价值的最大化。

本项目主要建设内容包括统一规划工厂数据资源，制定全厂数据标准规范；构建统一的基础数据管理平台；调研和梳理应用需求；搭建验证平台并完成三个主题的开发。

2. 需求与挑战

1) 上级单位对数字化转型的要求

在数字化转型的大趋势下，国家烟草专卖局要求各单位打造数字化卷烟工厂，以提升行业发展基础和支撑能力作为智能制造的工作重心，以质量提升工程为重点，以效率提升工程为主线，以动力提升工程为驱动，努力实现从要素驱动向创新驱动转变。要持续加强工厂创新能力建设，加大创新成果转化应用，加快推进智能制造步伐。

2) 本单位探索实践智能制造的需求

红河卷烟厂正在进行搬迁技改，新工厂在设备使用、生产工艺等方面和现在有较大差异，与之配套的自动化系统全新建设，因此需要开展数据标准化并加强基础数据管理工作。首先，制定全厂统一的数据标准规范，以约束各系统的实施及集成；其次，在基础数据管理平台上完成模型和标准的落地，实现工厂内部主数据的统一管理，为后续的应用集成建设和数据分析做好标准和规范的基础工作；最后，需要从架构上梳理红河卷烟厂可实现的智能化提升方向，为后续红河卷烟厂新工厂迈向智能化工厂提供方向指引。

3. 实施方案

1) 目标

(1) 统一规划工厂数据资源，制定全厂数据标准规范，约束各系统的实施及集成。

(2) 完成工厂公用主数据、元数据的梳理和定义，构建统一的基础数据管理平台，进行基础数据的集中管理和分发应用。

(3) 调研和梳理工厂大数据分析应用需求，对技术可行性、效果进行综合性评估，确定应用需求及初步解决方案，指导今后大数据分析应用的开发实施。

(4) 完成三个分析应用主题的原型开发和验证，打通分析应用开发实施的技术通道，为后续分析应用建设及扩展奠定基础。

2) 实施路径

本次项目总体建设路径为：顶层咨询规划先行，接着推进平台搭建，最后进行集成实施及智能应用分析。总体实施按阶段工作内容划分，阶段划分遵循规划的基本过程，各阶段成果产出支撑下一阶段工作的开展，确保整体工作步骤的协调与统一，最终以递进方式完成规划和实施工作。

本次项目建设过程阶段划分及工作过程推进如例图 21-1 所示。

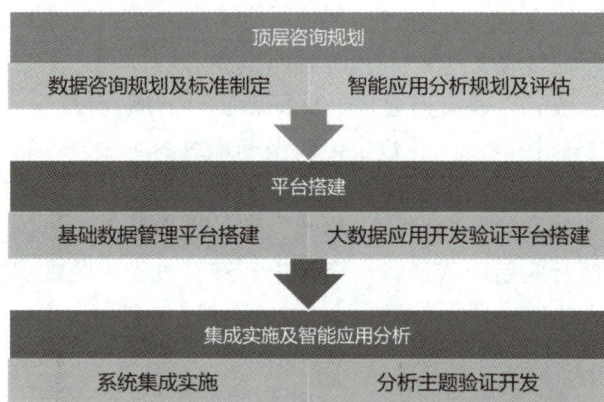

例图 21-1　项目建设过程阶段划分及工作过程推进

3) 实施内容

(1) 数据规划与标准化建设。

① 数据架构规划设计。结合红河卷烟厂企业目标及技改目标，针对业务梳理结果，梳理出五大业务线：

a. 生产组织：以"统一排产，分级调度"的组织模式为指导思想，优化生产流程，做到所有生产资源及各生产职能之间的高效协同调度，实现最优生产节拍，均衡化生产。

b. 物料保障：基于生产排产结果，为满足生产部门的物料需求制定合理的原料、辅料、成品、半成品保障计划，保障生产运行。

c. 设备运维：高可靠性，经济合理的维护成本，高维修保障能力。

d. 质量管控：通过合理的工艺控制指标及在线控制能力，实现最佳的产品质量。

e. 能源组织：基于生产排产结果，为满足生产部门的用能需求制定合理的产能、供能计划，保障生产运行。

② 标准制定。依据数据架构规划成果，从数据结构定义规范化、数据管理职责清晰化、数据管理流程稳定化、数据集成应用统一化的角度对企业管理数据的体系进行构建设计，为后续数据资源管理各项工作推进提供统一的数据标准，提高部门间、系统间数据协

同、共享能力和数据支撑作用。

(2) 基础数据管理平台建设。

① BOM(物料清单) 管理。基于基础数据管理平台管理 BOM 数据，做好设计阶段的产品数据到工艺阶段、制造阶段的产品数据管理与演变，以系统中的 BOM、工艺为源头，对产品数据进行加工、处理，将其演变为 ERP(企业资源计划)、MES(制造执行系统) 等系统所需要的产品制造数据。

② 资源库构建。本期项目主要基于基础数据构建红河卷烟厂数据资源库，这个数据资源库可有效支撑基础数据纵向和横向集成共享。

③ 数据集成。按照未来工厂数据中心架构开展工厂数据集成总体架构规划设计，满足工厂数据集成需求。

(3) 智能分析应用规划及评估。

依托红河卷烟厂易地技术改造项目，按照工厂生产组织、工艺质量管理、物料管理、设备运维管理、能源管理、生产安全等主要业务线，并按 CPS(销售付费系统) 的层级，从现场控制层、车间执行层、工厂业务层，从点、线、面、体的视角系统规划工厂的智能应用场景。采用整体规划、由点 (具体场景) 入手的思路指导智能工厂分步实施，为项目的研究方向和实施应用提供依据。

智能化场景评估从场景定义 (目标需求)、相关数据的基础条件、技术路线，包括算法或模型、场景应用价值及可推广性等方面进行综合评估。智能化实现程度参考《信息物理系统建设指南 (2020)》定义的“人智、辅智、混智、机智”四个层级或模式，根据当前数据、初步建模思路及技术可行性等进行综合评估，并结合实际条件给出当前适合的建设模式，供后续建设参考。

本项目共对 28 个智能分析应用场景从场景定义、数据条件、技术路线、可行性评估等角度进行了综合评估，举例如例图 21-2 和例图 21-3 所示。

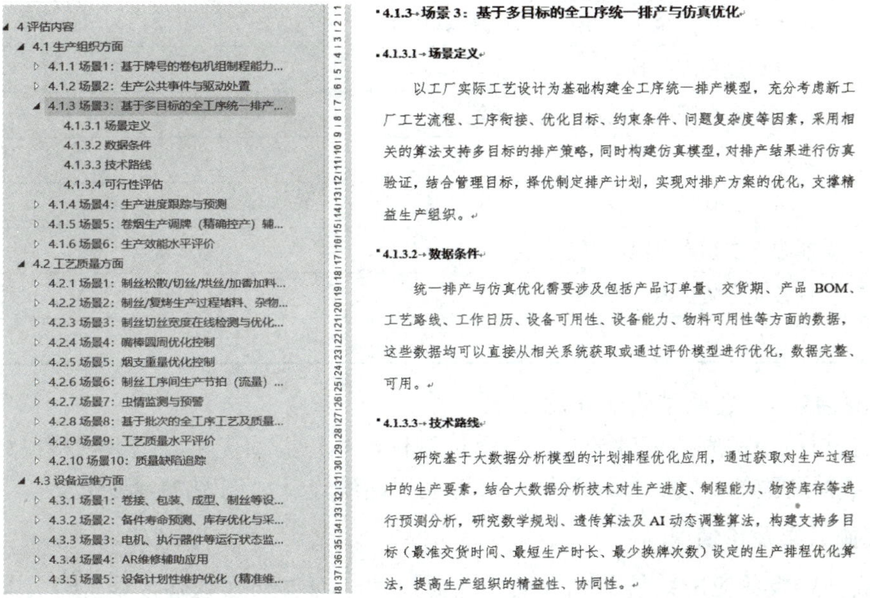
4 评估内容
4.1 生产组织方面
4.1.1 场景1：基于牌号的卷包机组制程能力...
4.1.2 场景2：生产公共事件与驱动处置
4.1.3 场景3：基于多目标的全工序统一排产...
4.1.3.1 场景定义
4.1.3.2 数据条件
4.1.3.3 技术路线
4.1.3.4 可行性评估
4.1.4 场景4：生产进度跟踪与预测
4.1.5 场景5：卷烟生产调牌（精确控产）辅...
4.1.6 场景6：生产效能水平评价
4.2 工艺质量方面
4.2.1 场景1：制丝松散/切丝/烘丝/加香加料...
4.2.2 场景2：制丝/复烤生产过程堵料、杂物...
4.2.3 场景3：制丝切丝宽度在线检测与优化...
4.2.4 场景4：嘴棒圆周优化控制
4.2.5 场景5：烟支重量优化控制
4.2.6 场景6：制丝工序间生产节拍（流量）...
4.2.7 场景7：虫情监测与预警
4.2.8 场景8：基于批次的全工序工艺及质量...
4.2.9 场景9：工艺质量水平评价
4.2.10 场景10：质量缺陷追踪
4.3 设备运维方面
4.3.1 场景1：卷接、包装、成型、制丝等设...
4.3.2 场景2：备件寿命预测、库存优化与采...
4.3.3 场景3：电机、执行器件等运行状态监...
4.3.4 场景4：AR维修辅助应用
4.3.5 场景5：设备计划性维护优化（精准维...

4.1.3 场景 3：基于多目标的全工序统一排产与仿真优化

4.1.3.1 场景定义

以工厂实际工艺设计为基础构建全工序统一排产模型，充分考虑新工厂工艺流程、工序衔接、优化目标、约束条件、问题复杂度等因素，采用相关的算法支持多目标的排产策略，同时构建仿真模型，对排产结果进行仿真验证，结合管理目标，择优制定排产计划，实现对排产方案的优化，支撑精益生产组织。

4.1.3.2 数据条件

统一排产与仿真优化需要涉及包括产品订单量、交货期、产品 BOM、工艺路线、工作日历、设备可用性、设备能力、物料可用性等方面的数据，这些数据均可以直接从相关系统获取或通过评价模型进行优化，数据完整、可用。

4.1.3.3 技术路线

研究基于大数据分析模型的计划排程优化应用，通过获取对生产过程中的生产要素，结合大数据分析技术对生产进度、制程能力、物资库存等进行预测分析，研究数学规划、遗传算法及 AI 动态调整算法，构建支持多目标（最准交货时间、最短生产时长、最少换牌次数）设定的生产排程优化算法，提高生产组织的精益性、协同性。

例图 21-2 基于多目标的全工序统一排产与仿真优化 (场景定义、数据条件、技术路线)

4.1.3.4 可行性评估

该场景的技术实现具备很好的数据基础，APS 的排产优化技术在不同行业已有成功案例及经验可供参考，技术实现思路清晰，但排产计划中很多因素（如辅料到货时间）难以完整考虑或预估，计划与实际的符合程度是场景落地的难点。好的排产策略是精益化生产组织的关键，能够在实际生产前对排产计划围绕多目标进行综合考虑和优化，能够发现生产要素的问题或瓶颈，能够为提高生产效率、降低能源消耗带来很大的价值，该场景的应用思路或模型均能够在行业内进行推广应用。此应用值得去探索，实现"辅智"。

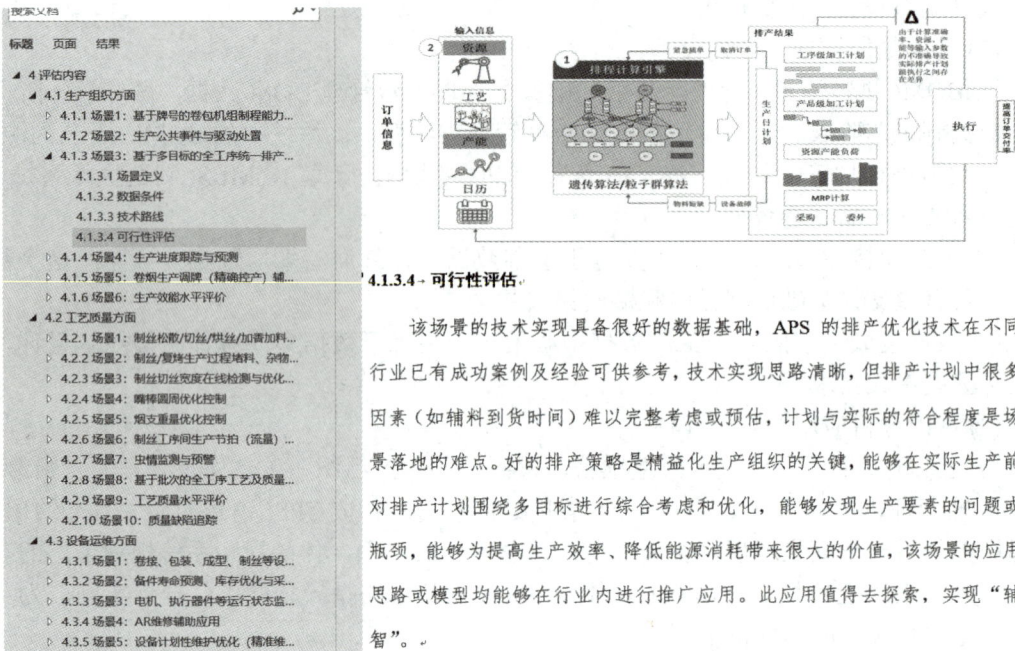

例图 21-3　基于多目标的全工序统一排产与仿真优化（技术路线、可行性评估）

红河卷烟厂智能分析应用评估报告部分结果如例表 21-1 所示。

例表 21-1　智能分析应用评估结果（部分）

序号	场　　景	人智	辅智	混智	机智
1	基于牌号的卷包机组制程能力评价		√		
2	生产公共事件与驱动处置		√		
3	基于多目标的全工序统一排产与仿真优化		√		
4	生产进度跟踪与预测			√	
5	卷烟生产调牌(精确控产)辅助决策				√
6	生产效能水平评价				√
⋮					
27	能源需求动态预测与开动计划		√		
28	设备安全防护联动预警		√		
合计		1	14	10	3

(4) 智能应用主题原型验证开发。

本项目以机组品牌适应性分析、质量检测仪器标定周期优化、机组物料损耗超标预警为例进行了原型验证开发。红河卷烟厂智能应用路线设计如例图 21-4 所示。

4. 实施效果及价值

(1) 统一厂级各应用系统基础数据。全面梳理红河卷烟厂基础数据资源、基础数据流向及相关标准体系，确保厂内基础数据标准及内容的统一。

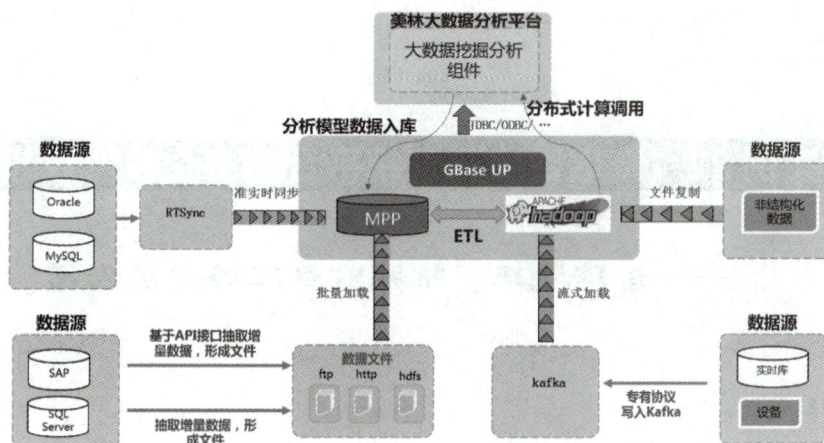

例图 21-4   智能应用路线设计

(2) 可灵活配置业务支撑类基础数据。集团 MDM(移动设备管理) 系统并不完全适用于单一生产厂，基础数据系统可基于业务灵活配置厂内基础数据，增加了自主可用的特色业务数据，更有效地支撑了厂内业务开展。

(3) 有效响应了红河卷烟厂技改特色。本次技改牵扯信息化系统多达 22 个，其中整体集成作为本次技改的特色之一，在烟草行业属于第一个技改整体集成类项目，在整体集成架构设计、集成方式、集成技术实现等多方面都做了全面的规划和设计，基础数据项目有效支撑了整体集成项目规划和设计内容的实现。

(4) 完成智能分析架构设计，助力企业数字化转型。通过基础数据项目完成工厂内部智能分析应用整体规划，梳理出可实现智能提升的应用场景，并对各应用场景的数据条件、可行性、价值性进行了综合评估，支撑了智能制造建设，从而助力企业实现数字化转型。

5. 下一步计划

基于标准化的数据开展数据分析应用，助力企业业务协同及智能化建设，向企业数字化转型迈进。下一步的应用建设举措包括：

(1) 提出利用新一代通信技术对生产设备、检测设备、感知设备、控制系统等多源异构数据的接入、采集、计算及存储的解决方案，为智能化应用场景建设打好数据基础。

(2) 针对生产车间存在的因堵料、虫害问题频发而导致的断料、原料质量受损等问题，采用机器视觉、视频分析等技术，实现基于图像识别技术的智能检测和预警，解决堵料、杂物、虫害的问题。

(3) 借助 AR、VR、5G 等新一代信息技术，实现设备运行信息的协同共享与实时互动，辅助设备远程运维和培训。

(4) 针对计划排程、备件管理、质量控制、设备运维等方向，构建智能分析模型，实现智能排产优化、备件库存与采购决策优化、电子皮带秤在线精度偏差预警、设备健康状态监测与运维优化，实现生产组织及运行的提质增效。

(5) 基于 5G、边缘计算、云计算、机器视觉、工业智能等技术，实现物流输送设备调度优化模型的构建；实现对物流输送设备位置、运行轨迹、运行状态、任务接收、任务执行情况等的实时监测及智能化调度，提升物流输送的及时性、精准性、经济性。

案例 22　奇瑞数字化营销平台助力企业弯道超车

—— 奇瑞汽车、杭州数梦工场有限公司

1. 项目背景

奇瑞汽车股份有限公司（以下简称"奇瑞"）成立于 1997 年 1 月 8 日。奇瑞成立 26 年来，始终坚持自主创新，逐步建立起完整的技术和产品研发体系，产品出口海外 80 余个国家和地区，打造了艾瑞泽、瑞虎等知名产品品牌。同时，奇瑞旗下两家合资企业拥有观致、捷豹、路虎等品牌。从 2018 年末开始，中国整车销量持续下滑，但奇瑞通过夯实体系、加快产品迭代、稳定渠道、焕新品牌营销等一套创新"组合拳"，为其销量逆势增长奠定了坚实的基础。

奇瑞自创立以来，坚持以客户价值为导向的营销体系，通过线上互动＋线下关怀相结合等方式，以"用户体验"为核心，打造有温度的汽车品牌。近年来，奇瑞积极打造数字化营销平台，打通线上线下消费场景，触达用户搜索、浏览、分享、试乘试驾和下单等全流程动作，实现客户旅程的数字化管理；同时整合第三方媒体、电商平台、官微、官网等现有数字营销平台，打通消费者与汽车生产、销售与服务之间的价值链通道，实现营销域业务和数据环流，打造营销漏斗，多波次精准触达消费者，个性化推送营销活动，提升转化效率。

2. 需求与挑战

(1) 应对市场变化的外在挑战——疫情催促车企建立更多的消费者链接通路。

2020 年年初，一场疫情打乱了所有人正常的生活节奏，也让长久依赖于传统线下销售的汽车行业未能幸免。受疫情影响，线下门店渠道一度封闭，哪怕在线下营业恢复后，不少经销商门店也面临客流稀缺的情况，线下大型营销活动也遭到制约。因此，如何充分利用已有销售人力，自建线上链接通路以吸引消费者的关注，从而增加销售机会，成为车企和经销商渠道需要考虑的首要问题。

(2) 实现数字赋能营销的内在需求——经销商受各种因素制约，营销能力良莠不齐。

目前，汽车销售的主流渠道还是传统的经销商体系，然而经销商受地域、人才教育水平、职业经验等多方面因素影响，存在营销能力良莠不齐的现象。有些经销商营销方式传统，营销工具落后，限制开源能力的同时，对于从主机厂下发的销售线索也无法持续跟进，影响转化。

(3) 数字化发展的必然要求——汽车行业流量成本剧增，但到店转化效果差。

随着消费者线上消费习惯的养成，不少车企也加大了对大流量平台类媒体的投入，然而此类媒体因为占据流量入口，投放费用不菲。但对于汽车这类高价值、长决策链条产

品来说,从线上流量曝光到线下销售成交过程中,平均要进行 4 次线上、线下渠道切换,这一过程中,稍不留意就容易造成线索流失,导致到店转化效果差。如何开辟新模式,精准获取用户流量、清洗用户流量、撬动用户流量也渐渐成为汽车从业者急需思考和解决的事情。

3.实施方案

1) 目标

数跑科技(杭州数梦工厂有限公司旗下子公司)为奇瑞打造的数字化营销平台,以消费者全生命周期运营为核心,结合大数据和 AI 技术,为企业在战略层面构建流量经营体系,在执行层面帮助其识别用户旅程阶段,并通过营销和运营,实现用户"可培育、可测量、可优化、可增长"。此平台通过打通用户线上和线下全渠道触点,进行用户全旅程数据采集;通过用户 ID 归一和统一建模,描绘用户 360° 画像,为精准营销做准备;同时,通过全渠道的立体互动,实现流量从公域精准投放到私域圈层培育沉淀;通过开箱即用的活动工具和完善的会员成长体系,不断进行用户培育,对客户全生命周期旅程进行管理,实现销售转化。

2) 实施路径

奇瑞数字化营销平台始于 2018 年 9 月,至今共完成了三期项目内容,项目一期 (2018 年 9 月～ 2019 年 6 月) 重点打造奇瑞数字商城,实现线索引入及轻量化;项目二期 (2019 年 12 月～ 2020 年 10 月) 重点赋能经销商,让经销商低成本地享受数字化营销红利;项目三期 (2020 年 9 月～ 2021 年 5 月) 重点打造车主俱乐部,提升粉丝运营及营销能力品牌化。

项目一期:以渠道管理、商城、活动为核心,完成了线索引入、集合、转化的初级闭环。主要项目内容:在线商城、用户数据中心、活动中心、营销自动化、内容中心、经销商名片、微信平台。

项目二期:将主机厂的互联网营销能力赋能给经销商,让经销商具备数字化的营销能力。主要项目内容:商城功能扩展、经销商积分、活动赋能经销商、增强活动工具玩法、数据广场、其他功能优化及增强。

项目三期:从增量走向存量,通过构建具有互联网架构的俱乐部平台,具备"存量带增量"营销能力。主要项目内容:社群、论坛、圈子、消费者积分、会员管理、卡券管理、互动玩法、车主服务。

3) 实施内容

(1) 系统架构。

奇瑞数字化营销平台分成了三层:面向 IT 的业务能力支撑层、面向运营人员的运营管理层、面向消费者的 C 端触点层。

IT 建设领跑科技的能力主要体现在:业务能力支撑层采用企业级互联网分布式架构设计,同时采用微服务进行落地实现,实现"低耦合、高内聚、易扩展"的系统特性,后续可在此架构基础上快速丰富、扩展业务中台能力。运营管理层包含提供给系统运维的系统基础运营和主机厂、经销商运营人员的积分、官方商城运营能力。用户触点包含 PC 端、H5 的积分商城和官方商城展示以及车主俱乐部小程序和奇瑞公众号中活动和商城的展示,具体如例图 22-1 所示。

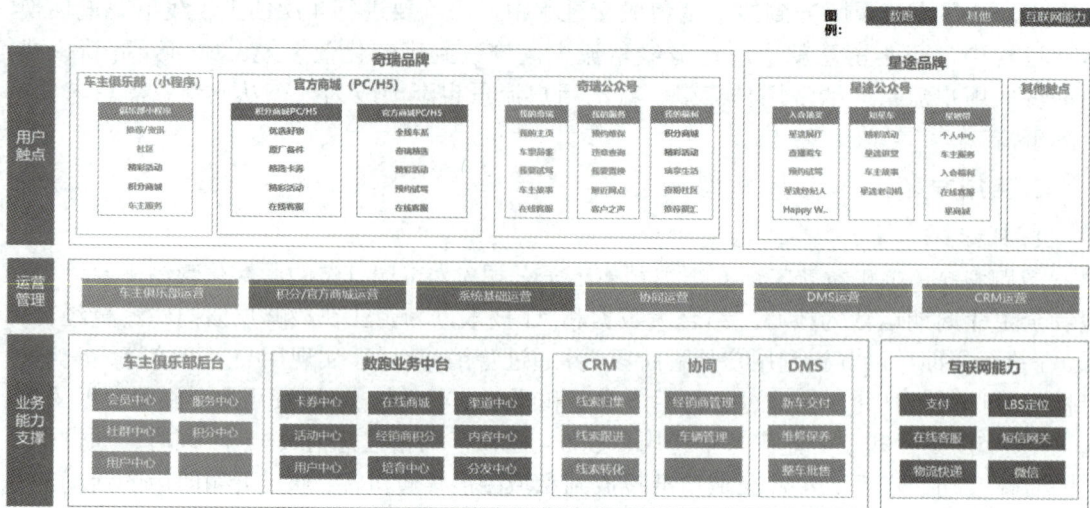

例图 22-1 奇瑞数字化营销平台

(2) 主要功能。

① 在线商城。自建营销阵地，为品牌引流提供转化平台，为活动提供支撑。

② 活动中心。开箱即用的活动营销平台，包括新车预售、团购、搭配购、卡券、拍卖、秒杀、限时抢购、买赠、现金红包、抽奖等活动。

③ 经销商名片。支持将名片、文章、海报、车型分享至各种渠道；销售顾问名片在官网、商城展露；统计销售顾问行为及分享效果监测；支持询价、在线聊天、短信、拨打电话等功能，客户询价信息同步至 CRM 生成线索。

④ 经纪人。对于同一件商品，支持对不同经纪人设置不同的佣金。

⑤ 微信媒体平台。提供授权的公众号粉丝数、互动数地域分布情况；提供粉丝数、阅读数、互动数排行榜；提供图文消息一键发送至所有公众号的功能；集成专业的秀米文章编辑器，以提供更多素材样式。

⑥ 渠道中心。媒体资源库统一管理；为各渠道的数据采集提供埋点代码管理；统一管控各个渠道广告位上的投放排期；渠道数据的统计分析。

⑦ 内容中心。支持 5G 超大文件传送和断点续传；支持标签搜索、分享、收藏等功能；灵活拖拽基础组件、业务组件，生成定制化页面。

⑧ 数据 & 培育中心。用户识别与归一 (浏览器指标，Unionid)；全渠道的用户行为数据；构建用户标签体系，形成初步的用户画像。

⑨ 经销商积分。通过积分预期、指引、流水，实现员工的比学赶超。

⑩ 卡券中心。丰富的 9 种卡券模型；支持车主俱乐部、DMS 系统的卡券功能，实现卡券能力及数据的归一，打通卡券在车主俱乐部、DMS、营销中台的数据流转；支持商城购买、活动奖品、运营发放、第三方发放等场景。

4. 实施效果及价值

1) 定性

(1) 超强技术保障，实现消费者全平台同享优惠。数跑科技以云计算作为架构为奇瑞搭建的官方商城，保证了各活动期间出现的高并发、大流量的页面承载；数跑科技还通过技术手段，及时监测识别出"羊毛党"，进行防范控制，确保普通消费者的活动权益不受侵害；数跑科技也能在接到"购车神卷"活动需求后，迅速使用"活动工具"，上线抢券活动页面，保证促销活动顺利进行。

(2) 全平台流量聚合，实现奇瑞私域流量池深耕。数跑科技基于线下消费社交化趋势，以官方商城为主要线上营销阵地，以服务用户全生命周期为理念，帮助奇瑞搭建了数字营销中台，赋予奇瑞主机厂通过多渠道与客户互动的能力，提升精细化运营能力和精准营销水平。

(3) 经销商行为纳入车企智能营销中台，提升车企数据管理能力。经销商名片的数据除了共享给经销商门店管理人员，还同步给车企管理者。车企可以查看经销商实时更新的线索报表、营销报表、客户报表、营销运营分析及运营管理等数据，真正实现业务运营动态化、信息共享实时化，为车企打造的"厂端＋经销商＋销售＋客户"四端一体的智能营销中台助力。

(4) 积分系统鼓励主动传播，助力全员营销。积分系统作为可量化推广管理工具，有任务、排行、兑换机制。"任务"可以将公司战略目标进行拆解，在特定时间段，确保所有劲可以往一处使；而当销售顾问完成指定的任务后，就能获取相对应的积分，积分体现在排行榜上，可以在员工内部形成榜样作用，产生激励效果；兑换体系也将员工的实际劳动转化成相应的礼品，激发全员的推广动力。

2) 定量

(1) 增效。数跑科技支持奇瑞官方商城 2019 年"双十一"开展的半价秒杀活动，并承接 5000 万购车神券的全平台抢购优惠活动。2019 年"双十一"奇瑞累计销售新车达到 11 195 辆，同比增长 156%，销售额 12.8 亿元，创"双十一"销量新高。

(2) 降本。2020 年，有 27 000 多名奇瑞销售顾问使用经销商名片工具，通过制作分享海报相关活动、车型图片、文章等，使线索量增加 100%。其中分享海报、车型、活动、公关文章等品牌信息曝光提高 50%；降低获客成本 30%；有效线索率提升 50%，线索转化率提升 25%。

5. 下一步计划

从触达、交互、转化、留存、复购的消费者旅程中可以看到，我们的数字营销平台已经初步具有一站式流量运营和用户运营能力，但当下是存量竞争，微粒化数据（流量）和精准的营销愈发关键的时刻，如何实现数据驱动的营销和运营也将成为下一个突破点。

目标一：搭建运营平台。将结合客户运营、渠道运营、客户洞察、数据仪表盘、运营平台框架，多维度增强平台的运营能力，增强数据驱动的营销和运营能力，走向"精细化运营"。

目标二：构成复杂的网络协同生态。组建奇瑞汽车自己的车生活，形成需求端的网络协同效应，通过点（互动触点）、线（数据链接）、面（营销平台）、体（社会共享）共同演化。

参 考 文 献

[1]　唐隆基，潘永刚. 数字化供应链：转型升级路线与价值再造实践[M]. 北京：人民邮电出版社，2021.

[2]　韩向东，余红燕. 企业数字化转型的构念及实现路径[J]. 管理会计研究，2021，4(05):6-12+87.